빠작 어휘 퀴즈

다음 자음자와 힌트를 보고, 문장을 완성해 보세요.

---

01 비가 그치자 하늘에 ㄱ ㅅ 모양의 무지개가 나타났다.

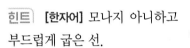

힌트 [한자어] 모나지 아니하고 부드럽게 굽은 선.

---

02 사실을 ㅇ ㄱ 하지 말고 있는 그대로 전해야 한다.

힌트 [한자어] 사실과 다르게 해석하거나 그릇되게 함.

---

03 마을에 공장이 생기고 나서부터 하천의 ㅅ ㅈ 이 나빠졌다.

힌트 [한자어] 물의 성분이나 성질. 물의 깨끗한 정도.

---

04 우리 학교는 교육 ㅅ ㅈ 이 매우 높다.

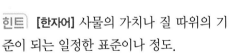

힌트 [한자어] 사물의 가치나 질 따위의 기준이 되는 일정한 표준이나 정도.

---

05 그는 괜히 아는 척 나섰다가 틀리는 바람에 ㅁ ㅅ 만 당했다.

힌트 [한자어] 말이나 행동을 잘못하여 자기의 지위, 명예, 체면 따위를 손상함.

---

06 환경 오염이 심해지면 지구가 ㅁ ㅁ 할 수 있다는 발표가 나왔다.

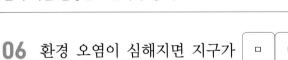

힌트 [한자어] 망하여 없어짐.

정답 01 곡선　02 왜곡　03 수질　04 수준　05 망신　06 멸망

07 사회, 정치, 교육 전반에서 ㄱ ㅎ 이 이루어졌다.

힌트 [한자어] 제도나 기구 따위를 새롭게 뜯어고침.

08 정부는 남북 관계의 ㄱ ㅅ 을 위해 노력하였다.

힌트 [한자어] 잘못된 것이나 부족한 것, 나쁜 것 따위를 고쳐 더 좋게 만듦.

09 제주도 여행을 다녀온 뒤, 여행에서 느낀 ㄱ ㅅ 을 일기로 남겼다.

힌트 [한자어] 마음속에서 일어나는 느낌이나 생각.

10 눈병에 ㄱ ㅇ 되는 것을 막기 위해 손을 자주 씻었다.

힌트 [한자어] 병균이 몸에 옮아서 병에 걸리는 것.

11 인터넷에서 떠도는 정보가 진짜인지 가짜인지 ㅂ ㅂ 하기가 어렵다.

힌트 [한자어] 서로 다른 일이나 사물을 구별하여 가름.

12 고장 난 시계를 고치려고 시계를 ㅂ ㅎ 하였다.

힌트 [한자어] 여러 부분이 결합되어 이루어진 것을 그 낱낱으로 나눔.

13 12세를 ㅊ ㄱ 하는 어린이는 이 놀이터에 입장할 수 없습니다.

힌트 [한자어] 일정한 수나 한도 따위를 넘음.

14 도로에서 ㄱ ㅅ 으로 달리던 차들이 경찰에 잡혔다.

힌트 [한자어] 자동차 따위의 주행 속도를 너무 빠르게 함. 또는 그 속도.

정답 07 개혁 08 개선 09 감상 10 감염 11 분별 12 분해 13 초과 14 과속

15 지난해의 패배를 딛고, 올해 우승을 하여 명예를 ⓗ ⓑ 하였다.

힌트 [한자어] 원래의 상태로 돌이키거나 원래의 상태를 되찾음.

16 가뭄으로 피해를 입은 지역을 ⓑ ⓖ 하기 시작하였다.

힌트 [한자어] 손실 이전의 상태로 회복함.

17 오랜 전쟁 끝에 두 나라는 잠시 ⓗ ⓙ 을 하기로 하였다.

힌트 [한자어] 전쟁을 벌이다가 서로 협의하여 얼마 동안 군사 행동을 멈추기로 하는 것.

18 우리 회사는 새로운 판매 ⓙ ⓡ 으로 큰 이익을 얻었다.

힌트 [한자어] 정치, 경제 따위의 사회적 활동을 하는 데 필요한 꾀와 방법.

19 거울 앞에 선 나의 모습은 오른쪽과 왼쪽이 ⓑ ⓙ 되어 보였다.

힌트 [한자어] 위치, 방향, 순서 따위가 반대로 됨.

20 상대방에 대한 근거 없는 비난은 ⓑ ⓖ 을 살 수 있다.

힌트 [한자어] 반대하거나 반항하는 감정.

21 아기가 쓰는 그릇은 ⓢ ⓓ 해서 사용하는 것이 안전하다.

힌트 [한자어] 병의 감염이나 전염을 예방하기 위하여 병원균을 죽이는 일.

22 불이 난 공장 주변으로 ⓞ ⓓ 가스가 퍼져 나갔다.

힌트 [한자어] 독성이 있음.

정답 15 회복 16 복구 17 휴전 18 전략 19 반전 20 반감 21 소독 22 유독

23 사람이 거의 살지 않는 남극 대륙은 인구 ☐☐ 가 매우 낮다.

힌트 **[한자어]** 빽빽이 들어선 정도.

24 우리 동네에는 여러 은행이 ☐☐ 해 있다.

힌트 **[한자어]** 빈틈없이 빽빽하게 모임.

25 우리 동네의 떡 가게는 삼 대째 ☐☐ 을 이어 오고 있다.

힌트 **[한자어]** 맥이나 목숨이 유지되는 근본.

26 그녀가 쏜 화살이 과녁에 정확하게 ☐☐ 했다.

힌트 **[한자어]** 화살이나 총알 따위가 겨냥한 곳에 바로 맞음.

27 동생은 새로운 환경에 ☐☐ 을 잘한다.

힌트 **[한자어]** 어떠한 상황이나 환경에 익숙해지거나 알맞게 변하는 것.

28 ☐☐ 에 맞는 일을 찾기가 쉽지 않다.

힌트 **[한자어]** 어떤 일에 알맞은 성질이나 적응 능력. 또는 그와 같은 소질이나 성격.

29 그는 어떤 어려움이 닥쳐도 자신의 꿈을 ☐☐ 하지 않았다.

힌트 **[한자어]** 품었던 생각을 아주 끊어 버림.

30 독일은 민족의 ☐☐ 을 극복하고 통일을 이루었다.

힌트 **[한자어]** 동강이 나게 끊어 가름.

정답 23 밀도 24 밀집 25 명맥 26 명중 27 적응 28 적성 29 단념 30 분단

31 비슷한 일을 하는 단체들을 [ㅌ][ㅎ] 하여 하나의 단체로 만들었다.

힌트 **[한자어]** 둘 이상의 조직이나 기구 따위를 하나로 합침.

32 조선 시대의 왕들은 유교를 바탕으로 나라를 [ㅌ][ㅊ] 하였다.

힌트 **[한자어]** 나라나 지역을 도맡아 다스림.

33 그녀의 단점은 [ㅎ][ㄷ] 을 자주 한다는 것이다.

힌트 **[한자어]** 남의 흠을 들추어 헐뜯음. 또는 그런 말.

34 누구의 말이 옳은지 이 자리에서 [ㄷ][ㅍ] 을 짓자.

힌트 **[한자어]** 서로 맞선 관계에 있는 양쪽이 의논하여 옳고 그름을 판단함.

35 가장 빨리 달린 선수가 마라톤 국가 대표로 [ㅅ][ㅊ] 되었다.

힌트 **[한자어]** 여럿 가운데서 골라냄.

36 매일 어떤 옷을 입을지 [ㅅ][ㅌ] 하는 일은 너무 어렵다.

힌트 **[한자어]** 여럿 가운데서 필요한 것을 골라 뽑음.

37 벽에 [ㄱ][ㅊ] 된 끈끈이를 어떻게 떼야 할까?

힌트 **[한자어]** 물건 같은 것이 굳게 들러붙어 있음.

38 그들은 새로운 법안에 대해 반대 입장을 [ㄱ][ㅅ] 하고 있다.

힌트 **[한자어]** 차지한 물건이나 형세 따위를 굳게 지킴.

정답 31 통합 32 통치 33 험담 34 담판 35 선출 36 선택 37 고착 38 고수

39 그녀는 밤을 새워 일한 ㅎ ㅇ ㅈ 으로 몸살을 앓고 있다.

힌트 [한자어] 어떤 일을 치르고 난 뒤에 생긴 부작용.

40 이순신 장군이 등장하자 적군이 ㅎ ㅌ 하였다.

힌트 [한자어] 뒤로 물러남.

41 반값으로는 팔지 않으니 특별히 한 개 값으로 두 개를 사라는 것은 ㅈ ㅅ ㅁ ㅅ 가 아닌가?

힌트 [한자 성어] 간사한 꾀로 남을 속여 희롱함을 이르는 말.

42 그가 ㄱ ㅇ ㅇ ㅅ 로 꾀었지만 나는 넘어가지 않았다.

힌트 [한자 성어] 귀가 솔깃하도록 남의 비위를 맞추거나 이로운 조건을 내세워 꾀는 말.

43 그는 자신을 용서해 주면 ㄱ ㄱ ㅊ ㅅ 하겠다고 약속했다.

힌트 [한자 성어] 지난날의 잘못이나 허물을 고쳐 올바르고 착하게 됨.

44 오랜만에 찾아간 고향의 모습이 많이 달라져서 ㄱ ㅅ ㅈ ㄱ 을 느꼈다.

힌트 [한자 성어] 오래지 않은 동안에 몰라보게 변하여 아주 다른 세상이 된 것 같은 느낌.

45 중요한 약속이 있는 날에 늦게 일어난 데다가 ㅅ ㅅ ㄱ ㅅ 으로 버스까지 늦게 왔다.

힌트 [한자 성어] 난처한 일이나 불행한 일이 잇따라 일어남을 이르는 말.

46 앞에는 바다가 펼쳐져 있고, 뒤에는 적군이 따라와서 ㅈ ㅌ ㅇ ㄴ 에 놓였다.

힌트 [한자 성어] 이러지도 저러지도 못하는 어려운 처지.

정답 39 후유증 40 후퇴 41 조삼모사 42 감언이설 43 개과천선 44 격세지감 45 설상가상 46 진퇴양난

47 그 범인은 죄를 짓고도 뉘우치는 모습이 없는 ㅊㅁㅍ였다.

[힌트] [한자 성어] 쇠로 만든 낯가죽이라는 뜻으로, 염치가 없고 뻔뻔스러운 사람을 낮잡아 이르는 말.

48 그는 권력을 차지하기 위해 온갖 ㄱ ㅁ ㅅ ㅅ를 다 썼다.

[힌트] [한자 성어] 목적 달성을 위하여 수단과 방법을 가리지 않는 온갖 모략이나 술책.

49 그는 ㄱ ㅈ ㄱ ㄱ의 생각을 내세우며 변화를 받아들이지 않는다.

[힌트] [한자 성어] 융통성 없이 현실에 맞지 않는 낡은 생각을 고집하는 어리석음을 이르는 말.

50 그녀는 과거의 성공만을 뽐내며 아무 일도 하지 않은 채 ㅅ ㅈ ㄷ ㅌ하고 있다.

[힌트] [한자 성어] 그루터기를 지켜 토끼를 기다린다는 뜻으로, 한 가지 일에만 얽매여 발전을 모르는 어리석은 사람을 비유적으로 이르는 말.

51 장관은 ㅇ ㄱ ㅇ ㅅ처럼 포기하지 않고 개혁 정책을 끝까지 실행하였다.

[힌트] [한자 성어] 우공이 산을 옮긴다는 뜻으로, 어떤 일이든 끊임없이 노력하면 반드시 이루어짐을 이르는 말.

52 산불이 나자 소방관들은 ㅂ ㅊ ㅈ ㅇ 구조 작업을 펼쳤다.

[힌트] [한자 성어] 어떤 일에 몰두하여 조금도 쉴 사이 없이 밤낮을 가리지 아니함.

53 전국 합창 대회는 신인 가수들의 ㄷ ㅇ ㅁ이 되었다.

[힌트] [한자 성어] 어려운 관문을 통과하여 크게 출세하게 됨. 또는 그 관문을 이르는 말.

54 민수는 ㄱ ㅇ ㅎ ㅎ을 하기 위해 외국에서 열심히 일했다.

[힌트] [한자 성어] 비단옷을 입고 고향에 돌아온다는 뜻으로, 출세를 하여 고향에 돌아가거나 돌아옴을 비유적으로 이르는 말.

정답 47 철면피 48 권모술수 49 각주구검 50 수주대토 51 우공이산 52 불철주야 53 등용문 54 금의환향

55 이번 체육 대회 우승으로 우리 반의 사기 가 ㅎ ㄴ 을 찔렀다.

힌트 [관용어] 기세가 몹시 세차다.

56 시작을 했느냐 하지 않았느냐는 하늘과 ㄸ 차이야.

힌트 [관용어] 둘 사이에 큰 차이나 거리가 있음을 비유적 으로 이르는 말.

57 좋아하는 운동을 시작한 뒤로 그의 ㅇ ㄱ 이 피었다.

힌트 [관용어] 얼굴에 살이 오르고 화색이 돌다.

58 한동안 안 나오던 그가 드디어 모임에 ㅇ ㄱ 을 내밀었다.

힌트 [관용어] 모임 따위에 모습을 나타내다.

59 그는 국민들의 ㅍ 를 빨아먹는 정책을 바로잡겠다고 하였다.

힌트 [관용어] 남이 가진 것을 뜯어먹다.

60 이 상황에 위로는커녕 비난만 하다니, 정 말 피도 ㄴ ㅁ 도 없는 사람이군.

힌트 [관용어] 조금도 인정이 없다.

정답 55 하늘 56 땅 57 얼굴 58 얼굴 59 피 60 눈물

빠작 초등 국어 어휘×독해 무료 스마트러닝

첫째 QR코드 스캔하여 1초 만에 바로 강의 시청

둘째 최적화된 강의 커리큘럼으로 학습 효과 UP!

어휘·어법 강의
- 핵심어의 뜻과 쓰임을 통한 어휘 학습법 강의 제공
- 핵심어의 뜻과 주제로 연계되는 확장 어휘 학습 강의 제공

빠작 초등 국어 어휘×독해 5단계 **학습 계획표**

학습 계획표를 따라 차근차근 어휘 학습을 시작해 보세요.
빠작과 함께라면 어휘, 어렵지 않습니다.

어휘·어법	학습한 날		교재 쪽수	어휘·어법	학습한 날		교재 쪽수
곡선	1일차	월 일	012 ~ 015쪽	고수	19일차	월 일	084 ~ 087쪽
수준	2일차	월 일	016 ~ 019쪽	후유증	20일차	월 일	088 ~ 091쪽
망신	3일차	월 일	020 ~ 023쪽	감언이설	21일차	월 일	094 ~ 097쪽
개혁	4일차	월 일	024 ~ 027쪽	개과천선	22일차	월 일	098 ~ 101쪽
감염	5일차	월 일	028 ~ 031쪽	진퇴양난	23일차	월 일	102 ~ 105쪽
분별	6일차	월 일	032 ~ 035쪽	철면피	24일차	월 일	106 ~ 109쪽
과속	7일차	월 일	036 ~ 039쪽	수주대토	25일차	월 일	110 ~ 113쪽
회복	8일차	월 일	040 ~ 043쪽	우공이산	26일차	월 일	114 ~ 117쪽
전략	9일차	월 일	044 ~ 047쪽	금의환향	27일차	월 일	118 ~ 121쪽
반전	10일차	월 일	048 ~ 051쪽	하늘을 찌르다	28일차	월 일	124 ~ 127쪽
유독	11일차	월 일	052 ~ 055쪽	얼굴을 내밀다	29일차	월 일	128 ~ 131쪽
밀도	12일차	월 일	056 ~ 059쪽	피를 빨아먹다	30일차	월 일	132 ~ 135쪽
명중	13일차	월 일	060 ~ 063쪽	음운과 음절	31일차	월 일	138 ~ 141쪽
적응	14일차	월 일	064 ~ 067쪽	명사, 대명사, 수사	32일차	월 일	142 ~ 145쪽
분단	15일차	월 일	068 ~ 071쪽	동사와 형용사	33일차	월 일	146 ~ 149쪽
통합	16일차	월 일	072 ~ 075쪽	관형사와 부사	34일차	월 일	150 ~ 153쪽
담판	17일차	월 일	076 ~ 079쪽	조사와 감탄사	35일차	월 일	154 ~ 157쪽
선출	18일차	월 일	080 ~ 083쪽				

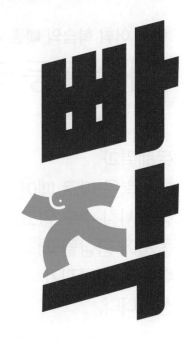

초등 국어

어휘 X 독해

5 단계
5·6학년

바른 어휘 학습의 빠른 시작,

『빠작 초등 국어 어휘×독해』를 추천합니다

독해력과
어휘력은 따로 떼어
성장시킬 수도 없고,
동시에 향상될 때
확실한 시너지가
생깁니다.

국어 공부를 '공부'라고만 생각하지 않게 해줄 수 있는 책입니다. 재미있게 접근하여 국어를 우리 아이에게 스며들게 해줄 수 있는 책. 꾸준히 차근차근, 탄탄하게 실력을 향상시켜 줄 책이라 추천합니다. 이 책은 기존에 출간된 많은 독해 교재와 어휘 교재들이 채워주지 못했던 독해와 어휘의 균형을 잡아준 교재라 생각합니다. **수능까지 이어지는 독해의 기초를 연관 어휘 공부로 확장해서 단단하게 잡아줄 수 있다는 점이 아주 큰 장점입니다.** 『빠작 초등 국어 어휘×독해』로 공부하면서 아이들은 올바른 국어 독해 공부 방법을 스스로 깨닫게 될 것 같습니다.

김소희 원장 | 한올국어학원

문해력 향상부터
독서와 논술,
나아가 내신 국어와
수능까지 이어지는
국어 학습의 핵심은
단연코 어휘와
독해입니다.

『빠작 초등 국어 어휘×독해』는 어휘와 독해를 유기적으로 연결한 동시에 수준 높은 문제를 출제하여 학습 효과가 탁월합니다. 그리고 독해 파트의 문제들이 어휘 학습의 문제의식을 자극하고, 다양한 방식으로 어휘 학습을 하도록 이어져 자연스럽게 어휘들이 이해되고 오래 기억할 수 있는 효과를 가져다 줍니다. 마지막으로 한자어 학습에 신경 쓴 점도 돋보입니다. 어휘와 독해가 중요하다는 것은 누구나 알지만 그것을 하나의 학습 교재로 풀어내는 일은 쉽게 엄두를 내지 못합니다. 『빠작 초등 국어 어휘×독해』를 공부해야 할 이유입니다.

최성호 원장 | 에이프로아카데미

이 책을 검토하신
선생님

강다연 명원초등학교	**박연미** 임팩트학원	**이지은** 이지국어논술학원
강명자 마산고운초등학교 외	**배성현** 국어논술자신감	**장화연** 주니어솔로몬
강행림 수풀림 학원	**신민영** 줄기글방독서토론논술교습소	**장희원** 부민초등학교 외
고갱화 에반이즈사고력학원	**심억식** 천지인학원	**전수경** 라온누리독서논술
김미소 메이트국영수학원	**안소연** 안선생 국어논술	**정다운** 정다운국어논술학원
김소희 한올국어학원	**유숙원** 정원국어학원	**최성호** 에이프로아카데미
김종덕 갓국어학원	**이대일** 멘사수학과연세국어학원	**하승희** 하샘국어학원
김진동 제세현국어학원	**이민주** 날개국어논술학원	**한미애** 부산하남초등학교 방과후 독서논술
박명선 서울방일초등학교	**이선이** 수논술교습소	**허채옥** 책먹는 하마 책놀이논술방

어휘력을 높일 수
있을 뿐 아니라,
글을 읽고 이해하는
힘인 문해력을 높일
수 있습니다.

아이들에게 어휘 학습이 필요한 이유 중 하나는 글을 잘 이해하기 위함입니다. 『빠작 초등 국어 어휘×독해』는 핵심어를 학습함으로써 비문학 지문 독해법을 학습할 수 있도록 구성되어 있습니다. **한자어, 속담, 관용어 등의 핵심어가 들어간 지문으로 글의 내용을 이해하고 추론할 수 있도록 돕습니다.** 지문을 읽으며 핵심어가 글 속에서 어떻게 활용되는지 익힐 수 있으며 글의 정확한 이해 또한 가능하도록 합니다. 이렇게 어휘를 배움으로써 독해 능력을 키우는 것이 가능합니다. 이후, 핵심어의 뜻과 예문을 배운 후 비슷한 뜻의 어휘로 확장하여 학습함으로써 어휘력을 높일 수 있습니다.

박명선 선생님 | 서울방일초등학교

교재만
꼼꼼하게 풀어도
아이 스스로 하는
학습이
가능합니다.

한자어, 한자 성어, 속담, 관용어 등 아이들이 어려워하는 부분들을 모아서 어휘 실력을 골고루 갖출 수 있도록 교재를 체계적으로 구성한 것이 아주 좋습니다. 그리고 **다양한 어휘 유형에서 핵심어를 고르게 선정한 것과 핵심어, 내용 이해, 추론, 적용, 관계, 심화 등 단계별로 꼼꼼하게 학습이 되도록 구성한 것이 매우 만족스럽습니다.** 교재만 꼼꼼하게 풀어도 아이 스스로 하는 학습이 가능하도록 되어 있고, 어휘 학습에서 그때그때 모르거나 어려운 부분을 동영상 강의를 통하여 이해를 도와주어 완전 학습이 되도록 물샐틈없이 잘 만들어진 교재입니다.

장희원 선생님 | 부민초등학교 외 다수 출강

빠작 초등 국어 어휘×독해

☑ 독해 학습을 통해 학년별 필수 어휘를 이해할 수 있습니다.
☑ 핵심어에 담겨 있는 한자의 뜻이나 주제 중심으로 어휘를 확장 학습할 수 있습니다.
☑ 어휘 문제를 통해 어휘를 완벽하게 소화할 수 있습니다.

단계	대상	구분
1~2단계	1~2학년	한자어 · 속담 · 관용어 + 어법
3~4단계	3~4학년	한자어 · 한자 성어 · 속담 · 관용어 + 어법
5~6단계	5~6학년	한자어 · 한자 성어 · 관용어 + 어법

독해력을 키우는
바른 어휘 학습, 방법이 다릅니다

01
독해 과정에서
핵심어를 정확하게
이해해야 어휘력과
독해력이 향상됩니다.

독해를 곧잘 하는데도 어휘력이 떨어지는 아이들에 대한 부모님의 고민이 많습니다. 어휘력과 독해력 향상이 일치하지 않는 까닭은 어휘와 독해를 따로 학습하기 때문입니다. 독해력과 어휘력을 함께 향상시키려면 독해를 할 때 가장 먼저 지문 속 핵심어를 파악하고 핵심어의 뜻을 유추하면서 지문을 읽어야 합니다. 그리고 핵심어의 정확한 뜻을 이해하고 이를 확장하여 새로운 어휘를 학습하는 것이 효과적입니다.

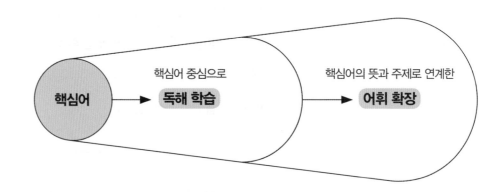

02
한자어, 한자 성어,
속담, 관용어 등
여러 분야의 어휘를
고르게 학습하는
것이 중요합니다.

우리말의 어휘는 70퍼센트 이상이 한자어로 이루어져 있습니다. 특히 학습 개념이나 비문학 글은 대부분 한자어로 이루어져 있기 때문에, 한자어 학습이 꼭 필요합니다. 그리고 한자 성어와 속담, 관용어는 특별한 뜻을 지니고 있어서 학습을 하지 않으면 그 뜻을 짐작하기가 어렵습니다. 이러한 어휘들을 학습하여 일상에서 활용할 때 어휘력을 풍부하게 키울 수 있습니다.

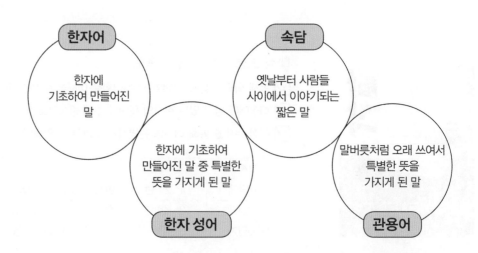

03

하나의 어휘에서
유기적으로 연계하여
어휘를 확장 학습하면
어휘를 오래 기억할 수
있습니다.

한자어는 같은 한자가 들어간 어휘끼리 연계하여 학습하면 그 뜻을 쉽게 이해할 수 있고, 오래 기억할 수 있습니다. 또한 한자 성어는 말이 나오게 된 유래나 쓰임을 이해하고 같은 주제를 가진 한자 성어로 확장하여 학습하는 것이 효과적입니다. 속담이나 관용어는 같은 주제를 가진 어휘들로 연계하여 확장하는 학습이 좋습니다.

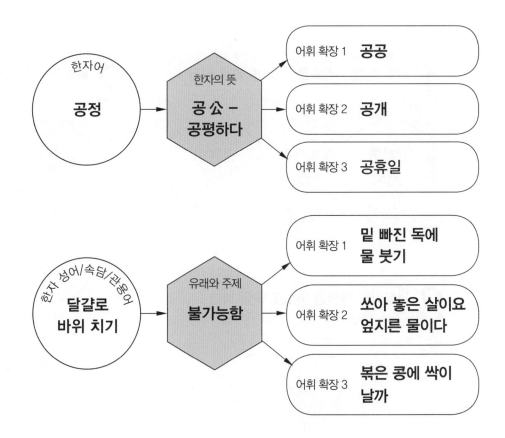

04

어법은 바른 독해와
글쓰기의 기초이므로
반드시 학습해야
합니다.

어법은 우리말의 일정한 법칙입니다. 어법 학습은 낱자의 구조부터 어휘, 문장의 구조까지 이해하는 데 기초가 됩니다. 어법을 알아야 정확하고 바르게 글을 읽고 쓸 수 있습니다. 따라서 초등 국어 교육과정에서 필수로 알아야 하는 어법을 어휘와 함께 학습하는 것이 중요합니다.

구성과 특징

빠작 초등 국어 어휘×독해 5단계는 초등 5~6학년 학생들이 꼭 알아야 하는 필수 어휘를 한자어, 한자 성어, 관용어에서 선정하여 핵심어로 구성하였습니다. 특히 핵심어를 바탕으로 지문을 정확하게 읽어 내고, 핵심어의 뜻이나 주제와 관련된 어휘를 확장하여 학습함으로써 어휘 학습의 효과를 높이고 독해력을 향상시킬 수 있도록 구성하였습니다.

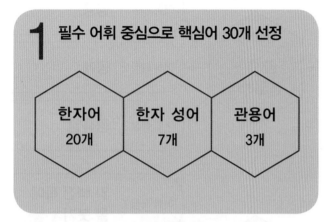

1 필수 어휘 중심으로 핵심어 30개 선정

- 한자어 20개
- 한자 성어 7개
- 관용어 3개

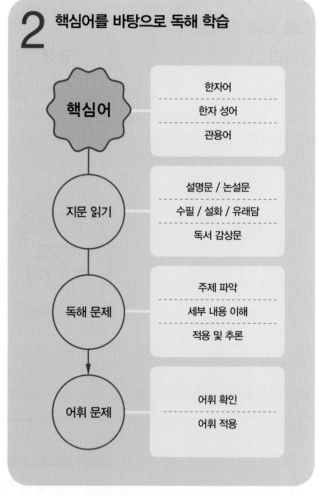

2 핵심어를 바탕으로 독해 학습

핵심어
- 한자어
- 한자 성어
- 관용어

지문 읽기
- 설명문 / 논설문
- 수필 / 설화 / 유래담
- 독서 감상문

독해 문제
- 주제 파악
- 세부 내용 이해
- 적용 및 추론

어휘 문제
- 어휘 확인
- 어휘 적용

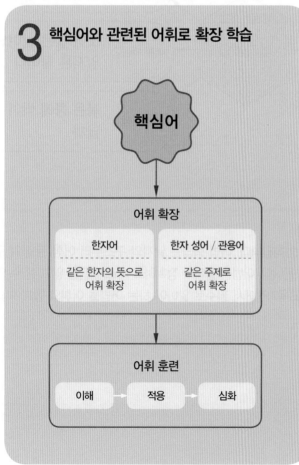

3 핵심어와 관련된 어휘로 확장 학습

핵심어

어휘 확장
한자어	한자 성어 / 관용어
같은 한자의 뜻으로 어휘 확장	같은 주제로 어휘 확장

어휘 훈련
이해 — 적용 — 심화

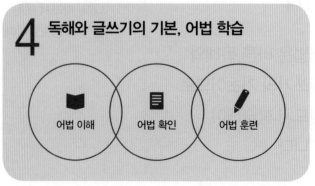

4 독해와 글쓰기의 기본, 어법 학습

- 어법 이해
- 어법 확인
- 어법 훈련

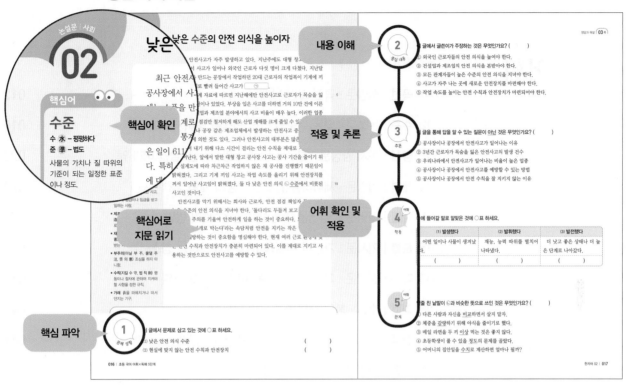

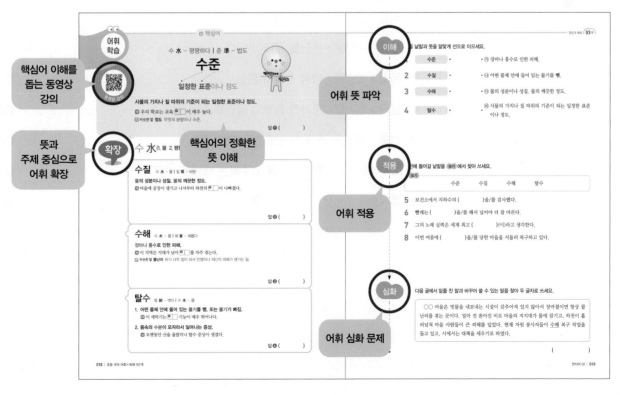

차례

어휘

어휘

한자어

한자어는 한자에 기초하여 만들어진 말입니다.

12	11	10	09
밀도 密度	유독 有毒	반전 反轉	전략 戰略

13	14	15	16
명중 命中	적응 適應	분단 分斷	통합 統合

01	02	03	04
곡선 曲線	수준 水準	망신 亡身	개혁 改革

08	07	06	05
회복 回復	과속 過速	분별 分別	감염 感染

17	18	19	20
담판 談判	선출 選出	고수 固守	후유증 後遺症

곡선 모양 날개의 비밀

곡선

곡 曲 – 굽다
선 線 – 선

모나지 아니하고 부드럽게
굽은 선.

비행기가 발명되기 전에는 사람들이 새를 보며 하늘을 자유롭게 날아다니는 꿈을 키웠다. 그리스 **신화**에는 새의 깃털로 날개를 만들어 하늘을 날아오른 인물에 대한 이야기도 있다. 인간도 새처럼 날개가 있다면 하늘을 날 수 있을까?

하늘을 날기 위해서는 위로 떠오르려는 힘과 아래로 내려가려는 힘 중에 5
서 위로 떠오르려는 힘인 **양력**이 더 커야 몸이 공중에 뜰 수 있다. 또 공중에 뜬 상태로 이동하기 위해서는 앞으로 나아가려는 힘인 **추진력**이 그와 반대 방향으로 작용하는 힘인 항력보다 더 커야 한다.

새는 양력을 많이 얻을 수 있는 모양의 날개를 갖고 있다. 새의 날개를 살펴보면 윗면은 둥근 ㉠곡선 모양이고, 아랫면은 윗면보다 납작하고 평평 10
한 ㉡직선 모양이다. 이러한 모양 때문에 날개의 윗면은 아랫면보다 공기가 빠르게 흐른다. 공기가 빠르게 흐르면 **압력**이 낮아지기 때문에 몸에 압력이 낮은 위쪽으로 떠오르게 하는 힘이 생기게 된다. **근대**의 비행기 제작자들은 바로 이런 새의 날개 모양에 ㉢주목하여 비행기의 날개를 만들었다. 15

그럼 타조는 곡선 모양의 날개를 지니고 있으면서도 왜 하늘을 날지 못할까? 새가 날기 위해서는 힘차게 날갯짓을 하여 양력과 추진력을 얻어야 한다. 그래서 날갯짓을 할 수 있는 근육인 대흉근이 발달해 있다. 하늘을 나는 새에게는 이 대흉근을 가슴뼈에 단단히 붙어 있게 하는 용골 돌기가 있다. 그런데 날지 못하는 타조의 가슴뼈는 용골 돌기가 없고 평평하다. 또 20
한 하늘을 나는 새는 날개를 펼쳤을 때 칼 모양의 **탄력** 있는 깃털이 나와서 양력을 받을 수 있지만, 타조는 날개를 펼쳤을 때 휘어진 형태의 부드러운 깃털이 나온다. 이러한 이유로 타조는 날개가 있어도 하늘을 날지 못하는 것이다.

● **신화**(귀신 신 神, 말할 화 話)
신이나 신 같은 존재에 대한
신비롭고 환상적인 이야기.

● **양력**(오를 양 揚, 힘 력 力) 운
동하는 물체에 운동 방향과
수직 방향으로 작용하는 힘.

● **추진력**(옮길 추 推, 나아갈 진
進, 힘 력 力) 물체를 밀어 앞
으로 내보내는 힘.

● **압력**(누를 압 壓, 힘 력 力) 누
르거나 미는 힘.

● **근대** 현대의 두드러진 특징
들이 나타나기 시작한 가까운
과거의 시대.

● **탄력**(탄알 탄 彈, 힘 력 力) 용
수철처럼 튀거나 팽팽하게 버
티는 힘.

1

설명 대상

이 글에서 설명하는 것은 무엇인지 쓰세요.

• 새가 (   )을/를 이용해 하늘을 나는 원리

2 새가 날 수 있는 이유로 알맞은 것을 모두 찾아 기호를 쓰세요.

내용 이해

> ㉠ 윗면이 둥근 곡선 모양의 날개를 통해 위로 떠오르게 하는 힘이 생기게 된다.
> ㉡ 윗면이 둥근 곡선 모양의 날개를 통해 아래로 내려가려는 힘이 생기게 된다.
> ㉢ 대흉근을 가슴뼈에 고정하는 부분인 용골 돌기가 있다.
> ㉣ 용골 돌기가 없고 가슴뼈가 평평하다.
> ㉤ 날개를 펼쳤을 때 칼 모양의 탄력 있는 깃털이 나온다.
> ㉥ 날개를 펼쳤을 때 휘어진 형태의 부드러운 깃털이 나온다.

(　　　,　　　,　　　)

3 이 글에 대한 설명으로 알맞지 <u>않은</u> 것은 무엇인가요? (　　　)

글의 특징

① 새의 날개를 이용한 사례를 소개하고 있다.
② 독자에게 질문을 하는 방식을 사용하고 있다.
③ 새를 익숙한 것에 빗대어 쉽게 설명하고 있다.
④ 새의 날개가 양력을 얻는 원리를 밝히고 있다.
⑤ 하늘을 나는 새와 날지 못하는 새의 차이점을 알려 주고 있다.

4 어휘

'㉠-㉡'의 낱말 관계와 같게 짝 지은 것은 무엇인가요? (　　　)

관계

① 삶 - 인생　　　　② 오다 - 가다　　　　③ 목소리 - 음성
④ 기쁨 - 즐거움　　⑤ 어색하다 - 낯설다

5 어휘

㉢의 뜻으로 알맞은 것은 무엇인가요? (　　　)

뜻

① 빨리 처리해야 하여
② 마음이 편치 못하고 부끄러워서
③ 관심을 가지고 주의 깊게 살펴서
④ 잘못된 것이나 나쁜 것을 고쳐서
⑤ 자신의 어떠한 능력을 보라는 듯이 자랑하여

어휘 학습

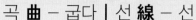
↓ 핵심어

곡 曲 – 굽다 | 선 線 – 선

곡선
┊   ┊
굽은 선

모나지 아니하고 부드럽게 굽은 선.

예 비가 그치자 하늘에 ❶ ☐ 모양의 무지개가 나타났다.

☑ **반대되는 말 직선** 꺾이거나 굽은 데가 없는 곧은 선.

답 ❶ (   )

확장

곡 曲 (굽다)이 들어간 한자어

왜곡
왜 歪 – 비뚤다 | 곡 曲 – 굽다

사실과 다르게 해석하거나 그릇되게 함.

예 사실을 ❷ ☐ 하지 말고 있는 그대로 전해야 한다.

☑ **비슷한 말 오해** 그릇되게 해석하거나 뜻을 잘못 앎. 또는 그런 해석이나 이해.

답 ❷ (   )

굴곡
굴 屈 – 굽다 | 곡 曲 – 굽다

1. **이리저리 굽어 꺾여 있음. 또는 그런 굽이.**

   예 이 산은 ❸ ☐ 이 심하니 등산을 할 때 조심해야 한다.

2. **사람이 살아가면서 잘되거나 잘 안되거나 하는 일이 번갈아 나타나는 변동.**

   예 그의 삶을 돌아보면 굴곡이 많았다.

답 ❸ (   )

완곡하다
완 婉 – 순하다 | 곡 曲 – 굽다

말하는 투가, 듣는 사람의 감정이 상하지 않도록 모나지 않고 부드럽다.

예 그는 나의 부탁을 ❹ ☐ 하게 거절하였다.

☑ **비슷한 말 부드럽다** 성질이나 태도가 억세지 아니하고 매우 따뜻하다.

답 ❹ (   )

이해 다음 뜻에 해당하는 낱말을 보기 에서 찾아 쓰세요.

> 보기
>
> 곡선   왜곡   굴곡   완곡하다

1 이리저리 굽어 꺾여 있음.   (   )

2 모나지 아니하고 부드럽게 굽은 선.   (   )

3 사실과 다르게 해석하거나 그릇되게 함.   (   )

4 말하는 투가, 듣는 사람의 감정이 상하지 않도록 모나지 않고 부드럽다.

(   )

적용 다음 낱말이 들어갈 문장을 찾아 알맞게 선으로 이으세요.

5 완곡 •

• ㉮ (   )이 많은 힘든 삶이었지만 포기하지 않았다.

6 왜곡 •

• ㉯ 이 도자기는 (   ) 모양이 매우 부드럽고 아름답다.

7 굴곡 •

• ㉰ 나는 친구가 듣기 싫어할 말은 (   )하게 말한다.

8 곡선 •

• ㉱ 사실을 (   )하여 보도한 그 기사는 많은 비판을 받았다.

심화 **9** 다음 글에서 밑줄 친 말과 바꾸어 쓸 수 있는 말을 찾아 두 글자로 쓰세요.

> 재연: 뉴스 봤니? 앞으로 놀이공원에서 초등학생은 보호자 없이 모든 시설을 이용할 수 없대.
> 채윤: 아니야, 위험한 시설에 대해서만 보호자가 함께해야 한다는 뉴스잖아. 잘 알지도 못하면서 사실과 다르게 해석한 내용을 전달하면 안 돼!
> 다희: 채윤아, 재연이가 사실을 왜곡해서 전했더라도 완곡하게 말하면 좋겠어.

(   )

02

낮은 수준의 안전 의식을 높이자

수준

수 水 – 평평하다
준 準 – 법도

사물의 가치나 질 따위의 기준이 되는 일정한 표준이나 정도.

최근 **안전사고**가 자주 발생하고 있다. 지난주에도 대형 창고를 만드는 공사장에서 사고가 일어나 외국인 **근로자** 다섯 명이 크게 다쳤다. 지난달에는 소품을 만드는 공장에서 작업하던 20대 근로자의 작업복이 기계에 끼여 몸이 기계로 빨려 들어간 사고가 ⟨ ㉠ ⟩.

정부의 통계 자료에 따르면 지난해에만 안전사고로 근로자가 목숨을 잃은 일이 611건이나 있었다. 부상을 입은 사고를 더하면 거의 10만 건에 이른다. 특히 건설업과 **제조업** 분야에서의 사고 비율이 매우 높다. 이러한 업종에 대한 안전 점검만 철저하게 해도 산업 **재해**를 크게 줄일 수 있는 것이다. 5

공사장이나 공장 같은 제조업체에서 발생하는 안전사고 중에는 근로자의 **부주의**에 의한 것도 있다. 그러나 안전사고의 대부분은 많은 양을 더 빨리 만들어 내기 위해 다소 시간이 걸리는 안전 **수칙**을 제대로 지키지 않아서 일어난다. 앞에서 말한 대형 창고 공사장 사고는 공사 기간을 줄이기 위해, 설계도에 따라 차근차근 작업하지 않은 채 공사를 진행했기 때문임이 밝혀졌다. 그리고 기계 끼임 사고는 작업 속도를 올리기 위해 안전장치를 꺼서 일어난 사고임이 밝혀졌다. 둘 다 낮은 안전 의식 ㉡수준에서 비롯된 사고인 것이다. 10 / 15

안전사고를 막기 위해서는 회사와 근로자, 안전 점검 책임자 등 모두가 높은 수준의 안전 의식을 지녀야 한다. '돌다리도 두들겨 보고 건너라'라는 속담처럼 주의를 기울여 안전하게 일을 하는 것이 중요하다. 또한 '호미로 막을 것을 **가래**로 막는다'라는 속담처럼 안전을 지키는 작은 행동으로 큰 사고를 예방하는 것이 중요함을 명심해야 한다. 현재 여러 근로 환경에 맞는 안전 수칙과 안전장치가 충분히 마련되어 있다. 이를 제대로 지키고 사용하는 것만으로도 안전사고를 예방할 수 있다. 20

- **안전사고** 공장이나 공사장 등에서 안전 교육의 미비, 또는 부주의 따위로 일어나는 사고.

- **근로자** 봉급이나 임금을 받고 일하는 사람.

- **제조업**(지을 제 製, 지을 조 造, 업 업 業) 물품을 대량으로 만드는 사업.

- **재해**(재앙 재 災, 해로울 해 害) 뜻밖에 일어난 큰 사고로 받는 피해.

- **부주의**(아닐 부 不, 물댈 주 注, 뜻 의 意) 조심을 하지 아니함.

- **수칙**(지킬 수 守, 법 칙 則) 행동이나 절차에 관하여 지켜야 할 사항을 정한 규칙.

- **가래** 흙을 파헤치거나 떠서 던지는 기구.

1

문제 상황

이 글에서 문제로 삼고 있는 것에 ○표 하세요.

(1) 낮은 안전 의식 수준 (   )

(2) 현실에 맞지 않는 안전 수칙과 안전장치 (   )

2

중심 내용

이 글에서 글쓴이가 주장하는 것은 무엇인가요? (   )

① 외국인 근로자들의 안전 의식을 높여야 한다.

② 건설업과 제조업의 안전 의식을 본받아야 한다.

③ 모든 관계자들이 높은 수준의 안전 의식을 지녀야 한다.

④ 사고가 자주 나는 곳에 새로운 안전장치를 마련해야 한다.

⑤ 작업 속도를 높이는 안전 수칙과 안전장치가 마련되어야 한다.

3

추론

이 글을 통해 답을 알 수 있는 질문이 <u>아닌</u> 것은 무엇인가요? (   )

① 공사장이나 공장에서 안전사고가 일어나는 이유

② 3년간 근로자가 목숨을 잃은 안전사고의 발생 건수

③ 우리나라에서 안전사고가 일어나는 비율이 높은 업종

④ 공사장이나 공장에서 안전사고를 예방할 수 있는 방법

⑤ 공사장이나 공장에서 안전 수칙을 잘 지키지 않는 이유

어휘

4

적용

㉠에 들어갈 말로 알맞은 것에 ○표 하세요.

(1) 발생했다	(2) 발휘했다	(3) 발전했다
어떤 일이나 사물이 생겨났다.	재능, 능력 따위를 떨치어 나타냈다.	더 낫고 좋은 상태나 더 높은 단계로 나아갔다.
( )	( )	( )

어휘

5

관계

밑줄 친 낱말이 ㉡과 비슷한 뜻으로 쓰인 것은 무엇인가요? (   )

① 다른 사람과 자신을 <u>비교</u>하면서 살지 말자.

② 체중을 <u>감량</u>하기 위해 야식을 줄이기로 했다.

③ 매일 라면을 두 끼 <u>이상</u> 먹는 것은 좋지 않다.

④ 초등학생이 풀 수 있을 <u>정도</u>의 문제를 골랐다.

⑤ 어머니의 집안일을 <u>수치</u>로 계산하면 얼마나 될까?

🔽 핵심어

수 水 – 평평하다 | 준 準 – 법도

수준

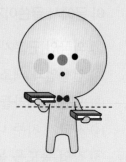

일정한 **표준**이나 정도

사물의 가치나 질 따위의 기준이 되는 일정한 표준이나 정도.

예 우리 학교는 교육 ❶□□이 매우 높다.

☑ 비슷한 말 **정도** 무엇의 분량이나 수준.

답 ❶ (   )

확장

수 水 (1. 물 2. 평평하다)가 들어간 한자어

수질 수 水 – 물 | 질 質 – 바탕

물의 성분이나 성질. 물의 깨끗한 정도.

예 마을에 공장이 생기고 나서부터 하천의 ❷□□이 나빠졌다.

답 ❷ (   )

수해 수 水 – 물 | 해 害 – 해롭다

장마나 홍수로 인한 피해.

예 이 지역은 지대가 낮아 ❸□□를 자주 겪는다.

☑ 비슷한 말 **물난리** 비가 너무 많이 와서 인명이나 재산의 피해가 생기는 일.

답 ❸ (   )

탈수 탈 脫 – 벗다 | 수 水 – 물

1. 어떤 물체 안에 들어 있는 물기를 뺌. 또는 물기가 빠짐.

예 이 세탁기는 ❹□□ 기능이 매우 뛰어나다.

2. 몸속의 수분이 모자라서 일어나는 증상.

예 오랫동안 산을 올랐더니 탈수 증상이 생겼다.

답 ❹ (   )

다음 낱말과 뜻을 알맞게 선으로 이으세요.

1 수준 •

• ㉮ 장마나 홍수로 인한 피해.

2 수질 •

• ㉯ 어떤 물체 안에 들어 있는 물기를 뺌.

3 수해 •

• ㉰ 물의 성분이나 성질. 물의 깨끗한 정도.

4 탈수 •

• ㉱ 사물의 가치나 질 따위의 기준이 되는 일정한 표준이나 정도.

 빈칸에 들어갈 낱말을 보기 에서 찾아 쓰세요.

> **보기**
>
> 수준   수질   수해   탈수

5 보건소에서 지하수의 (   )을/를 검사했다.

6 빨래는 (   )을/를 해서 널어야 더 잘 마른다.

7 그의 노래 실력은 세계 최고 (   )(이)라고 생각한다.

8 이번 여름에 (   )을/를 당한 마을을 서둘러 복구하고 있다.

 9 **다음 글에서 밑줄 친 말과 바꾸어 쓸 수 있는 말을 찾아 세 글자로 쓰세요.**

> ○○ 마을은 빗물을 내보내는 시설이 갖추어져 있지 않아서 장마철이면 항상 물난리를 겪는 곳이다. 얼마 전 쏟아진 비로 마을의 저지대가 물에 잠기고, 하천이 흘러넘쳐 마을 사람들이 큰 피해를 입었다. 현재 자원 봉사자들이 <u>수해</u> 복구 작업을 돕고 있고, 시에서는 대책을 세우기로 하였다.

(   )

03

망신

망 亡 – 망하다
신 身 – 자신

말이나 행동을 잘못하여 체면이나 명예가 상하는 것.

친구들 앞에서 망신당한 '빨간 머리 앤'

『빨간 머리 앤』은 자기 감정을 **조절**하지 못하고 마음대로 행동하던 앤의 성장 과정을 보여 주는 소설이다. ㉠앤의 성장 과정이 사람들에게 감동을 주는 까닭은 무엇일까?

앤과 관련된 일화 중에 학교에서 일어난 사건이 기억에 남는다. 여느 때와 같이 앤이 학교에서 책을 읽고 있을 때였다. 앤의 곁에 몰래 다가간 길버트가 앤의 빨간색 머리카락을 잡아당기며 '홍당무'라고 놀린다. 화가 난 앤은 들고 있던 **석판**으로 길버트의 머리를 쳤고, 그 모습을 본 선생님은 앤을 크게 나무라며 칠판 앞에 서 있으라는 벌을 내린다. 그리고 칠판에 '앤 셜리는 참을성이 없는 아이다.'라고 쓴다.

어린 앤은 화를 참지 못해 친구들 앞에서 ㉡망신을 당하기도 했지만, 자신을 입양한 매슈의 따뜻한 **포용**과 마릴라의 엄격한 가르침 속에서 조금씩 참을성을 배운다. 그리고 주변 사람들이 **경박**하다고 여기는 수다스러움을 장점으로 바꾸고, 자신만의 상상력과 창의력을 키우며 점점 성장해 나간다. 이 과정에서 주변 사람의 도움도 많이 받는다. 공부에 눈을 뜨게 해 준 스테이시 선생님, 자신의 말에 공감해 주는 친구 다이애나, 무엇이든 더 열심히 하도록 자극을 주는 선의의 경쟁자 길버트. 이렇게 많은 사람들의 도움으로 제멋대로 행동하던 앤은 사랑스러운 소녀로 성장하게 된다.

앤이 늘 행복한 경험만 한 것은 아니다. 때론 망신당하고, 때론 두렵고 걱정스러운 일도 겪고, 때론 자신의 한계를 느끼며 속상해하기도 한다. 하지만 앤은 그러한 일을 겪을 때마다 더 나아질 자신의 모습을 그리며, 그런 경험을 되풀이하지 않으려고 노력한다. 우리도 누구나 앤처럼 다양한 일을 겪으며 살아간다. 그때 어떻게 ㉢대처하느냐에 따라 성장 정도가 달라진다. 힘든 일을 겪을 때 해결할 힘이 부족하다면 누군가의 도움을 받을 수도 있다. 우리 모두는 그렇게 여러 상황을 하나씩 이겨 내며 성장하는 것이다. '빨간 머리 앤'처럼 말이다.

5

10

15

20

25

- **조절**(고를 조 調, 마디 절 節) 균형이 맞게 바로잡음. 또는 적당하게 맞추어 나감.
- **석판**(돌 석 石, 널빤지 판 板) 글씨도 쓰고 그림도 그릴 수 있도록 석판석을 얇게 깎아 만든 판.
- **포용** 남을 너그럽게 감싸 주거나 받아들임.
- **경박**(가벼울 경 輕, 얇을 박 薄) 말이나 행동이 조심스럽지 못하고 가벼움.

1

인물

이 글에서 중심이 되는 인물은 누구인지 쓰세요.

• 빨간 머리 (　　　　　)

2 이 글의 내용과 일치하지 <u>않는</u> 것은 무엇인가요? (   )

내용 이해

① 앤은 자신을 놀린 길버트에게 화가 났다.

② 매슈와 마릴라는 앤에게 참을성을 가르쳐 주었다.

③ 앤은 선생님께 벌을 받아 친구들 앞에서 망신을 당했다.

④ 앤은 자신의 수다스러움을 경박하다고 생각하여 부끄럽게 여겼다.

⑤ 앤이 사랑스러운 소녀로 성장하는 데에는 주변 사람들의 도움이 컸다.

3 ㉠에 대한 생각을 알맞게 말한 친구는 누구인지 쓰세요.

추론

> 민현: 앤이 살아가는 장소가 아름답고 멋지기 때문에 사람들에게 감동을 주는 거야.
>
> 상진: 철없던 앤이 여러 상황을 이겨 내며 성장하는 모습이 사람들에게 감동을 주는 거야.
>
> 소연: 앤은 어떤 상황에서도 항상 착하고 본받을 만한 태도를 보였기 때문에 사람들에게
> 감동을 주는 거야.

(   )

어휘

4 밑줄 친 말이 ㉡과 비슷한 뜻으로 쓰인 것은 무엇인가요? (   )

관계

① 나는 게을렀던 지난날을 <u>반성</u>하였다.

② 그녀는 친구의 거짓말에 <u>실망</u>하였다.

③ 그는 감옥에서 <u>고통</u>의 시간을 보내고 있다.

④ 어떠한 이유에서든 학생들을 <u>차별</u>하면 안 된다.

⑤ 그녀는 사람들 앞에서 <u>창피</u>를 당하자, 얼굴이 빨개졌다.

어휘

5 ㉢의 뜻으로 알맞은 것은 무엇인가요? (   )

뜻

① 희망을 버리고 아주 단념함.

② 사물이나 현상을 주의하여 자세히 살펴봄.

③ 마주치기를 꺼리어 피하거나 얼굴을 돌림.

④ 어려운 일을 이겨 내기에 알맞은 행위를 하는 것.

⑤ 앞으로 일어날지 모르는 어떠한 일에 대응하기 위하여 미리 준비함.

망 亡 – 망하다 | 신 身 – 자신

망신

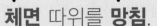

체면 따위를 망침.

말이나 행동을 잘못하여 체면이나 명예가 상하는 것.

예 그는 괜히 아는 척 나섰다가 틀리는 바람에 ❶[ ]만 당했다.

답 ❶ (   )

확장

망 亡 (1. 망하다 2. 달아나다)이 들어간 한자어

멸망   멸 滅 – 멸망하다 | 망 亡 – 망하다

망하여 없어짐.

예 환경 오염이 심해지면 지구가 ❷[ ]할 수 있다는 발표가 나왔다.

☑ 비슷한 말 **파멸** 파괴되어 없어짐.

답 ❷ (   )

망국   망 亡 – 망하다 | 국 國 – 나라

이미 망하여 없어진 나라.

예 전쟁에서 패해 나라를 빼앗긴 왕은 ❸[ ]의 아픔을 느꼈다.

답 ❸ (   )

망명   망 亡 – 달아나다 | 명 命 – 목숨

자기 나라에서 정치·사상·종교 따위의 이유로 받는 탄압이나 위협을 피해 다른 나라로 가는 것.

예 정권을 비판하던 그는 결국 해외로 ❹[ ]을 하였다.

답 ❹ (   )

이해 다음 낱말과 뜻을 알맞게 선으로 이으세요.

1 　**망국**　 •
　　　　　　　　　　　• ㉮ 망하여 없어짐.

2 　**망명**　 •
　　　　　　　　　　　• ㉯ 이미 망하여 없어진 나라.

3 　**망신**　 •
　　　　　　　　　　　• ㉰ 말이나 행동을 잘못하여 체면이나 명예가 상하는 것.

4 　**멸망**　 •
　　　　　　　　　　　• ㉱ 자기 나라에서 정치·사상·종교 따위의 이유로 받는
　　　　　　　　　　　　　　탄압이나 위협을 피해 다른 나라로 가는 것.

적용 빈칸에 들어갈 낱말을 보기 에서 찾아 쓰세요.

> **보기**
>
> 　　　　　　망국　　　　망명　　　　망신　　　　멸망

5 이성계는 고려를 (　　　　　)시키고 조선을 세웠다.

6 나라를 잃은 백성들은 (　　　　　)의 설움을 느꼈다.

7 그녀는 거짓말이 들통나서 (　　　　　)을 톡톡히 당했다.

8 안중근은 일제의 탄압을 피해 중국으로 (　　　　　)하여 독립운동을 하였다.

심화 **9** 다음 글에서 밑줄 친 말과 뜻이 비슷한 낱말은 무엇인가요? (　　　　　)

> 　　중국 진나라 시황제는 만리장성을 더 늘려 쌓고, 자기 무덤을 크고 화려하게 짓는
> 등 무리한 공사를 하여 민심을 잃고 말았다. 진시황이 죽고 아들 호해가 왕위에 올
> 랐는데, 호해는 백성을 더욱 모질게 대했다. 그러다 결국 진나라는 항우에 의해 <u>없
> 어지고</u> 말았다.

① 멸망　　　　② 창작　　　　③ 생산　　　　④ 발생　　　　⑤ 창조

04

제나라를 일으킨 관중의 [＿＿＿＿] 정책

개혁

개 改 - 고치다
혁 革 - 고치다

제도나 기구 따위를 새롭
게 뜯어고침.

옛 중국의 제나라는 사회·정치적으로 매우 어지러웠다. 왕위 다툼 역시
치열하여 왕인 양공이 살해를 당하는 사건이 일어났다. 그러자 둘도 없이
친한 사이인 관중과 포숙은 각자 양공의 둘째 아들 규, 셋째 아들 소백을
데리고 다른 나라로 피하였다. 시간이 지나 제나라의 왕이 죽자, 규와 소백
은 서로 제나라의 왕위에 오르려고 했다. 왕위 다툼 끝에 소백이 제나라의   5
왕위를 차지하게 되었고, 규를 따르던 관중은 사형을 당할 위기에 처했다.
이때 포숙이 나서서 소백에게 말하였다.

"전하, 천하를 다스리고자 하신다면 뛰어난 신하가 필요합니다. 그런 일
에는 관중만 한 인물이 없습니다. 그러니 그를 신하로 삼아 나라를 ㉠개
혁하도록 하십시오."   10

소백은 포숙의 말을 받아들여 관중에게 **재상**의 벼슬을 내렸다. 관중은
충성을 다하여 제나라를 강하게 만들 개혁 정책을 시행하였다. 관중은 나
라에 재물이 많아야 군대를 강하게 키울 수 있고, 백성들은 삶이 부유해야
예절을 지킨다고 생각했다. 이러한 생각을 바탕으로 관중은 **조세**를 개혁하
여 백성들에게 걷는 세금을 줄였다. 한편으로는 제나라의 행정 구역을 새   15
롭게 갖추고, **상공업**을 하는 사람들에게는 군사의 의무를 지지 않게 해 주
었다. 상공업자들이 군대에 가지 않고 물건을 만드는 것이 나라를 부유하
게 한다고 생각했기 때문이다.

대외적으로 관중은 강한 군사력을 바탕으로, 제나라를 따르는 나라들을
후하게 대하는 정책을 시행하였다. 그러자 제나라를 따르는 나라들이 늘어   20
났고, 제나라는 다른 나라들을 **호령하는** 나라가 되었다.

관중은 훗날 삼국 시대의 제갈공명이 가장 닮고 싶은 사람으로 꼽을 정
도의 뛰어난 재상으로 역사에 남았다. 또한 친구인 포숙과의 깊은 우정은
㉡'관포지교'라는 말로 지금까지 전해지고 있다.

- **재상**(재상 재 宰, 서로 상 相)
  임금을 돕고 모든 관원을 지
  휘하고 감독하는 일을 맡아보
  던 벼슬.

- **조세**(구실 조 租, 세금 세 稅)
  국가나 지방 자치 단체가 국
  민의 소득 중에서 일정한 비
  율로 거두어들이는 돈.

- **상공업**(장사 상 商, 장인 공
  工, 업 업 業) 상품을 사고팔
  아 이익을 얻는 일인 상업과
  물자를 만드는 공업을 아울러
  이르는 말.

- **호령**(부르짖을 호 號, 명령할
  령 令)**하는** 부하나 동물 따위
  를 지휘하여 명령하는.

1

제목

빈칸에 알맞은 낱말을 넣어 이 글의 제목을 완성하세요.

제나라를 일으킨 관중의 [＿＿＿＿] 정책

(   )

2 관중에 대한 설명으로 알맞지 <u>않은</u> 것은 무엇인가요? (   )

내용 이해

① 친구 포숙과 깊은 우정을 쌓았다.

② 양공의 둘째 아들 규를 데리고 피하였다.

③ 포숙의 도움으로 목숨을 구하고 재상이 되었다.

④ 중국 역사에서 뛰어난 재상이라는 평가를 받는다.

⑤ 나라와 군대보다 백성들의 삶이 더 부유해야 한다고 생각했다.

3 관중의 개혁 정책이 <u>아닌</u> 것은 무엇인가요? (   )

세부 내용

① 소백이 왕위를 차지하게 하였다.

② 백성들에게 걷는 세금을 줄였다.

③ 제나라의 행정 구역을 새롭게 갖추었다.

④ 제나라를 따르는 나라들을 후하게 대하였다.

⑤ 상공업자들이 군사의 의무를 지지 않게 하였다.

어휘

4 ㉠의 뜻으로 알맞은 것에 ○표 하세요.

뜻

(1) 정면으로 맞서 싸움을 걺.   (   )

(2) 제도나 기구 등을 새롭게 뜯어고침.   (   )

(3) 옛날 것을 현대에 다시 되살려 사용함.   (   )

어휘

5 ㉡과 뜻이 반대되는 말은 무엇인가요? (   )

관계

① 지기지우: 자기의 속마음을 참되게 알아주는 친구.

② 죽마고우: 어렸을 적부터 친하게 지내는 오랜 친구.

③ 금란지교: 단단하기가 황금과 같고 아름답기가 난초 향기와 같은 사귐.

④ 견원지간: 개와 원숭이의 사이라는 뜻으로, 사이가 나쁜 관계를 이르는 말.

⑤ 수어지교: 물고기와 물처럼 아주 친밀하여 떨어질 수 없는 사이를 이르는 말.

어휘 학습

핵심어

개 **改** – 고치다 | 혁 **革** – 고치다

개혁

새롭게 **고치다**

제도나 기구 따위를 새롭게 뜯어고침.

예 사회, 정치, 교육 전반에서 ❶ ☐☐이 이루어졌다.

☑ **비슷한 말 쇄신** 그릇된 것이나 묵은 것을 버리고 새롭게 함.

답❶ ( )

개 **改**(고치다)가 들어간 한자어

개선   개 **改** – 고치다 | 선 **善** – 좋다

잘못된 것이나 부족한 것, 나쁜 것 따위를 고쳐 더 좋게 만듦.

예 정부는 남북 관계의 ❷ ☐☐을 위해 노력하였다.

☑ **반대되는 말 개악** 고치어 도리어 나빠지게 함.

답❷ ( )

개정   개 **改** – 고치다 | 정 **定** – 정하다

이미 정했던 것을 고쳐서 다시 정함.

예 비가 온다는 일기 예보를 듣고, 체육 대회 날짜를 1일에서 10일로 ❸ ☐☐하였다.

답❸ ( )

회개   회 **悔** – 뉘우치다 | 개 **改** – 고치다

잘못을 뉘우치고 고침.

예 그는 자신의 잘못을 진심으로 반성하고 ❹ ☐☐하였다.

☑ **비슷한 말 뉘우침** 스스로 제 잘못을 깨닫고 가책을 느끼는 일. 또는 그런 마음.

답❹ ( )

이해 다음 낱말과 뜻을 알맞게 선으로 이으세요.

1 개혁 •

• ㉮ 잘못을 뉘우치고 고침.

2 개정 •

• ㉯ 제도나 기구 따위를 새롭게 뜯어고침.

3 회개 •

• ㉰ 이미 정했던 것을 고쳐서 다시 정함.

4 개선 •

• ㉱ 잘못된 것이나 부족한 것, 나쁜 것 따위를 고쳐 더 좋게 만듦.

적용 빈칸에 들어갈 낱말을 보기 에서 찾아 쓰세요.

> 보기
>
> 개혁   개선   개정   회개

5 학교 규칙이 (   )되어 등교 시간이 바뀌었다.

6 호주는 화폐 (   )을/를 하여 화폐 단위를 달러로 새롭게 바꾸었다.

7 그는 지난날의 잘못을 (   )하고, 남을 돕는 사람이 되기로 결심했다.

8 등하교 시 학교 앞 도로가 혼잡해지는 문제를 (   )할 방안을 제안했다.

심화 **9** 다음 글에서 밑줄 친 말과 뜻이 비슷한 말을 찾아 두 글자로 쓰세요.

> 전염병을 막기 위해 거리 두기를 시행하자 음식점을 하는 사람들의 생계와 학생들의 교육 등에 많은 문제가 생겼다. 그러자 현재의 방역 정책을 개선해야 한다는 목소리가 높아지고 있다. 국민 모두의 권리를 보호하면서도 전염병을 막을 수 있는 정책이 필요한 만큼 방역 정책을 <u>보완</u>할 필요가 있다.

(   )

05

감염

감 感 – 느끼다
염 染 – 물들이다

병균이 몸에 옮아서 병에
걸리는 것.

감염을 막는 올바른 손 씻기 방법

손 씻기는 가장 쉽고, 가장 **저렴하며**, 가장 적은 시간으로 ㉠감염을 막
는 효과적인 방법으로 알려져 있다. 이러한 손 씻기의 중요성은 전 세계적
으로도 강조되고 있다. 유엔(UN) 총회에서는 각종 감염으로 인한 전 세계
어린이들의 사망을 막기 위하여 10월 15일을 세계 손 씻기의 날로 **제정**하
였다. 이날은 손 씻기를 통해 감염병의 대부분을 **예방**할 수 있다는 각종 연   5
구를 바탕으로 만들어졌다.

우리나라의 식품 의약품 안전처에서 손 씻기로 세균을 얼마나 없앨 수
있는지에 관한 실험을 한 적이 있다. 이 실험에서 비누로 손을 씻은 경우에
는 99퍼센트, 손 소독제로 씻으면 98퍼센트, 물로만 씻어도 93퍼센트의 세
균이 없어졌다는 결과가 나왔다. 손을 깨끗이 씻는 것만으로도 손에 있는   10
세균이 대부분 사라진 것이다. 이와 같은 실험 결과는 손 씻기가 감염을 막
고, 건강을 **유지**하는 것에 얼마나 효과가 있는지를 보여 준다.

의사들 역시 감기, 눈병 등을 일으키는 세균이나 바이러스가 주로 손을
통해 옮겨 다니므로 평소에 손만 제대로 씻어도 수많은 질병을 예방할 수
있다고 말한다.   15

그렇다면 올바른 손 씻기 방법은 무엇일까? 효과적으로 감염을 막기 위
해서는 반드시 비누를 이용해 30초 이상 흐르는 물에 손을 씻어야 한다. 특
히 '손바닥–손등–손가락 사이–두 손 모아–엄지손가락–손톱 밑' 순으로
손을 꼼꼼히 문지르며 씻어야 한다. 또한 화장실 이용 후, 음식을 먹기 전
과 후, 음식을 준비할 때, 아픈 사람을 돌볼 때, 쓰레기를 만진 후에는 반드   20
시 손을 씻어야 한다. 이처럼 평소에 손을 깨끗하게, 자주 씻는 생활 습관
을 가지면 전염병에 감염되는 횟수가 줄어드는 것을 ㉡체감할 수 있다.

● **저렴하며** 물건 따위의 값이
  싸며.

● **제정**(억제할 제 制, 정할 정
  定) 제도나 법률 따위를 만들
  어서 정함.

● **예방**(미리 예 豫, 막을 방 防)
  질병이나 재해 따위가 일어나
  기 전에 미리 막는 일.

● **유지** 어떤 상태나 상황을 그
  대로 보존하거나 변함없이 계
  속하여 지탱함.

1

설명 대상

이 글에서 설명하는 것은 무엇인지 세 글자로 쓰세요.

• 감염을 막는 (   )

이 글의 내용과 일치하지 <u>않는</u> 것은 무엇인가요? (   )

① 손 씻기는 감염을 막는 가장 저렴한 방법으로 알려져 있다.

② 세계 손 씻기의 날은 어린이들의 사망을 막기 위하여 만들어졌다.

③ 의사들은 제대로 된 손 씻기를 통해 수많은 질병을 예방할 수 있다고 말한다.

④ 손을 씻을 때에는 손바닥부터 손등, 손가락, 손톱 순으로 꼼꼼히 씻어야 한다.

⑤ 물로만 손을 씻는 것이 비누로 손을 씻는 것보다 세균을 없애는 데 효과적이다.

이 글에 대한 설명으로 알맞은 것은 무엇인가요? (   )

① 손 씻기 날을 제정하자고 주장하는 글이다.

② 손 씻기의 중요성과 방법을 설명하는 글이다.

③ 손 씻기의 장점과 단점에 대해 비교하는 글이다.

④ 손 씻기에 대한 잘못된 습관을 바로잡는 글이다.

⑤ 손 씻기에 대한 연구 결과에 구체적으로 반대하는 글이다.

㉠과 바꾸어 쓸 수 있는 말은 무엇인가요? (   )

① 전염　　　　　② 전승　　　　　③ 감지

④ 방지　　　　　⑤ 전달

㉡의 뜻으로 알맞은 것은 무엇인가요? (   )

① 몸이 빠르게 움직임.

② 몸으로 어떤 감각을 느낌.

③ 사물을 정확하게 이해하고 파악함.

④ 다른 사람의 감정에 쉽게 빠져들어 감.

⑤ 사람과 사람 사이에 오고 가는 감정의 흐름.

어휘 학습

↓ **핵심어**

감 感 – 느끼다 | 염 染 – 물들이다

감염

×

병균이 **옮아 아프게 됨.**

병균이 몸에 옮아서 병에 걸리는 것.

예 눈병에 ❶ ☐☐ 되는 것을 막기 위해 손을 자주 씻었다.

☑ **비슷한 말 전염** 병이 남에게 옮음.

답 ❶ (   )

확장

감 感 (느끼다)이 들어간 한자어

감상 감 感 – 느끼다 | 상 想 – 생각

마음속에서 일어나는 느낌이나 생각.

예 제주도 여행을 다녀온 뒤, 여행에서 느낀 ❷ ☐☐ 을 일기로 남겼다.

답 ❷ (   )

체감 체 體 – 몸 | 감 感 – 느끼다

몸으로 어떤 감각을 느낌.

예 어른의 ❸ ☐☐ 으로는 춥지 않아도 아이에게는 추울 수 있다.

답 ❸ (   )

공감 공 共 – 함께 | 감 感 – 느끼다

남의 감정, 의견, 주장 따위에 대하여 자기도 그렇다고 느낌.

예 새로운 규칙이 필요하다는 내 주장은 친구들에게 많은 ❹ ☐☐ 을 얻었다.

답 ❹ (   )

이해

보기 에서 글자들을 골라, 뜻에 알맞은 낱말을 만드세요.

보기

| 감 | 논 | 염 | 상 | 비 |
| 다 | 운 | 공 | 유 | 체 |

1 몸으로 어떤 감각을 느낌. ( )

2 병균이 몸에 옮아서 병에 걸리는 것. ( )

3 마음속에서 일어나는 느낌이나 생각. ( )

4 남의 감정, 의견, 주장 따위에 대하여 자기도 그렇다고 느낌. ( )

적용 다음 낱말이 들어갈 문장을 찾아 알맞게 선으로 이으세요.

5 체감 •

6 공감 •

7 감염 •

8 감상 •

• ㉮ 독감에 ( )되어 학교에 가지 못했다.

• ㉯ 바람이 불어서인지 ( ) 온도가 낮게 느껴졌다.

• ㉰ 동생은 내가 그린 그림이 따뜻하다는 ( )을 남겼다.

• ㉱ 그 정책은 많은 국민들의 ( )을 얻어 큰 지지를 받았다.

심화

9 다음 글에서 밑줄 친 말과 바꾸어 쓸 수 있는 말을 찾아 두 글자로 쓰세요.

부모님으로부터 공감을 받는다고 느끼는 청소년은 불량 행동을 저지를 가능성이 낮다는 연구 결과가 나왔다. 부모님이 자신의 행동을 믿어 주고, 자신의 감정을 함께 느낀다고 생각할 때, 불량 행동을 저지르는 성향을 누그러뜨릴 수 있다는 것이다.

( )한다고

06

핵심어

분별

분 分 – 나누다
별 別 – 가르다

서로 다른 일이나 사물을
구별하여 가름.

가상과 현실을 분별하지 못하는 청소년들

　가상 세계를 바탕으로 하는 디지털 게임에서 빠져나오지 못하는 청소년들이 늘면서 사회적으로 문제가 되고 있다. 청소년들 중 게임 때문에 학교를 그만두는 사례도 적지 않다. 모 고등학교에 **재학** 중이던 학생 김 모 군의 경우, 게임에 빠져 성적이 계속 떨어지자 공부에 흥미를 잃게 되었고, 그럴수록 더욱 게임에 빠져들었다. 급기야 게임을 하느라 학교를 그만두었다. 김 군은 기자와의 인터뷰에서 "현실에서는 제가 아무리 노력해도 원하는 결과가 나오지 않았어요. 그런데 게임은 제가 노력한 만큼 결과가 나오니까 신이 나더라고요. 잘 안 되면 언제든지 처음부터 다시 할 수도 있고요."라며 "어떨 때는 지금이 가상 세계인지 현실 세계인지 ㉠분별이 안 되는 경우도 있어요."라고 하였다.

　청소년 연구소에서 수집한 사례에 따르면, 중학생 이 모 군도 캐릭터의 힘을 겨루는 디지털 게임에 빠져서 학교를 그만두었다. 게임에서 판매하는 무기가 다양할수록 캐릭터의 힘이 세지기 때문에 이 군은 무기를 사는 데 ㉡집중했고, 게임 속에서 현실에서는 맛보지 못한 **우월감**을 느꼈다고 한다.

　디지털 게임은 게임 이용자들이 가상 세계 속에 존재하고 있다고 인식하게 한 후, 그 공간을 마음대로 돌아다니며, 다른 캐릭터와 싸우는 등 가상 세계를 조작할 수 있도록 설계되어 있다. ○○ 대학교 심리학과 교수는 "게임 이용자들은 가상 세계에 있는 각자의 캐릭터에 자아를 **투영**시킨다. 특히 현실에서 좌절이나 **소외감**을 많이 경험한 사람일수록 가상 세계에서 성취감이나 소속감이 강하게 채워지는 것을 경험한다."라며 "이러한 경험이 반복되면 게임에 중독되어 현실에서도 게임 캐릭터처럼 폭력적인 행동을 하는 등 현실과 가상 세계를 분별하는 능력이 떨어지게 된다."라고 하였다. 그리고 이를 막기 위해서는 현실에서 해낼 수 있는 작은 것들부터 시작해서 다양한 성공 경험을 쌓을 필요가 있다고 말했다.

5

10

15

20

- **가상**(거짓 가 假, 형상 상 象)
  실물처럼 보이는 거짓 현상.

- **재학**(있을 재 在, 배울 학 學)
  학교에 다니고 있는 것.

- **우월감** 남보다 낫다고 느끼는
  생각이나 느낌.

- **투영**(던질 투 投, 그림자 영
  影) 어떤 상황이나 자극에 대
  한 해석, 판단, 표현 따위에 심
  리 상태나 성격이 반영되는
  일.

- **소외감** 남에게 따돌림을 당하
  여 멀어진 듯한 느낌.

1

문제 상황

이 글에서 문제로 삼고 있는 것은 무엇인지 두 글자로 쓰세요.

- (　　　　) 세계와 현실 세계를 분별하지 못하는 청소년들이 늘어나는 것

2
내용 이해

이 글의 내용과 일치하지 <u>않는</u> 것은 무엇인가요? (　　　)

① 디지털 게임에 빠지는 청소년들이 늘고 있다.

② 디지털 게임의 가상 세계는 게임 이용자들이 조작할 수 있다.

③ 디지털 게임에서는 무기를 사서 캐릭터의 힘을 키울 수 있다.

④ 디지털 게임은 잘 안 되면 언제든지 처음부터 다시 할 수 있다.

⑤ 가상 세계에서 좌절이나 소외감을 많이 경험할수록 게임 중독에 빠지기 쉽다.

3
목적

글쓴이가 이 글을 쓴 목적은 무엇인가요? (　　　)

① 자신에게 가장 잘 맞는 게임을 고르는 방법을 알리기 위해서

② 디지털 게임에 빠질 때의 문제점과 이를 막을 수 있는 방법을 알리기 위해서

③ 청소년들이 가상 세계와 현실 세계에서 모두 성공할 수 있는 방법을 알리기 위해서

④ 게임을 할 때에는 빠르게 달성할 수 있는 목표를 세우는 것이 중요함을 알리기 위해서

⑤ 디지털 게임을 통해 현실에서 만족하지 못했던 성취감을 맛볼 수 있음을 알리기 위해서

4
뜻
어휘

㉠의 뜻으로 알맞은 것에 ○표 하세요.

⑴ 각각 갈라져서 늘어섬. (　　　)

⑵ 서로 다른 일이나 사물을 구별하여 가름. (　　　)

⑶ 둘 이상의 대상을 각각 등급이나 수준 따위의 차이를 두어서 구별함. (　　　)

5
관계
어휘

㉡과 바꾸어 쓸 수 있는 말은 무엇인가요? (　　　)

① 수습　　　　　② 참석　　　　　③ 외면

④ 몰두　　　　　⑤ 격려

어휘
학습

동영상 강의

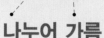
핵심어

분 分 – 나누다 | 별 別 – 가르다

분별

나누어 가름

서로 다른 일이나 사물을 구별하여 가름.

예 인터넷에서 떠도는 정보가 진짜인지 가짜인지 ❶ ☐☐하기가 어렵다.

☑ 비슷한 말 **구별** 성질이나 종류에 따라 차이가 남. 또는 성질이나 종류에 따라 갈라놓음.

답 ❶ (   )

확장

분 分(나누다)이 들어간 한자어

분해 분 分 – 나누다 | 해 解 – 풀다

여러 부분이 결합되어 이루어진 것을 그 낱낱으로 나눔.

예 고장 난 시계를 고치려고 시계를 ❷ ☐☐하였다.

답 ❷ (   )

분리 분 分 – 나누다 | 리 離 – 떨어지다

서로 나뉘어 떨어짐. 또는 그렇게 되게 함.

예 국가의 권력을 입법, 사법, 행정의 삼권으로 ❸ ☐☐하였다.

☑ 비슷한 말 **격리** 다른 것과 통하지 못하게 사이를 막거나 떼어 놓음.

답 ❸ (   )

분담 분 分 – 나누다 | 담 擔 – 메다

나누어서 맡음.

예 나는 오빠와 집안일을 ❹ ☐☐하였다.

☑ 비슷한 말 **분업** 일을 나누어서 함.

답 ❹ (   )

이해 다음 낱말의 뜻을 보기 에서 찾아 기호를 쓰세요.

> 보기
> ㉠ 나누어서 맡음.
> ㉡ 서로 다른 일이나 사물을 구별하여 가름.
> ㉢ 서로 나뉘어 떨어짐. 또는 그렇게 되게 함.
> ㉣ 여러 부분이 결합되어 이루어진 것을 그 낱낱으로 나눔.

1 분별 (   )

2 분담 (   )

3 분해 (   )

4 분리 (   )

적용 빈칸에 들어갈 낱말을 보기 에서 찾아 쓰세요.

> 보기
> 분해   분리   분별   분담

5 그 형제는 (   )하기 어려울 만큼 닮았다.

6 재활용품은 일반 쓰레기와 (   )하여 배출해야 한다.

7 이 집은 조립식이라서 필요에 따라 조립하거나 (   )하는 것이 가능하다.

8 자연재해를 당한 나라의 고통을 (   )하기 위해 여러 나라들이 기금을 마련하고 있다.

심화 **9** 다음 글에서 빈칸에 공통으로 들어갈 알맞은 말은 무엇인가요? (   )

> 엄마나 아빠, 할머니나 할아버지와 같은 양육자로부터 떨어져 있는 것에 대해 불안감을 느끼는 정도가 나이에 비해 심할 경우, ☐☐ 불안 장애로 판정된다. 양육자와 ☐☐될 때 불안감이 커서 등교를 거부한다면 심각한 단계에 이른 것이므로 빨리 치료를 해야 한다.

① 분리   ② 분별   ③ 분해   ④ 분담   ⑤ 분수

설명문 | 사회

07

핵심어

과속

과 過 – 지나치다
속 速 – 빠르다

자동차 따위의 주행 속도를 너무 빠르게 함. 또는 그 속도.

- **정차**(머무를 정 停, 수레 차 車) 차가 멎음. 또는 차를 멈춤.

- **과태료** 법률의 의무를 다하지 않은 사람에게 벌로 물게 하는 돈.

- **범칙금**(범할 범 犯, 법 칙 則, 쇠 금 金) 도로 교통법의 규칙을 어긴 사람에게 부과하는 벌금.

- **차등적** 고르거나 가지런하지 않고 차별이 있는 것.

- **부과** 세금이나 부담금 따위를 매기어 부담하게 함.

과속을 금지하는 어린이 보호 구역

어린이와 관련된 시설 주변의 교통사고를 예방하기 위하여 1996년에 어린이 보호 구역이 도입되었다. 어린이 보호 구역이란 유치원과 초등학교 등의 주변 도로로, 달리는 차량으로부터 어린이를 보호하기 위해 필요하다고 인정하는 지역을 말한다. 구체적으로는 유치원이나 학교 등의 출입문을 중심으로 주변 300미터 이내의 도로 중 일정한 구역이 어린이 보호 구역으로 정해진다.   5

어린이 보호 구역에는 교통사고로 인한 피해를 줄이기 위한 안내 표지, 도로 반사경, 과속 방지 턱 등이 눈에 잘 띄는 색으로 설치되어 있다. 이 지역 내에서는 **정차**나 주차를 해서는 안 된다. 만약 정차나 주차를 하면 일반 금지 구역보다 더 많은 벌금을 내야 한다.   10

차량이 어린이 보호 구역을 달릴 때도 제한 속도인 시속 30킬로미터를 지켜야 한다. 시속 30킬로미터 이상으로 달려왔더라도 어린이 보호 구역에 들어오기 전에 시속 30킬로미터 이하로 ㉠감속해야 한다. 만약 이를 어기면 ⓛ 한 정도에 따라 **과태료**와 **범칙금**이 **차등적**으로 매겨지고, 벌점도 받게 된다.   15

신호등이 설치되지 않은 횡단보도가 어린이 보호 구역일 경우에는 어떻게 적용될까? 신호등이 설치되지 않은 횡단보도에서는 길을 건너려는 사람이 있든지 없든지 관계없이 차량이 잠시 멈추어야 한다. 길을 건너는 사람이 없다고 차량을 멈추지 않고 달리면 운전자에게 범칙금과 벌점이 **부과**된다.

어린이 보호 구역은 어린이를 보호하기 위한 구역이지만 차량 운전자만 조심해야 하는 것은 아니다. 어린이도 충분히 주의해야 한다. 도로에서는 뛰거나 장난치지 말고, 공놀이를 하거나 킥보드를 타는 등의 행동도 하지 말아야 한다. 특히 정차된 자동차 뒤에서 놀지 않아야 하고, 횡단보도를 건널 때는 한 발짝 뒤에서 신호를 기다렸다가 신호가 바뀐 뒤에 길을 건너야 교통사고를 예방할 수 있다.   25

1

설명 대상

이 글에서 설명하는 것은 무엇인지 네 글자로 쓰세요.

• 어린이 (   )

2 어린이 보호 구역에 대한 설명으로 알맞은 것은 무엇인가요? (   )

내용 이해

① 차량은 시속 30킬로미터 이상으로 달려야 한다.

② 주차를 하면 일반 금지 구역보다 벌금을 적게 낸다.

③ 차량이 제한 속도를 어기고 달리면 과태료와 범칙금이 매겨진다.

④ 신호등이 설치되지 않은 횡단보도에서는 사람이 잠시 멈추어야 한다.

⑤ 유치원이나 학교 등의 출입문을 중심으로 10미터 이내의 도로 중에서 지정된다.

3 이 글의 주제로 가장 알맞은 것은 무엇인가요? (   )

주제

① 운전자에게 벌금을 받는 이유

② 학교 주변에서 교통사고가 잦은 이유

③ 어린이 보호 구역이 지정된 후의 변화

④ 어린이 보호 구역의 뜻과 지켜야 할 규칙

⑤ 우리나라에서 일어나는 교통사고의 특징

4 ㉠과 뜻이 반대되는 말로 알맞은 것은 무엇인가요? (   )

관계

① 가속   ② 고속   ③ 광속

④ 신속   ⑤ 졸속

5 보기 의 뜻을 지닌 말로, ㉡에 들어갈 말을 이 글에서 찾아 두 글자로 쓰세요.

적용

> **보기**
> 자동차 따위의 주행 속도를 너무 빠르게 함. 또는 그 속도.

(   )

어휘 학습

동영상 강의

과 過 – 지나치다 | 속 速 – 빠르다

과속

지나치게 빠름

자동차 따위의 주행 속도를 너무 빠르게 함. 또는 그 속도.

예 도로에서 ❶ ☐☐으로 달리던 차들이 경찰에 잡혔다.

답 ❶ (   )

확장

과 過 (1. 지나다 2. 지나치다)가 들어간 한자어

간과 간 看 – 보다 | 과 過 – 지나다

큰 관심 없이 대강 보아 넘김.

예 골고루 먹는 습관의 중요성을 ❷ ☐☐하면 안 된다.

답 ❷ (   )

경과 경 經 – 지나다 | 과 過 – 지나다

시간이 지나감.

예 땅에 나무를 심고 5년이 ❸ ☐☐하자 나무에 꽃이 피기 시작했다.

☑ **비슷한 말 흐름** 한 줄기로 잇따라 진행되는 현상을 비유적으로 이르는 말.

답 ❸ (   )

초과 초 超 – 넘다 | 과 過 – 지나치다

일정한 수나 한도 따위를 넘음. 수량에 쓰인 경우에는, 그 수량이 범위에 포함되지 않으면서 그 위인 경우를 가리킨다.

예 12세를 ❹ ☐☐하는 어린이는 이 놀이터에 입장할 수 없습니다.

☑ **반대되는 말 미만** 정한 수효나 정도에 차지 못함. 또는 그런 상태.

답 ❹ (   )

이해 다음 낱말과 뜻을 알맞게 선으로 이으세요.

1 간과 •

• ㉮ 시간이 지나감.

2 초과 •

• ㉯ 큰 관심 없이 대강 보아 넘김.

3 과속 •

• ㉰ 일정한 수나 한도 따위를 넘음.

4 경과 •

• ㉱ 자동차 따위의 주행 속도를 너무 빠르게 함. 또는 그 속도.

적용 빈칸에 들어갈 낱말을 보기 에서 찾아 쓰세요.

보기

경과   간과   초과   과속

5 지금으로부터 10분 (   ) 후에 시험지를 걷겠습니다.

6 국민들의 노력으로 경제 성장률 목표를 (   ) 달성하였다.

7 사소한 일에 너무 신경을 쓰면 정작 중요한 일을 (   )할 수 있다.

8 경찰은 (   ) 운전을 잡아내기 위해 도로에 속도 측정기를 설치하였다.

심화 9 다음 글에서 밑줄 친 말과 뜻이 비슷한 말을 찾아 두 글자로 쓰세요.

○○과자가 나온 지 2년이 경과하자 입소문을 타고 큰 인기를 끌고 있다. 동네의 슈퍼마켓이나 편의점에서는 과자가 놓이기가 무섭게 팔리고 있다. 사람들은 ○○과자를 구하기 위해 미리 가게마다 전화하여 판매하는지 묻기도 하고, 먼 동네의 가게까지 찾아가서 과자를 사기도 한다. <u>시간이 지나도</u> 시들지 않는 ○○과자의 인기 비결은 무엇일까?

(   )해도

봄의 생명을 회복한 나무처럼

3년 전, 사고로 왼쪽 다리를 다쳤다. 사고 직후 수술을 받았지만, 오른쪽 다리보다 짧고 약해진 왼쪽 다리 때문에 친구들과 마음껏 뛰어놀기가 어려웠다. 활발하다는 말을 종종 들었던 나는 사고 이후부터 집 안에서만 지내기 시작했다. 어머니께서는 이런 내가 걱정되셨는지 피아노와 미술을 배울 수 있게 학원을 보내 주셨다. 그렇지만 몇 번 가 보고는 그만두기 **일쑤**였다. 무엇을 하든지 괜스레 마음이 **위축**되어 재미를 느끼지 못했기 때문이었다.

고학년이 되어서도 마찬가지였다. 학교에서 나는 늘 조용히 책이나 읽는 학생이었고, 친구도 사귀지 않았다. 친구들이 운동장에서 뛰어노는 모습을 보면 속상한 마음만 커졌고, 간혹 말을 거는 친구가 있어도 대답을 피했다. 그저 교실에 앉아 하루가 빨리 끝나기만을 기다렸다. 그렇게 매일매일 **의욕** 없이 학교와 집을 오가는 것을 ㉠반복했다.

그러던 어느 날, 교실에서 봄맞이 행사 준비를 한다길래 조용히 학교 뒤뜰로 피했다. 그곳에는 감나무 한 그루가 서 있었는데, 겨우내 햇볕이 잘 들지 않아서인지 나무의 한쪽이 말라비틀어져 있었다. 그런데 놀랍게도 다른 한쪽 나뭇가지에서는 푸른 잎이 돋아나고 있었다. 잎이 **무성해지고** 있는 다른 나무들보다는 늦었지만, 감나무는 추운 겨울을 견디고 예전 모습처럼 푸른 생명의 잎을 피워 낸 것이었다. 감나무를 보자 순간 내 자신이 부끄러워졌다. 나무에게서 회복의 의지가 느껴졌기 때문이다. 나는 그동안 조금 불편한 왼쪽 다리를 부끄러워하며, 예전의 나로 다시 돌아갈 수 없다고 포기하고 있었는데 말이다.

나는 용기를 내어 친구들이 있는 교실로 향했다. 나무들은 벌거벗은 상태로 추운 겨울을 견딘다. 그리고 봄이 오면 예전처럼 다시 싹을 틔우고 꽃을 피운다. 사람도 마찬가지다. 나무처럼 봄의 희망을 지니고 있다면, 겨울의 추위를 이겨 내고 다시 예전의 생명력을 　㉡　할 수 있는 법이다.

5

10

15

20

25

- **일쑤** 흔히 또는 으레 그러는 일.
- **위축**(시들 위 萎, 오그라들 축 縮) 어떤 힘에 눌려서 기를 펴지 못함.
- **의욕**(뜻 의 意, 하고자 할 욕 欲) 무엇을 하고자 하는 적극적인 마음.
- **무성해지고** 풀이나 나무 따위가 자라서 우거지고.

1 글의 대상

글쓴이에게 깨달음을 준 것은 무엇인지 세 글자로 쓰세요.

(　　　　　　　)

2
내용 이해

글쓴이에 대한 설명으로 알맞지 <u>않은</u> 것은 무엇인가요? (   )

① 사고가 나기 전에는 활발한 성격이었다.

② 사고 이후 피아노와 미술에 재미를 느꼈다.

③ 사고가 난 이후에는 친구를 사귀지 않았다.

④ 3년 전에 사고가 나서 왼쪽 다리를 다쳤다.

⑤ 사고 이후 의욕 없이 학교와 집을 오가는 것을 반복했다.

3
주제

이 글을 읽고 느낀 점으로 가장 알맞은 것은 무엇인가요? (   )

① 어머니의 사랑이 자녀를 변화시키는구나.

② 주변 사람들에게 많은 관심을 가져야겠어.

③ 학교생활을 즐겁게 하려면 친구들과 사이좋게 지내야 해.

④ 혼자서만 잘하려고 하지 않고 다른 사람과 협동하며 살아야겠어.

⑤ 힘든 상황에 처했을 때 포기하지 않고 회복하려고 노력해야겠어.

4
관계

㉠과 바꾸어 쓸 수 있는 말은 무엇인가요? (   )

① 반성했다   ② 거듭했다   ③ 반박했다

④ 단절했다   ⑤ 성취했다

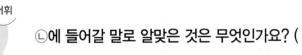

5
적용

㉡에 들어갈 말로 알맞은 것은 무엇인가요? (   )

① 회복   ② 발견   ③ 변신

④ 소멸   ⑤ 정복

↓ 핵심어

회 回 – 돌아오다 | 복 復 – 돌아오다

회복

원래의 상태로 **돌아옴**

원래의 상태로 돌이키거나 원래의 상태를 되찾음.

예 지난해의 패배를 딛고, 올해 우승을 하여 명예를 ❶◻◻하였다.

답 ❶ (   )

확장

복 復 (1. 돌아오다 2. 회복하다 3. 되풀이하다)이 들어간 한자어

복구 복 復 – 회복하다 | 구 舊 – 옛

손실 이전의 상태로 회복함.

예 가뭄으로 피해를 입은 지역을 ❷◻◻하기 시작하였다.

☑ **비슷한 말 복원** 원래대로 회복함.

답 ❷ (   )

반복 반 反 – 돌이키다 | 복 復 – 되풀이하다

같은 일을 되풀이함.

예 우리는 합창 대회에 나가기 위해 ❸◻◻해서 노래 연습을 하였다.

☑ **비슷한 말 되풀이** 같은 말이나 일을 자꾸 반복함. 또는 같은 사태가 자꾸 일어남.

답 ❸ (   )

보복 보 報 – 갚다 | 복 復 – 돌아오다

남이 저에게 해를 준 대로 저도 그에게 해를 줌.

예 그는 자신을 괴롭혔던 사람들에게 ❹◻◻을 하였다.

답 ❹ (   )

이해 다음 낱말의 뜻을 보기 에서 찾아 기호를 쓰세요.

> **보기**
> ㉠ 같은 일을 되풀이함.
> ㉡ 손실 이전의 상태로 회복함.
> ㉢ 남이 저에게 해를 준 대로 저도 그에게 해를 줌.
> ㉣ 원래의 상태로 돌이키거나 원래의 상태를 되찾음.

1 복구 (   )   **2** 회복 (   )

3 반복 (   )   **4** 보복 (   )

적용 다음 낱말이 들어갈 문장을 찾아 알맞게 선으로 이으세요.

5 보복 •

6 반복 •

7 복구 •

8 회복 •

• ㉮ 지진 피해를 입은 도시를 (   )하려면 수십 년이 걸린다.

• ㉯ 할머니께서는 수술 후 건강을 조금씩 (   ) 하고 계신다.

• ㉰ 지루한 일상의 (   )(으)로부터 벗어나고 싶어서 여행을 떠났다.

• ㉱ 범죄 피해자들은 범인의 (   )이/가 두려워 서 신고를 못 하는 경우가 많다.

심화

9 다음 글에서 밑줄 친 말과 바꾸어 쓸 수 있는 말을 찾아 두 글자로 쓰세요.

> 컴퓨터가 갑자기 꺼지는 현상이 반복되더니, 이제는 전원이 들어오지 않습니다. 컴퓨터 안에 중요한 사진이 많아서 컴퓨터를 되살리고 싶습니다. 여러 복구 업체를 알아보았는데, 어떤 업체가 좋을지 추천해 주세요.

(   )하고

09

핵심어

전략

전 **戰** – 전쟁
략 **略** – 다스리다

정치, 경제 따위의 사회적 활동을 하는 데 필요한 꾀와 방법.

발상을 전환한 '합격 사과' 전략

우리는 살아가면서 여러 가지 문제에 부딪힌다. 그중에는 쉽게 해결할 수 있는 문제도 있지만, 좀처럼 답을 찾지 못해 끙끙 앓아야 하는 문제도 있다. 그럴 때는 **발상**을 **전환**하는 ㉠전략을 사용해야 한다. 발상을 전환하는 전략으로 문제를 해결하고, 나아가 새로운 가치를 만들어 낼 수도 있다.

1991년, 사과로 유명한 일본의 아오모리현에 큰 태풍이 불어닥쳤다. 거센 비바람 때문에 아오모리현의 농부들이 재배하던 사과의 90퍼센트가 나무에서 떨어지는 엄청난 피해가 발생했다. 사과를 재배한 농부들은 당장의 경제적 손해는 물론이고, 아오모리현의 사과가 지닌 명성마저 **훼손**될 것을 염려했다.

그러나 절망에 빠져 있을 수만은 없었다. 농부들은 머리를 맞대고 남은 사과를 제대로 팔기 위한 방법을 찾았다. 그들이 찾은 판매 전략은 남은 10퍼센트의 사과에 '태풍에도 떨어지지 않는 합격 사과'라는 이름을 붙이는 것이었다. 그리고 가격을 전년보다 10배 높게 매겼다. 10배나 비싸진 가격에도 불구하고 이 사과는 시험을 앞둔 **수험생**들에게 큰 인기를 끌며 **불티나게** 팔렸다. 아오모리현의 농부들이 예상한 대로 수험생들은 태풍에 떨어지지 않은 사과를 먹으면 그 기운을 받아 시험에 합격할 수 있다고 여긴 것이다.

태풍으로 인해 많은 사과가 떨어져 버렸을 때, 대부분의 사람들은 땅에 떨어진 90퍼센트의 사과가 아깝다고만 생각할 것이다. 그러나 아오모리현의 농부들은 남은 10퍼센트의 사과에 눈을 돌림으로써 발상의 전환을 했고, 그 결과 '합격 사과'라는 전략을 세워 문제를 해결하였다. 어떤 문제를 해결할 때 기존의 방식을 유지하려는 생각에만 ㉡골몰하다 보면, 도리어 그 생각에 갇힐 수도 있다. 그럴 때는 아오모리현의 농부들처럼 한 걸음 물러나 다양한 시선으로 상황을 바라보고 생각해 보아야 한다. 오늘부터 사고의 틀에 갇히지 말고 '합격 사과'처럼 발상을 전환하는 전략을 사용해 보는 것은 어떨까?

5

10

15

20

25

- **발상**(필 발 發, 생각 상 想) 어떤 생각을 해 냄. 또는 그 생각.
- **전환** 다른 방향이나 상태로 바뀌거나 바꿈.
- **훼손** 체면이나 명예를 손상함.
- **수험생**(받을 수 受, 시험 험 驗, 날 생 生) 시험을 치르는 학생.
- **불티나게** 물건이 내놓기가 무섭게 빨리 팔리거나 없어지게.

1

주장

이 글에서 주장하고 있는 것은 무엇인지 두 글자로 쓰세요.

・(   )을/를 전환하는 전략을 사용하자.

2 이 글의 내용과 일치하지 <u>않는</u> 것은 무엇인가요? (   )
내용 이해

① 1991년에 아오모리현은 큰 태풍을 겪었다.

② 아오모리현의 합격 사과는 수험생들에게 인기를 끌었다.

③ 아오모리현의 농부들은 합격 사과를 팔아서 큰 손해를 보았다.

④ 수험생들은 태풍에 떨어지지 않은 사과를 먹으면 시험에 합격할 수 있다고 여겼다.

⑤ 아오모리현의 농부들은 나무에서 떨어진 90퍼센트의 사과가 아닌, 남은 10퍼센트의 사과
　에 눈을 돌렸다.

3 글쓴이가 이 글을 쓴 목적은 무엇인가요? (   )
목적

① 시험에 합격하는 방법을 설명하려고

② 아오모리현의 합격 사과를 광고하려고

③ 문제를 자꾸 일으키는 원인을 밝히려고

④ 발상을 전환해야 할 필요성을 주장하려고

⑤ 사람들이 좌절하는 원인을 파악하고 위로하려고

어휘

4 밑줄 친 말이 ㉠과 비슷한 뜻으로 쓰인 것은 무엇인가요? (   )
관계

① 모든 일은 결과보다 <u>과정</u>이 중요하다.

② 우리는 이번 시합에서 이기기 위해 <u>작전</u>을 짰다.

③ 아이들 간에 <u>시비</u>가 붙어 학교 안이 시끄러웠다.

④ 물건값에 대한 환불은 회사의 <u>절차</u>에 따라 이루어졌다.

⑤ 식중독을 <u>예방</u>하기 위해 냉장고에 음식을 보관해야 한다.

어휘

5 ㉡의 뜻으로 알맞은 것에 ○표 하세요.
뜻

(1) 지난 일을 돌이켜 생각해 봄. 　　　　　　　　　　　　　　　　　(　　　　　)

(2) 실제로 경험하지 않은 현상을 마음속으로 그려 봄. 　　　　　　　(　　　　　)

(3) 다른 생각을 할 여유도 없이 한 가지 일에만 파묻힘. 　　　　　　(　　　　　)

↓ 핵심어

전 戰 – 전쟁 | 략 略 – 다스리다

전략

전쟁을 이끌어 가는 방법

정치, 경제 따위의 사회적 활동을 하는 데 필요한 꾀와 방법.

예 우리 회사는 새로운 판매 ❶☐☐으로 큰 이익을 얻었다.

답 ❶ (   )

확장

전 戰(1. 싸우다 2. 전쟁)이 들어간 한자어

휴전   휴 休 – 쉬다 | 전 戰 – 전쟁

전쟁을 벌이다가 서로 협의하여 얼마 동안 군사 행동을 멈추기로 하는 것.

예 오랜 전쟁 끝에 두 나라는 잠시 ❷☐☐을 하기로 하였다.

답 ❷ (   )

실전   실 實 – 실질 | 전 戰 – 싸우다

실제의 싸움.

예 그는 이론보다는 ❸☐☐에 강한 모습을 보였다.

답 ❸ (   )

도전   도 挑 – 돋우다 | 전 戰 – 싸우다

1. 정면으로 맞서 싸움을 겲.

   예 그 권투 선수는 어린 선수의 ❹☐☐을 기꺼이 받아들였다.

2. 어려운 사업이나 기록 경신 따위에 맞섬을 비유적으로 이르는 말.

   예 그녀는 이번 수영 대회에서 신기록에 도전하였다.

답 ❹ (   )

이해 다음 낱말의 뜻을 보기 에서 찾아 기호를 쓰세요.

> **보기**
>
> ㉠ 실제의 싸움.
> ㉡ 정면으로 맞서 싸움을 겲.
> ㉢ 정치, 경제 따위의 사회적 활동을 하는 데 필요한 꾀와 방법.
> ㉣ 전쟁을 벌이다가 서로 협의하여 얼마 동안 군사 행동을 멈추기로 하는 것.

1 실전 (   )   **2** 전략 (   )

3 도전 (   )   **4** 휴전 (   )

적용 빈칸에 들어갈 낱말을 보기 에서 찾아 쓰세요.

> **보기**
>
> 도전   휴전   전략   실전

5 평상시에 꾸준하게 연습하여 (   )에 대비해야 한다.

6 우리 학교 축구팀은 작년에 우승한 팀에게 (   )을 했다.

7 (   )이 되었지만 곳곳에서 작은 전투가 계속 일어나고 있다.

8 백화점은 고객의 나이나 성향에 맞게 (   )을 세워 상품을 판매한다.

심화 **9** 다음 글에서 밑줄 친 말과 바꾸어 쓸 수 있는 말을 찾아 두 글자로 쓰세요.

> 시험을 치르는 환경과 비슷한 분위기에서 공부하는 것이 성적을 높이는 데 효과가 있다는 연구 결과가 나왔다. 연습 장소와 실전 장소의 분위기가 비슷할수록 긴장감이 생겨서 집중력이 높아진다는 것이다. 그러므로 시험을 앞두고 공부를 할 때에는 <u>실제 상황</u>인 것처럼 환경을 만들어 보자.

(   )

좌우가 반전되는 판화

판화는 나무, 금속, 돌 등의 면에 그림을 새겨 판을 만든 다음, 잉크나 물감 등을 칠해서 종이나 천에 찍어 내는 그림을 말한다. 가장 오래된 예술 **갈래** 중 하나인 판화는 물감으로 종이나 천 위에 직접 그림을 그리는 회화와는 다른 표현력을 지니며, 현대 미술의 한 갈래로 자리매김하였다. 하지만 판화가 예술 분야에만 사용되는 것은 아니다. 우리가 일상에서 사용하는 지폐나 책 등을 인쇄하는 것도 판화의 한 종류라고 할 수 있다. 우리가 입는 티셔츠의 무늬도 대부분 찍어 낸 것이다. 이처럼 판화는 우리의 일상과 **밀접한** 관계를 맺고 있다. 5

판화는 하나의 판에 그림을 새겨서 종이나 천 등에 찍어 내는 방식이므로, 하나의 판으로 여러 장을 찍을 수 있으며, 그림을 새기는 기법에 따라 다양한 느낌을 준다. 뿐만 아니라 판에 새겨진 그림과 찍힌 그림의 좌우 방향이 ㉠반전되는 특징도 있다. 10

판화의 종류에는 볼록 판화, 오목 판화, 평판화, 공판화 등이 있다. 볼록 판화는 판의 볼록한 부분에 잉크를 묻혀 종이나 천에 찍어 내는 판화로, **양각**과 **음각**의 원리를 이용한다. 오목 판화는 판의 움푹 들어간 곳에 잉크를 채워 종이나 천에 찍는 판화이다. 판에 새긴 오목한 부분이 종이에 도드라져 찍히기 때문에 섬세하고 **정교한** 모습을 표현하기에 적절하다. 15

평판화는 물과 기름이 서로 섞이지 않는 현상을 이용하여 석판이라고 하는 평평한 면에 그림을 그려 찍어 내는 판화이다. 평판화는 붓 자국의 ㉡짙고 ㉢흐린 효과를 살릴 수 있다. 그래서 티셔츠나 벽지, 타일 무늬를 찍을 때 주로 쓰인다. 공판화는 그림에 아주 작은 구멍들을 뚫어서 물감이나 잉크를 밀어 넣어 찍어 내는 원리를 이용한 판화이다. 다른 판화와 달리 그림이 찍히는 종이가 판화 아래 놓이기 때문에 좌우가 반전되지 않는다. 20

- **갈래** 하나에서 둘 이상으로 갈라져 나간 낱낱의 부분이나 계통.
- **밀접**(빽빽할 밀 密, 접할 접 接)**한** 아주 가깝게 맞닿아 있는.
- **양각**(볕 양 陽, 새길 각 刻) 조각에서, 평평한 면에 글자나 그림 따위를 도드라지게 새기는 일. 또는 그 조각.
- **음각**(응달 음 陰, 새길 각 刻) 조각에서, 평평한 면에 글자나 그림 따위를 안으로 들어가게 새기는 일. 또는 그런 조각.
- **정교한** 솜씨나 기술 따위가 정밀하고 교묘한.

1 이 글에서 설명하는 것은 무엇인지 두 글자로 쓰세요.

설명 대상

(   )

2 판화에 대한 설명으로 알맞지 <u>않은</u> 것은 무엇인가요? (   )

내용 이해

① 하나의 판으로 여러 장을 찍을 수 있다.

② 새기는 기법에 따라 다양한 느낌을 준다.

③ 지폐나 책을 인쇄하는 것도 판화의 한 종류이다.

④ 판화의 종류에는 볼록 판화, 오목 판화, 평판화, 공판화 등이 있다.

⑤ 모든 종류의 판화는 판에 새겨진 그림과 찍힌 그림의 좌우 방향이 반전된다.

3 이 글을 통해 답을 알 수 있는 질문은 무엇인가요? (   )

추론

① 판화가 회화보다 널리 사용되는 이유는 무엇일까?

② 평판화는 다른 판화와 달리 어떤 효과를 낼 수 있을까?

③ 나무나 금속, 돌을 판으로 이용할 때 각각 어떤 특징이 있을까?

④ 볼록 판화에서 양각과 음각을 표현할 때 주의할 점은 무엇일까?

⑤ 오목 판화보다 섬세한 모습을 표현하려면 어떤 종류의 판화를 선택해야 할까?

어휘

4 ㉠의 뜻으로 알맞은 것에 ○표 하세요.

뜻

(1) 일의 형세가 뒤바뀜.   (   )

(2) 반대 방향으로 구르거나 돎.   (   )

(3) 위치, 방향, 순서 따위가 반대로 됨.   (   )

어휘

5 '㉡-㉢'의 낱말 관계와 같게 짝 지은 것은 무엇인가요? (   )

관계

① 가다 – 닿다   ② 물결 – 파도   ③ 방법 – 기술

④ 벗다 – 입다   ⑤ 학생 – 제자

핵심어

반 反 – 반대로 | 전 轉 – 바꾸다

반전

반대로 바뀜

위치, 방향, 순서 따위가 반대로 됨.

예 거울 앞에 선 나의 모습은 오른쪽과 왼쪽이 ❶☐☐되어 보였다.

답 ❶ (   )

확장

반 反 (1. 돌이키다 2. 반대로 3. 반대하다)이 들어간 한자어

반항 반 反 – 반대하다 | 항 抗 – 막다

다른 사람이나 대상에 맞서 대들거나 반대함.

예 한창 사춘기인 동생은 최근에 부모님에 대한 ❷☐☐이 심해졌다.

☑ 반대되는 말 복종 남의 명령이나 의사를 그대로 따라서 좇음.

답 ❷ (   )

반감 반 反 – 반대하다 | 감 感 – 느끼다

반대하거나 반항하는 감정.

예 상대방에 대한 근거 없는 비난은 ❸☐☐을 살 수 있다.

답 ❸ (   )

반론 반 反 – 반대하다 | 론 論 – 논의하다

남의 논설이나 비난, 논평 따위에 대하여 반박함. 또는 그런 논설.

예 갈릴레이는 지구가 우주의 중심이라는 이론에 ❹☐☐을 제기했다.

답 ❹ (   )

이해 다음 낱말의 뜻을 보기 에서 찾아 기호를 쓰세요.

> 보기
>
> ㉠ 반대하거나 반항하는 감정.
> ㉡ 위치, 방향, 순서 따위가 반대로 됨.
> ㉢ 다른 사람이나 대상에 맞서 대들거나 반대함.
> ㉣ 남의 논설이나 비난, 논평 따위에 대하여 반박함. 또는 그런 논설.

1 반감 (   ) 　　　**2** 반론 (   )

3 반전 (   ) 　　　**4** 반항 (   )

적용 빈칸에 들어갈 낱말을 보기 에서 찾아 쓰세요.

> 보기
>
> 　　반감　　　　반론　　　　반전　　　　반항

5 형은 아버지에게 이유 없이 (   )하다가 혼이 났다.

6 친한 친구라도 (   )을 품지 않도록 말조심해야 한다.

7 두 번째 차례에서는 순서를 (   )하여 뒤 번호부터 발표했다.

8 주장을 할 때 타당한 근거를 갖추지 않으면 상대편의 (   )에 부딪힌다.

심화 **9** 다음 글에서 밑줄 친 말과 바꾸어 쓸 수 있는 말은 무엇인가요? (   )

> 　　그는 산을 깎아서 골프장을 지어야 지역 발전에 도움이 된다고 주장했다. 그러나 나는 그의 생각에 동의하기는커녕 <u>반발심</u>만 생겼다.

① 공감　　　② 반감　　　③ 만족감　　　④ 수치심　　　⑤ 자부심

핵심어

유독

유 有 - 있다
독 毒 - 독

독성이 있음.

인체에 유독한 환경 호르몬

호르몬은 우리 몸에서 분비되는 물질로, 몸속을 돌며 인체의 여러 활동을 조절해 준다. 이와 달리 환경 호르몬은 실제 호르몬이 아니라, 외부에서 몸속으로 들어온 물질이다. 마치 호르몬처럼 몸속을 돌며 정상적인 호르몬의 생성과 작용을 방해하여 우리 몸을 혼란에 빠트린다. 환경 호르몬 중에는 몸에 계속 쌓이면서 ㉠만성적인 영향을 주는 것도 있고, 빠르게 분해되거나 몸 밖으로 빠져나가는 것도 있다. 비록 빠르게 분해되거나 몸 밖으로 빠져나가는 것일지라도 환경 호르몬이 계속 몸속에 들어오면 건강에 심각한 문제가 생길 수 있다.

환경 호르몬이 인체에 해로운 영향을 준다고 알려지기 시작한 시기는 1990년대이다. 그런데 ㉡유독 물질인 환경 호르몬이 인체에 어느 정도까지 영향을 미치는지는 아직까지 **명확하게** 밝혀지지 않았다. 환경 호르몬이 영향을 미치는 것으로 확인된 증상에는 각종 암, 기억력 감소, 학습 장애, 우울증, 아토피와 천식 같은 알레르기 질환, **당뇨병**, 비만 등이 있다. 특히 한국의 성인 당뇨병 발생률은 미국을 앞질렀다. 당뇨병은 비만과 밀접한 관련이 있는데, 미국보다 비만 인구가 적은 우리나라에 당뇨병 환자가 ㉢유독 많은 것은 환경 호르몬을 만들어 내는 화학 물질 사용량이 미국보다 많기 때문으로 **추정된다**.

우리나라는 **급속**한 **산업화**를 거치면서 농약이나 살충제, 플라스틱, 통조림 캔, 알루미늄 포일 등 환경 호르몬을 만들어 내는 화학 물질의 생산이 급격하게 늘어났고, 이에 따라 환경 호르몬도 우리의 생활에 널리 퍼지게 되었다. 환경 호르몬의 종류도 계속 늘고 있는데, 이런 상황에서 환경 호르몬을 완벽하게 막아 내기는 어렵다. 다만 가능한 한 **유기농** 농산물을 먹고, 화학 세제와 플라스틱 제품의 사용을 줄이는 등 생활 습관을 바꿈으로써 환경 호르몬이 몸속으로 들어오는 것을 줄일 수 있다.

5

10

15

20

● **명확하게** 명백하고 확실하게.

● **당뇨병** 소변에 당분이 많이 섞여 나오는 병.

● **추정**(옮길 추 推, 정할 정 定)**된다** 미루어져 생각되어 판정된다.

● **급속**(급할 급 急, 빠를 속 速) 급하고 빠름.

● **산업화**(낳을 산 産, 업 업 業, 될 화 化) 산업의 형태가 됨. 또는 그렇게 되게 함.

● **유기농** 화학 비료나 농약을 쓰지 않고 유기물을 이용하는 농업 방식.

1

설명 대상

이 글에서 설명하는 것은 무엇인지 다섯 글자로 쓰세요.

( )

2
중심 내용

이 글의 중심 내용은 무엇인가요? (   )

① 환경 호르몬의 긍정적인 기능과 부정적인 기능
② 환경 호르몬이 생기는 원인과 환경 호르몬의 종류
③ 정상적인 호르몬과 환경 호르몬의 공통점과 차이점
④ 환경 호르몬의 해로움과 환경 호르몬을 줄이는 방법
⑤ 환경 호르몬의 기능과 환경 호르몬이 만들어지는 과정

3
내용 이해

환경 호르몬에 대한 설명으로 알맞지 <u>않은</u> 것은 무엇인가요? (   )

① 환경 호르몬의 종류는 점점 늘고 있다.
② 환경 호르몬은 화학 물질에서 만들어진다.
③ 환경 호르몬은 정상적인 호르몬의 생성과 작용을 방해한다.
④ 환경 호르몬의 영향으로 당뇨병 환자가 많아진 것으로 추정된다.
⑤ 환경 호르몬이 인체에 미치는 영향에 대해서는 1990년대에 명확하게 밝혀졌다.

어휘
4
뜻

㉠의 뜻으로 알맞은 것은 무엇인가요? (   )

① 자기 자신의 이익만을 꾀하는 것.
② 변화나 발전의 속도가 급하게 이루어지는 것.
③ 쉽게 고쳐지지 아니하거나 쉽게 낫지도 아니하는 것.
④ 어떤 사실이나 사물, 내용 따위를 여러 사람에게 터놓는 것.
⑤ 다른 사람이나 어떤 목적을 위하여 자신의 목숨, 재산, 명예, 이익 따위를 바치거나 버리는 것.

어휘
5
관계

'㉡–㉢'의 낱말 관계와 <u>다른</u> 것에 ○표 하세요.

(1) 잡다: 손으로 움키고 놓지 않다. 잡다: 붙들어 손에 넣다.	( )
(2) 풀: 쌀이나 밀가루 따위의 전분질에서 빼낸 끈끈한 물질. 풀: 식물을 통틀어 이르는 말.	( )
(3) 울다: 감정을 억누르지 못하거나 아픔을 참지 못하여 눈물을 흘리다. 울다: 발라 놓거나 바느질한 것 따위가 반반하지 못하고 우글쭈글해지다.	( )

핵심어

유 有 – 있다 | 독 毒 – 독

유독

독성이 있음

독성이 있음.

예 불이 난 공장 주변으로 ❶ ☐ ☐ 가스가 퍼져 나갔다.

☑ 소리는 같지만 뜻이 다른 말 **유독** 많은 것 가운데 홀로 두드러지게.

답❶ (   )

 확장

독 **毒**(독)이 들어간 한자어

해독 해 解 – 풀다 | 독 毒 – 독

몸 안에 들어간 독성 물질의 작용을 없앰.

예 뱀에 물린 상처를 ❷ ☐ ☐ 할 약이 필요하다.

답❷ (   )

식중독 식 食 – 먹다 | 중 中 – 가운데 | 독 毒 – 독

상한 음식을 먹은 뒤에 복통, 설사, 구토 따위의 증상이 일어나는 병.

예 정환이는 상한 음식을 먹고 ❸ ☐ ☐ ☐ 에 걸렸다.

답❸ (   )

소독 소 消 – 꺼지다 | 독 毒 – 독

병의 감염이나 전염을 예방하기 위하여 병원균을 죽이는 일.

예 아기가 쓰는 그릇은 ❹ ☐ ☐ 해서 사용하는 것이 안전하다.

☑ 비슷한 말 **살균, 멸균** 세균 따위의 미생물을 죽임.

답❹ (   )

이해 보기 에서 글자들을 골라, 뜻에 알맞은 낱말을 만드세요.

보기

> 해　독　중　식　소　유

1 독성이 있음. (　　　　)

2 몸 안에 들어간 독성 물질의 작용을 없앰. (　　　　)

3 병의 감염이나 전염을 예방하기 위하여 병원균을 죽이는 일. (　　　　)

4 상한 음식을 먹은 뒤에 복통, 설사, 구토 따위의 증상이 일어나는 병. (　　　　)

적용 다음 낱말이 들어갈 문장을 찾아 알맞게 선으로 이으세요.

5 소독 ·

6 유독 ·

7 해독 ·

8 식중독 ·

· ㉮ 전염병 환자가 퇴원하자 바로 병실을 (　　　　)했다.

· ㉯ 독성이 있는 식물을 먹었을 때에는 빨리 병원에 가서 (　　　　)해야 한다.

· ㉰ 여름철에는 음식물을 먹을 때 (　　　　)에 걸리지 않도록 주의해야 한다.

· ㉱ 엄마는 아이가 쓸 화장품에 (　　　　) 성분이 있는지 꼼꼼하게 따져 보았다.

심화 **9** 다음 글에서 밑줄 친 말과 뜻이 비슷한 말을 모두 찾아 쓰세요.

> 　　전염병이 널리 퍼지자 사무실, 가게, 집 등에서 감염을 예방하기 위해 균을 없애려는 사람들이 늘고 있다. 그러자 여러 소독 업체들은 100퍼센트 살균을 약속한다고 홍보하며 소독 비용을 비싸게 받았다. 그러나 해당 업체들의 소독 작업 결과, 실제 멸균 효과는 확인되지 않았다. 이에 ○○시는 업체들의 소독 효과를 점검하기로 했다.

(　　　　, 　　　　, 　　　　)하려는

12

밀도

밀 密 – 빽빽하다
도 度 – 정도

빽빽이 들어선 정도.

인구 밀도

　인구 밀도란 무엇일까? 인구 ㉠밀도는 일정한 지역의 **면적**에 대한 인구 수의 비율을 말한다. 쉽게 말하면 1제곱킬로미터 안에 몇 명의 사람이 살고 있는지 알아보는 것이다. 따라서 인구 밀도를 알면 지역 안에 사람이 얼마나 모여 살고 있는지 알 수 있다. 같은 면적에 사람이 많이 살면 인구 밀도가 높다고 하고, 적게 살면 인구 밀도가 낮다고 한다.　5

　전 세계 국가 중에서는 싱가포르가 1제곱킬로미터당 8371명(2022년 기준)으로, 인구 밀도가 매우 높다. 싱가포르처럼 인구 밀도가 높은 나라는 다른 지역에 비해 많은 사람이 살고 있으므로 **상대적**으로 복잡하다. 아파트처럼 높은 건물이 많으며, **교통망**이 거미줄처럼 곳곳에 연결되어 있다. 반대로 인구 밀도가 낮은 나라는 사람이 적게 살고 있으므로 건물이나 집이 낮은 편이고, 주변 교통이 불편한 경우가 많다.　10

　우리나라도 세계적으로 인구 밀도가 높은 나라이다. 경제 협력 개발 기구(OECD)의 가입국과 비교하면, 우리나라의 인구 밀도는 2022년 기준으로 1제곱킬로미터당 514명을 기록해 38개국 중 1위를 차지했다. 이는 가로, 세로 각 1킬로미터의 사각형 면적 안에 514명의 사람이 들어차 있는 것과 같다. 게다가 우리나라는 사람이 모여 살기 어려운 산악 지대가 전체 국토의 60퍼센트 이상을 차지하고 있어서 실제 인구 밀도는 더 높다.　15

　우리나라의 인구는 대도시를 중심으로 모여 있다. 사람들이 일자리나 **편의** 시설이 많은 도시를 선호하기 때문이다. 특히 서울, 경기, 인천 등 수도권 지역의 인구 밀도가 높은데, 이 지역에 무려 우리나라 전체 인구의 절반 정도가 모여 살고 있다. 이처럼 도시로 인구가 몰리면서 도시에는 집값 상승과 교통 **체증** 같은 문제가 나타나게 되었고, 지방에는 일손이 부족해지는 현상이 ㉡불거지고 있다.　20

● **면적**(낯 면 面, 쌓을 적 積) 일정한 평면이나 곡면이 공간을 차지하는 넓이의 크기.

● **상대적**(서로 상 相, 대답할 대 對, 과녁 적 的) 서로 맞서거나 비교되는 관계에 있는 (것).

● **교통망**(사귈 교 交, 통할 통 通, 그물 망 網) 교통로가 이리저리 분포되어 있는 상태를 그물에 비유하여 이르는 말.

● **편의**(편할 편 便, 마땅할 의 宜) 형편이나 조건 따위가 편하고 좋음.

● **체증**(막힐 체 滯, 증세 증 症) 길이 뚫리지 않고 막힌 상태.

1

설명 대상

이 글에서 설명하는 것은 무엇인지 네 글자로 쓰세요.

(　　　　　　　　)

2 이 글의 내용과 일치하는 것은 무엇인가요? (   )

내용 이해

① 인구 밀도는 인구가 증가하는 속도를 말한다.

② 우리나라는 수도권 지역의 인구 밀도가 높다.

③ 인구 밀도가 낮으면 교통이 편리한 경우가 많다.

④ 인구 밀도가 높으면 건물이나 집이 낮은 편이다.

⑤ 경제 협력 개발 기구 가입국 중 우리나라의 인구 밀도는 낮은 편이다.

3 이 글을 통해 답을 알 수 있는 질문은 무엇인가요? (   )

추론

① 대도시의 교통 체증을 해결하는 방법은 무엇일까?

② 인구 밀도를 떨어뜨리기 위해서는 어떻게 해야 할까?

③ 도시로 인구가 몰리면서 지방에는 어떤 문제가 생겼을까?

④ 싱가포르가 우리나라보다 인구 밀도가 높은 이유는 무엇일까?

⑤ 경제 협력 개발 기구의 가입국 중 인구 밀도가 가장 낮은 나라는 어디일까?

어휘

4 다음은 국어사전에 제시된 ㉠의 여러 가지 뜻입니다. 이 글에서 ㉠은 어떤 뜻으로 쓰였는지 알맞은

뜻 것에 ○표 하세요.

(1) 빽빽이 들어선 정도. (   )

(2) 내용이 얼마나 잘 갖추어졌는가의 정도. (   )

어휘

5 ㉡과 바꾸어 쓸 수 <u>없는</u> 말은 무엇인가요? (   )

관계

① 커지고 ② 드러나고 ③ 나타나고

④ 해결되고 ⑤ 두드러지고

↓ 핵심어

밀 密 – 빽빽하다 | 도 度 – 정도

밀도

빽빽이 들어선 **정도**

빽빽이 들어선 정도.

예 사람이 거의 살지 않는 남극 대륙은 인구 ❶ ☐☐가 매우 낮다.

답 ❶ (   )

확장

밀 密 (1. 빽빽하다 2. 꼼꼼하다)이 들어간 한자어

밀집　밀 密 – 빽빽하다 | 집 集 – 모으다

빈틈없이 빽빽하게 모임.

예 우리 동네에는 여러 은행이 ❷ ☐☐해 있다.

답 ❷ (   )

긴밀하다　긴 緊 – 팽팽하다 | 밀 密 – 빽빽하다

서로의 관계가 매우 가까워 빈틈이 없다.

예 그 둘은 자매처럼 ❸ ☐☐한 관계이다.

답 ❸ (   )

치밀하다　치 緻 – 빽빽하다 | 밀 密 – 꼼꼼하다

1. **자세하고 꼼꼼하다.**

    예 친구는 성격이 ❹ ☐☐해서 실수를 거의 하지 않는다.

    ☑ 비슷한 말 **상세하다** 낱낱이 자세하다.

2. **아주 곱고 촘촘하다.**

    예 이 옷은 옷감의 조직이 치밀하게 짜여 있어서 아주 따뜻하다.

    답 ❹ (   )

이해 다음 낱말과 뜻을 알맞게 선으로 이으세요.

1 밀도 •   • ㉮ 자세하고 꼼꼼하다.

2 밀집 •   • ㉯ 빽빽이 들어선 정도.

3 치밀하다 •   • ㉰ 빈틈없이 빽빽하게 모임.

4 긴밀하다 •   • ㉱ 서로의 관계가 매우 가까워 빈틈이 없다.

적용 밑줄 친 부분과 바꾸어 쓸 수 있는 낱말을 보기 에서 찾아 쓰세요.

보기
긴밀	치밀	밀도	밀집

5 우리나라는 주변 국가들과 <u>매우 가까운</u> 관계를 맺고 있다.

→ (   )한

6 그는 사무실이 <u>빽빽하게 모여 있는</u> 지역에 가게를 차렸다.

→ (   )된

7 이 지역에 초고층 건물이 생기자 사람들이 <u>모여 들어선 정도</u>가 높아졌다.

→ (   )

8 중요한 일을 할 때에는 <u>자세하고 꼼꼼한</u> 계획을 세운 뒤에 움직여라.

→ (   )한

심화 9 다음 글에서 빈칸에 들어갈 알맞은 말은 무엇인가요? (   )

    여행하는 방식은 크게 두 가지 유형으로 나누어진다. 첫 번째는 여행 계획을 미리 자세하고 꼼꼼하게 세우는 유형으로, 매일 무엇을 하고 어디로 갈지를 [   ] 계획한다. 두 번째는 그날그날 마음이 내키는 대로 여행을 하는 유형이다. 이 유형은 계획을 따로 짜 놓지 않고 발길이 닿는 대로 느긋하게 다닌다.

① 거칠게   ② 엉성하게   ③ 허술하게   ④ 여유롭게   ⑤ 치밀하게

모든 화살을 명중시킨 주몽

동부여의 왕 금와는 우연히 태백산 남쪽에서 한 여인을 만났다. 그 여인은 자신을 물의 신 하백의 딸인 유화라고 소개하였다. 금와는 유화를 궁에 데리고 와서 머물게 했는데, 햇빛이 유화를 따라다니며 비췄다. 그리고 얼마 후 유화가 사람이 아닌 알 하나를 낳았다.

금와가 그 알을 **꺼림칙하게** 여겨 개와 돼지에게 주었으나 모두 먹지 않았다. 다시 길에 내다 버렸더니 소와 말이 모두 그 알을 피해서 지나갔고, 들판에 내다 버렸더니 새들이 날개로 그 알을 감싸 주었다. 금와는 알을 깨트리려 했으나 깨지지가 않자 어쩔 수 없이 유화에게 되돌려 주었다. 유화가 알을 따뜻하게 싸서 두었더니, 얼마 후 한 아이가 껍질을 깨고 나왔다.

아이는 **이목구비**가 뚜렷하고 활을 잘 쏘았다. 일곱 살이 되자 스스로 활과 화살을 만들어 파리를 쏘는데, 백 번 쏘면 백 번 다 ㉠명중하였다. 부여 **풍속**에 활을 잘 쏘는 사람을 주몽이라 하였는데, 이 때문에 모두가 그 아이를 주몽이라 불렀다.

한편 금와에게는 아들이 일곱 있었다. ㉡이들은 주몽과 함께 지냈으나 활 솜씨는 물론이고 다른 재주도 주몽보다 떨어져 늘 주몽을 **시기**하였다. 특히 큰아들인 대소가 금와에게 주몽에 대해 좋지 않게 말했다.

"주몽은 사람이 낳은 자가 아니니 훗날을 위해 **제거**해야 합니다."

하지만 금와가 대소의 말을 듣지 않자, 여러 왕자들은 주몽을 없앨 계획을 세웠다. 그것을 안 유화는 주몽에게 서둘러 도망가라고 하였다. 주몽은 세 명의 친구들과 함께 도망쳤고, 왕자들이 보낸 군사들이 그들을 쫓았다. 주몽 일행은 도망치던 중 큰 강물을 만났는데 강물을 건너갈 다리가 없었다. 절망에 빠진 주몽은 하늘을 올려다보며 도와 달라고 외쳤다. 그러자 물고기와 자라 떼가 강물 위로 떠올라 다리를 만들어 주몽 일행을 건너게 한 뒤에 흩어졌다.

주몽은 졸본천에 이르러 그곳을 **도읍**으로 정하고, 나라 이름을 고구려라고 하였다.

5

10

15

20

25

- **동부여** 기원전 부여의 동쪽 두만강 유역에 세운 나라.
- **꺼림칙하게** 마음에 걸려서 언짢고 싫은 느낌이 있게.
- **이목구비** 귀·눈·입·코를 아울러 이르는 말.
- **풍속**(바람 풍 風, 풍속 속 俗) 옛날부터 그 사회에 전해 오는 생활 전반에 걸친 습관 따위를 이르는 말.
- **시기**(시새울 시 猜, 꺼릴 기 忌) 남이 잘되는 것을 샘하여 미워함.
- **제거**(덜 제 除, 갈 거 去) 없애 버림.
- **도읍**(도읍 도 都, 고을 읍 邑) 한 나라의 중앙 정부가 있는 곳.

1
인물

이 글에서 중심이 되는 인물은 누구인지 쓰세요.

(   )

2

내용 이해

이 글의 등장인물에 대한 설명으로 알맞지 <u>않은</u> 것을 모두 찾아 기호를 쓰세요.

> ㉮ 주몽: 유화의 아들로, 어린 시절부터 활을 잘 쏘았다.
> ㉯ 대소: 금와의 아들로, 주몽을 따르며 함께 고구려를 세웠다.
> ㉰ 금와: 동부여의 왕으로, 왕자의 말을 듣고 주몽을 없애려고 하였다.
> ㉱ 유화: 하백의 딸이자 주몽의 어머니로, 주몽에게 도망가라고 말하였다.

(,   )

3

글의 특징

이 글의 특징으로 알맞지 <u>않은</u> 것은 무엇인가요? (   )

① 주몽이 고구려를 세우게 된 과정이 드러난다.
② 주몽이 위기를 겪지 않고 행복하게 성장하는 이야기이다.
③ 화살을 모두 명중시키는 주몽의 뛰어난 능력이 강조된다.
④ 알에서 태어난 신비한 탄생을 통해 주몽이 특별한 인물임을 드러낸다.
⑤ 물고기와 자라 떼의 도움과 같이 현실에서 일어날 수 없는 방법으로 문제가 해결된다.

4

어휘

관계

㉠과 바꾸어 쓸 수 있는 말은 무엇인가요? (   )

① 열중   ② 적당   ③ 적중
④ 중심   ⑤ 집중

5

어휘

적용

㉡에서 주몽을 한자 성어로 표현할 때 알맞은 것은 무엇인가요? (   )

① 유유상종: 같은 무리끼리 서로 사귐.
② 갑남을녀: 평범한 사람들을 이르는 말.
③ 군계일학: 많은 사람 가운데서 뛰어난 인물을 이르는 말.
④ 개과천선: 지난날의 잘못이나 허물을 고쳐 올바르고 착하게 됨.
⑤ 장삼이사: 이름이나 신분이 특별하지 아니한 평범한 사람들을 이르는 말.

어휘 학습

동영상 강의

명 命 – 목표물 | 중 中 – 가운데

명중

목표물의 **가운데**에 맞음

화살이나 총알 따위가 겨냥한 곳에 바로 맞음.

예 그녀가 쏜 화살이 과녁에 정확하게 ❶[   ]했다.

☑ **비슷한 말 적중** 화살 따위가 목표물에 맞음.

답❶ (   )

확장

명 命(1. 목숨 2. 목표물)이 들어간 한자어

명맥 명 命 – 목숨 | 맥 脈 – 맥

맥이나 **목숨**이 유지되는 근본.

예 우리 동네의 떡 가게는 삼 대째 ❷[   ]을 이어 오고 있다.

답❷ (   )

생명 생 生 – 날 | 명 命 – 목숨

사람이 **살아서** **숨 쉬고** 활동할 수 있게 하는 힘.

예 그는 큰 사고를 당했지만 다행히 ❸[   ]에는 문제가 없었다.

☑ **비슷한 말 목숨** 사람이나 동물이 숨을 쉬며 살아 있는 힘.

답❸ (   )

운명 운 運 – 운전하다 | 명 命 – 목숨

인간의 생명과 인생을 지배한다고 생각하는 이미 정해져 있는 강한 힘, 또는 그 힘으로 말미암아 생기는 여러 가지 일이나 상태.

예 그는 자신의 성공 여부를 ❹[   ]에 맡기기로 하였다.

☑ **소리는 같지만 뜻이 다른 말 운명** 사람의 목숨이 끊어짐.

답❹ (   )

이해

다음 뜻에 알맞은 낱말을 넣어 십자말풀이를 완성하세요.

	1	**2**
3		
4		

1 (가로) 사람이 살아서 숨 쉬고 활동할 수 있게 하는 힘.

2 (세로) 화살이나 총알 따위가 겨냥한 곳에 바로 맞음.

3 (세로) 인간의 생명과 인생을 지배한다고 생각하는 이미 정해져 있는 강한 힘.

4 (가로) 맥이나 목숨이 유지되는 근본.

적용

빈칸에 들어갈 낱말을 보기 에서 찾아 쓰세요.

> 보기
>
> 명맥   명중   생명   운명

5 안중근 의사는 자신의 (   )을 걸고 독립운동을 하였다.

6 그는 스무 발의 총알을 모두 과녁에 (   )시켜 만점을 받았다.

7 나는 작년에 우연히 그 사람을 만난 것을 (   )이라고 생각한다.

8 조선 시대에 불교가 (   )을 이어 온 것은 백성들의 믿음이 있었기 때문이다.

심화

9 다음 글에서 빈칸에 들어갈 알맞은 낱말을 찾아 두 글자로 쓰세요.

> 올림픽에서 우리나라 양궁 대표팀이 남자, 여자 단체전에서 모두 금메달을 목에 걸었다. 특히 남자 대표팀은 결승전에서 마지막 화살을 정중앙에 [   ] 시킴으로써 10점을 기록하여 금메달을 확정지었다. 쏘는 화살마다 명중시켰다는 주몽의 후예임을 보여 준 멋진 경기였다.

이해

(   )

14

적응

적 適 – 알맞다
응 應 – 응하다

어떠한 상황이나 환경에 익숙해지거나 알맞게 변하는 것.

생물의 적응

새 학년이 되어 새로운 선생님과 친구들 사이에서 ㉠적응하며 생활하는 것처럼, 생물이 오랜 시간에 걸쳐 환경에 맞추어 살아가는 것 또한 ㉡적응이라고 한다.

무더운 사막에 사는 사막여우는 주변의 모래와 비슷한 색깔의 털을 가지고 있고, 추운 북극에 사는 북극여우는 주변의 하얀 눈과 비슷한 색깔의 털을 가지고 있다. 이렇게 주변 환경과 **유사한** 색깔의 털로 몸을 덮음으로써 적의 눈에 띄지 않게 몸을 보호하도록 적응해 온 것이다. 또한 사막여우는 몸속의 열을 내보내기 좋은 큰 귀를 가지고 있는 반면, 북극여우는 귀가 작아 몸 밖으로 내보내는 열이 적은 편이다. [5]

환경에 적응하며 사는 것은 사람도 마찬가지이다. 추운 북극 지방에 사는 에스키모인들의 평균 몸무게는 77킬로그램이지만, 뜨거운 사막에 사는 사람들의 평균 몸무게는 57킬로그램이다. 이는 몸속에 있는 **피하** 지방의 차이 때문인데, 에스키모인들은 다른 지역에 사는 사람들보다 피하 지방이 훨씬 많다. 피하 지방은 체온이 빠져나가는 것을 막아 주어 추위로부터 몸을 보호하는 역할을 한다. [15]

철새들이 계절마다 떼 ㉢지어 **서식지**를 옮기는 것도 환경에 적응하기 위한 것이다. 계절의 변화에 따라 기온과 먹이가 달라지기 때문에 철새들은 계절마다 서식지를 옮긴다. 서식지를 옮기기 위해서는 먼 거리를 이동해야 하므로, 무리를 지어 다니는 것이 **생존**에 **유리하다**.

그 밖에도 다람쥐는 겨울잠을 자며 저장된 **양분**을 천천히 사용할 수 있도록 적응했고, 물에 사는 오리나 개구리는 물갈퀴가 발달하여 헤엄을 치기에 유리하도록 적응했다. 또한 나뭇가지같은 모습으로 **위장**한 자벌레나 대벌레, 오므리는 행동을 통해 단단한 껍질로 몸을 보호하는 공벌레 역시 생물이 환경에 적응하고 있음을 보여 주는 사례들이다. [20]

- **유사**(무리 유 類, 같을 사 似)**한** 서로 비슷한.
- **피하**(가죽 피 皮, 아래 하 下) 피부의 밑.
- **서식지** 생물 따위가 일정한 곳에 자리를 잡고 사는 곳.
- **생존**(날 생 生, 있을 존 存) 살아 있음. 또는 살아남음.
- **유리**(있을 유 有, 이로울 리 利)**하다** 이익이 있다.
- **양분** 영양이 되는 성분.
- **위장**(거짓 위 僞, 꾸밀 장 裝) 본래의 정체나 모습이 드러나지 않도록 거짓으로 꾸밈.

1

핵심어

이 글에서 가장 중심이 되는 낱말은 무엇인지 두 글자로 쓰세요.

(   )

2

내용 이해

생물이 환경에 적응한 사례로 알맞지 <u>않은</u> 것을 모두 골라 기호를 쓰세요.

> ㉮ 사막여우 – 주변의 모래와 비슷한 색깔의 털을 가지고 있음.
>
> ㉯ 북극여우 – 귀가 작아 열을 적게 내보냄.
>
> ㉰ 에스키모인 – 피하 지방을 통해 체온이 빠져나감.
>
> ㉱ 철새 – 계절의 변화에 따라 떼 지어 서식지를 옮김.
>
> ㉲ 자벌레나 대벌레 – 오므리는 행동을 통해 몸을 보호함.

(,   )

3

추론

이 글을 통해 답을 알 수 있는 질문이 <u>아닌</u> 것은 무엇인가요? (   )

① 북극여우의 털이 흰색인 까닭은 무엇일까?

② 다람쥐는 어떻게 추운 겨울을 지낼 수 있을까?

③ 사막여우의 귀가 커서 생기는 문제점은 무엇일까?

④ 철새들이 계절마다 서식지를 옮기는 이유는 무엇일까?

⑤ 에스키모인들이 사막에 사는 사람들보다 평균 몸무게가 무거운 까닭은 무엇일까?

4

어휘

관계

'㉠–㉡'의 낱말 관계와 <u>다르게</u> 짝 지은 것에 ○표 하세요.

(1) • 가다: 한곳에서 다른 곳으로 장소를 이동하다. • 가다: 지금 있는 곳에서 어떠한 목적을 가지고 다른 곳으로 옮기다.	(2) • 들다: 밖에서 속이나 안으로 향해 가거나 오거나 하다. • 들다: 날이 날카로워 물건이 잘 베어지다.	(3) • 깎다: 칼 따위로 물건의 거죽이나 표면을 얇게 벗겨 내다. • 깎다: 풀이나 털 따위를 잘라 내다.
( )	( )	( )

5

적용

다음 빈칸에 ㉢을 넣었을 때 뜻이 같은 것은 무엇인가요? (   )

① 아빠가 밥을 [　　　] 놓으셨다.

② 그들은 늘 무리를 [　　　] 다닌다.

③ 숙제로 동시를 [　　　] 발표해야 한다.

④ 마치 죄를 [　　　] 벌을 받는 기분이었다.

⑤ 할머니는 농사를 [　　　] 우리에게 보내신다.

어휘
학습

동영상 강의

적 適 – 알맞다 | 응 應 – 응하다

적응

알맞게 됨

어떠한 상황이나 환경에 익숙해지거나 알맞게 변하는 것.

예 동생은 새로운 환경에 ❶ [ ]을 잘한다.

☑ 비슷한 말 순응 환경이나 변화에 적응하여 익숙해지거나 체계·명령 따위에 적응하여 따름.

답❶ (   )

확장

적 適 (1. 가다 2. 알맞다)이 들어간 한자어

적성 적 適 – 알맞다 | 성 性 – 성품

어떤 일에 알맞은 성질이나 적응 능력. 또는 그와 같은 소질이나 성격.

예 ❷ [ ]에 맞는 일을 찾기가 쉽지 않다.

☑ 비슷한 말 소질 본디부터 가지고 있는 성질. 또는 타고난 능력이나 기질.

답❷ (   )

적용 적 適 – 알맞다 | 용 用 – 쓰다

알맞게 이용하거나 맞추어 씀.

예 책에서 배운 내용을 실전에 ❸ [ ]할 줄 알아야 한다.

답❸ (   )

적합 적 適 – 알맞다 | 합 合 – 합하다

일이나 조건 따위에 꼭 알맞음.

예 마을 지하수의 수질을 검사하여 식수로 ❹ [ ]하다는 판정을 받았다.

답❹ (   )

이해 다음 뜻에 해당하는 낱말을 보기 에서 찾아 쓰세요.

보기

|적응|적성|적용|적합|

1 알맞게 이용하거나 맞추어 씀. ( )

2 일이나 조건 따위에 꼭 알맞음. ( )

3 어떤 일에 알맞은 성질이나 적응 능력. ( )

4 어떠한 상황이나 환경에 익숙해지거나 알맞게 변하는 것. ( )

적용 다음 낱말이 들어갈 문장을 찾아 알맞게 선으로 이으세요.

5 적합 •

• ㉮ 이번 혜택은 기존 회원에게도 똑같이 ( ) 된다.

6 적용 •

• ㉯ 전학 간 학교에 ( )하기까지 시간이 오래 걸렸다.

7 적성 •

• ㉰ 아이들의 ( )에 맞는 취미를 찾는 것이 바람 직하다.

8 적응 •

• ㉱ 환자의 상태에 따라 ( )한 치료 방법을 찾아야 한다.

심화 **9** 다음 빈칸에 공통으로 들어갈 알맞은 낱말은 무엇인가요? ( )

• 외국에서 온 그는 한동안 시차에 [   ]하지 못했다.
• 그녀는 어느 조직에 들어가도 [   ]을/를 잘하는 편이다.
• 갑자기 변한 그의 모습에 친구들마저 [   ]을/를 할 수 없었다.

① 적성 ② 적용 ③ 적합 ④ 적응 ⑤ 변화

분단을 끝내야 한다

우리나라는 약 반만년의 긴 역사를 가지고 있다. 단군이 고조선을 세운 이래 삼국 시대와 고려, 조선을 거쳐 오늘날에 이르게 되었다. 하지만 1910년에 일본에 빼앗겼던 나라를 36년 만에 되찾은 기쁨을 온전히 누리기도 전에 육이오 전쟁이 일어났고, 이후 오늘날까지 한반도는 남과 북으로 갈라진 ㉠분단국가로 남아 있다.

남과 북으로 분단되면서 수많은 **이산가족**이 생겨났고, 분단의 시간이 길어지면서 남과 북의 사회적·경제적·문화적 차이도 점점 커지게 되었다. 심지어 어떤 이들은 통일이 과연 필요할까라는 ㉡회의적 태도까지 보이고 있다.

현재 우리나라는 북한과 **휴전** 중이다. 이것은 전쟁이 끝난 것이 아니라 전쟁을 잠시 쉬고 있는 상태라는 뜻이다. 그래서 우리나라는 또다시 일어날지도 모를 전쟁에 대비한 군사 훈련을 계속하고 있는 것이다. 우리는 언제까지 전쟁에 대한 공포를 느껴야 할까? 이런 긴장 상태는 우리나라와 북한 어디에도 도움이 되지 않는다.

분단을 끝낼 수 있는 방법은 통일이다. 우리나라와 북한이 서로 마음을 모아 통일을 이룬다면 전쟁의 공포에서 벗어나 지금보다 훨씬 평화로운 삶을 살 수 있을 것이다. 그리고 **국방비** 역시 상당 부분 줄일 수 있을 것이다. 국방비에 썼던 비용을 다른 분야에 사용하면 경제적으로도 통일 대한민국에 큰 이득이 될 것이다. 또한 북한에 있는 천연자원과 비무장 지대와 같은 관광 자원을 활용하여 경제를 더욱 발전시킬 수도 있다. 이뿐만 아니라 이산가족의 아픔도 **해소**할 수 있다. 물론 통일에 따르는 **부작용**도 만만치 않을 것이다. 이는 부작용을 극복할 방안들을 논의하며 해결해 나갈 수 있다. 무엇보다 통일에 따른 이익이 부작용보다 훨씬 더 크다는 점을 기억해야 한다.

5

10

15

20

- **이산가족** 남북 분단 따위의 사정으로 이리저리 흩어져서 서로 소식을 모르는 가족.

- **휴전(쉴 휴 休, 싸울 전 戰)** 교전국이 서로 합의하여, 전쟁을 얼마 동안 멈추는 일.

- **국방비** 국가가 외국의 침략에 대비 태세를 갖추고 국토를 방위하는 데에 쓰는 비용.

- **해소(풀 해 解, 꺼질 소 消)** 어려운 일이나 문제가 되는 상태를 해결하여 없애 버림.

- **부작용** 어떤 일에 부수적으로 일어나는 바람직하지 못한 일.

1

문제 상황

이 글에서 문제로 삼고 있는 것은 무엇인지 두 글자로 쓰세요.

• 남과 북으로 (   )된 상황

2
목적

글쓴이가 이 글을 쓴 목적은 무엇인가요? (　　　)

① 통일을 해야 한다고 주장하기 위해서
② 남과 북의 차이점에 대해 설명하기 위해서
③ 통일의 부작용과 위험성을 주장하기 위해서
④ 통일을 이루는 구체적인 방법을 알려 주기 위해서
⑤ 우리나라와 다른 나라의 차이점을 설명하기 위해서

3
내용 이해

이 글의 내용과 일치하지 <u>않는</u> 것은 무엇인가요? (　　　)

① 우리나라는 현재 휴전 중이다.
② 통일이 되면 국방비를 줄일 수 있다.
③ 통일이 되면 북한에 있는 천연자원을 활용할 수 있다.
④ 우리나라는 1910년부터 남과 북으로 갈라진 분단국가이다.
⑤ 우리나라는 현재 전쟁에 대비한 군사 훈련을 계속하고 있다.

4
관계 · 어휘

밑줄 친 낱말이 ㉠과 비슷한 뜻으로 쓰인 것에 ○표 하세요.

(1) 우리 <u>분단</u>이 이번 주 청소 당번이다.　　　　　　　　　(　　　)
(2) 국토가 반으로 <u>분단</u>된 것은 뼈아픈 일이다.　　　　　　(　　　)
(3) 선생님은 글을 몇 개의 <u>분단</u>으로 나눈 후 각각의 주제를 쓰라고 하셨다.　(　　　)

5
뜻 · 어휘

㉡의 뜻으로 알맞은 것은 무엇인가요? (　　　)

① 어떤 일에 의심을 품는.
② 자신의 의견을 덧붙이는.
③ 확실하게 믿고 밀고 나가는.
④ 그러하거나 옳다고 인정하는.
⑤ 의지를 가지고 적극적으로 행동하는.

동영상 강의

분 分 – 나누다 | 단 斷 – 끊다

분단

끊어서 나눔

동강이 나게 끊어 가름.

예 독일은 민족의 ❶ [　　]을 극복하고 통일을 이루었다.

☑ **비슷한 말 분열** 서로 반대하는 여러 갈래로 나뉘는 것.

답 ❶ (　　　　　)

확장

단 斷(1. 끊다 2. 결단하다)이 들어간 한자어

단념 단 斷 – 끊다 | 념 念 – 생각하다

품었던 생각을 아주 끊어 버림.

예 그는 어떤 어려움이 닥쳐도 자신의 꿈을 ❷ [　　]하지 않았다.

답 ❷ (　　　　　)

절단 절 切 – 끊다 | 단 斷 – 끊다

자르거나 베어서 끊음.

예 금속을 작게 ❸ [　　]하기 위해서는 특수한 기계가 필요하다.

답 ❸ (　　　　　)

결단 결 決 – 결정하다 | 단 斷 – 결단하다

결정적인 판단을 하거나 단정을 내림. 또는 그런 판단이나 단정.

예 위급한 상황이니 어디로 가야 할지 빠른 ❹ [　　]을 내려야 한다.

답 ❹ (　　　　　)

이해 다음 낱말의 뜻을 보기 에서 찾아 기호를 쓰세요.

> 보기
> ㉠ 자르거나 베어서 끊음.
> ㉡ 동강이 나게 끊어 가름.
> ㉢ 품었던 생각을 아주 끊어 버림.
> ㉣ 결정적인 판단을 하거나 단정을 내림. 또는 그런 판단이나 단정.

1 분단 (　　　) 　　　**2** 절단 (　　　)

3 결단 (　　　) 　　　**4** 단념 (　　　)

적용 다음 낱말이 들어갈 문장을 찾아 선으로 이으세요.

5 단념 ・ 　　・㉮ 실수로 (　　　)한 나무를 도로 붙여 보았다.

6 절단 ・ 　　・㉯ 대통령은 전쟁을 멈추기로 (　　　)을 내렸다.

7 분단 ・ 　　・㉰ (　　　)은 우리 민족에게 큰 시련을 가져왔다.

8 결단 ・ 　　・㉱ 사냥꾼은 해가 저물어 어두워지자 동물을 잡을 생각을 (　　　)했다.

심화 **9** 다음 빈칸에 공통으로 들어갈 알맞은 말은 무엇인가요? (　　　)

> • 죽고 사는 것을 돌보지 않고 끝장을 내려고 한다는 뜻을 지닌 '사생◯◯◯◯'(이)라는 말이 있다. 이 말은 위기 상황에서 결정을 내릴 때 주로 쓴다.
> • 아버지는 오랜 시간 고민 끝에 이사를 가기로 ◯◯◯◯하셨다.

① 결단　　② 결국　　③ 결과　　④ 결말　　⑤ 결실

행정 구역의 ☐

핵심어

통합

통 統 – 합치다
합 合 – 합하다

둘 이상의 조직이나 기구 따위를 하나로 합침.

시, 도, 군, 읍, 면과 같이 행정 기관의 **권한**이 미치는 구역을 행정 구역이라고 한다. 이러한 행정 구역을 통합하여 더 큰 행정 구역으로 만들기 위한 움직임이 활발하다.

행정 구역들을 ㉠하나로 합치려는 이유는 지역 발전을 위해서이다. **생활권**이 같은데도 행정 기관이 다르면 낭비되는 부분이 많다. 그래서 도로나 하천, 산과 같은 지형으로 나뉘지 않아 생활권이 같다면, 행정 구역을 통합하여 한군데에서 상하수도나 학교 등 여러 시설을 운영하는 것이 행정에 드는 비용을 줄일 수 있다. 또 서로 가까운 곳에 위치한 행정 구역끼리 통합하여 주민들이 이용하기 편한 위치에 행정 기관을 세우면 주민들의 삶을 편리하게 만들 수 있다. 그 외에도 주민이 줄어들거나 산업이 **쇠퇴하여** 행정 구역이 **자립**하기 어려워진 경우에는 주변 행정 구역과 합치기도 한다.

2010년에 창원, 마산, 진해가 통합하여 통합 창원시가 만들어진 것이 대표적인 예이다. 산업이 쇠퇴해 가는 마산시가 창원시에 통합을 제안하였고, 여러 논의를 거쳐 생활권이 같은 창원, 마산, 진해가 하나로 합쳐져 인구 100만이 넘는 대도시인 통합 창원시가 된 것이다.

이처럼 행정 구역들이 통합하게 되면 여러 이익도 있지만, ㉡우려되는 점도 많다. 특히 기존 행정 구역의 주민들 간의 경쟁과 갈등이 일어나기 쉽다. 통합 행정 구역의 이름을 무엇으로 할 것인지, 시청과 같은 중요 시설을 어느 곳에 둘 것인지 등에 대해 주민들의 입장을 하나로 모으기가 쉽지 않다. 또한 행정 구역이 통합되면서 작은 도시나 군의 주민들이 통합된 큰 도시나 군으로 몰리면서 오히려 쇠퇴하는 지역이 더 늘어날 수도 있다.

그럼에도 불구하고 정부는 지방의 행정 구역을 통합하는 데 적극적이다. 행정 구역을 통합함으로써 행정에 들어갈 비용을 아끼면 그만큼 주민들의 삶을 위해 쓸 수 있기 때문이다. 또한 통합을 통해 지방에도 대도시를 만들어서 **경쟁력**을 갖게 할 수 있기 때문이다.

5

10

15

20

25

● **권한**(권세 권 權, 한계 한 限) 어떤 사람이나 기관의 권리나 권력이 미치는 범위.

● **생활권** 행정 구역과는 관계없이 통학이나 통근, 쇼핑, 오락 따위의 일상생활을 하느라고 활동하는 범위.

● **쇠퇴**(쇠할 쇠 衰, 물러날 퇴 退)**하여** 기세나 상태가 쇠하여 전보다 못하여 가서.

● **자립**(스스로 자 自, 설 립 立) 남에게 예속되거나 의지하지 아니하고 스스로 섬.

● **경쟁력** 경쟁할 만한 힘. 또는 그런 능력.

1

제목

빈칸에 알맞은 낱말을 넣어 이 글의 제목을 완성하세요.

행정 구역의 ☐

(   )

2

주제

이 글의 주제로 가장 알맞은 것은 무엇인가요? (   )

① 행정 구역을 빠르게 통합하는 방법
② 행정 구역을 분리하거나 통합하는 경우
③ 통합 행정 구역의 이름이 정해지는 기준
④ 정부가 행정 구역의 통합을 반대하는 이유
⑤ 행정 구역을 통합하는 이유와 그에 따른 문제점

3

추론

행정 구역을 통합하는 이유를 모두 찾아 기호를 쓰세요.

㉮ 주민들의 입장을 하나로 모으기가 쉽다.
㉯ 지방에도 대도시를 만들어 경쟁력을 갖게 할 수 있다.
㉰ 생활권이 같은 곳의 시설을 운영하는 비용을 줄일 수 있다.
㉱ 주민들이 이용하기 편한 위치에 행정 기관을 세울 수 있다.
㉲ 작은 도시나 군의 주민들이 큰 도시나 군으로 몰릴 수 있다.

(,   ,   )

어휘

4

뜻

㉠의 뜻을 지닌 말은 무엇인가요? (   )

① 위임하려는   ② 지원하려는   ③ 추진하려는
④ 통치하려는   ⑤ 통합하려는

어휘

5

관계

㉡과 뜻이 비슷한 말로 알맞은 것은 무엇인가요? (   )

① 절망   ② 실망   ③ 염려
④ 추측   ⑤ 전망

↓ 핵심어

통 統 – 합치다 | 합 合 – 합하다

통합

하나로 **합침**

둘 이상의 조직이나 기구 따위를 하나로 합침.

예 비슷한 일을 하는 단체들을 ❶ ☐☐ 하여 하나의 단체로 만들었다.

답 ❶ (   )

확장

통 統 (1. 거느리다 2. 합치다 3. 계통 4. 법)이 들어간 한자어

통치 통 統 – 거느리다 | 치 治 – 다스리다

나라나 지역을 도맡아 다스림.

예 조선 시대의 왕들은 유교를 바탕으로 나라를 ❷ ☐☐ 하였다.

☑ 비슷한 말 **지배** 정치·경제·사회의 권력을 가지고 다른 사람을 따르게 하고 다스림.

답 ❷ (   )

전통 전 傳 – 전하다 | 통 統 – 계통

예전부터 이어 내려오는 사상·관습·행동 따위의 양식, 또는 그것의 기본을 이루는 정신.

예 한복은 우리나라의 ❸ ☐☐ 의상이다.

답 ❸ (   )

통제 통 統 – 법 | 제 制 – 억제하다

일정한 방침이나 목적에 따라 행위를 제한하거나 제약함.

예 경찰은 망가진 도로로 차량이 다니지 못하게 교통을 ❹ ☐☐ 하였다.

☑ 비슷한 말 **규제** 규칙·법·관습 따위를 벗어나지 못하게 하는 것.

답 ❹ (   )

이해 다음 낱말의 뜻을 보기 에서 찾아 기호를 쓰세요.

보기

㉠ 나라나 지역을 도맡아 다스림.

㉡ 둘 이상의 조직이나 기구 따위를 하나로 합침.

㉢ 일정한 방침이나 목적에 따라 행위를 제한하거나 제약함.

㉣ 예전부터 이어 내려오는 사상·관습·행동 따위의 양식, 또는 그것의 기본을 이루는 정신.

1 전통 ( ) **2** 통제 ( )

3 통치 ( ) **4** 통합 ( )

적용 다음 낱말이 들어갈 문장을 찾아 선으로 이으세요.

5 전통 ·

· ㉮ 전염병이 세계적으로 퍼졌을 때는 외국인들의 입국을 ( )하기도 한다.

6 통제 ·

· ㉯ 두 개의 작은 도서관을 ( )하여 큰 도서관으로 바꿀 것이라는 소문이 있다.

7 통치 ·

· ㉰ 진정한 민주주의를 이루기 위해서는 국민이 국가를 ( )하는 주인이 되어야 한다.

8 통합 ·

· ㉱ 마을 사람들은 수백 년 전부터 내려오는 마을의 소중한 ( )을/를 지키려고 노력했다.

심화 **9** 다음 글에서 밑줄 친 말과 바꾸어 쓸 수 있는 말을 찾아 두 글자로 쓰세요.

1910년에 우리나라를 강제로 합친 일본은 무력을 써서 우리 민족을 다스렸다. 그리고 말과 이름, 생활 습관, 전통 등 우리의 모든 것을 일본식으로 강제로 바꾸었다. 이는 우리 민족의 정신을 없애려는 통치 방식이었다.

( )했다

명나라 황제와 담판을 지은 정몽주

담판

담 談 - 말씀
판 判 - 판가름하다

서로 맞선 관계에 있는 양쪽이 의논하여 옳고 그름을 판단함.

정몽주는 1337년, 아버지 정운관과 영천 이씨로 알려진 어머니 사이에서 태어났다. 뛰어난 가문 출신은 아니었지만, 정몽주는 어린 시절부터 ㉮남들보다 뛰어나고 영리한 모습을 보였다. 학문이 뛰어났던 그는 국자감 시험에 합격하고, 그로부터 3년 뒤에 문과에서 **장원 급제**를 하였다. 국자감은 지금의 국립 대학교와 같은 고려 시대 때 최고의 교육 기관이었다. 이렇게 능력을 인정받은 정몽주는 공민왕 11년에 이성계와 함께 고려에 쳐들어온 여진족을 물리쳐서 학문과 무예 실력을 모두 갖춘 인재로 떠올랐다. 이후 점차 중요한 자리를 맡으며 고려를 이끄는 중심인물이 되었다. 이때 정몽주와 함께 여진족을 물리친 이성계는 훗날 고려를 무너뜨리고 조선을 세운다. 5

정몽주는 명나라와의 외교 관계를 **돈독하게** 하는 일에 앞장섰으며, 일본과의 **교섭**도 도맡아 하면서 많은 성과를 남겼다. 당시 명나라 황제인 홍무제는 고려를 억누르기 위해 군사, 경제, 정치 등의 여러 방면에서 고려를 무시하고 괴롭혔다. 정몽주는 이런 상황 속에서도 모두가 꺼려하는 명나라로 가는 사신으로 나섰다. 그리고 뛰어난 말솜씨로 홍무제와 ㉠담판을 지어 아무런 죄도 없이 명나라에 잡혀 있던 고려의 사신들을 풀려나게 하였다. 또한 홍무제에게 고려의 입장을 ㉡설득시켜 고려에 대한 명나라의 부당한 간섭을 줄이는 데 성공하였다. 15

정몽주의 뛰어난 외교 능력을 높이 산 고려는 정몽주를 일본에도 사신으로 보냈다. 일본으로 간 정몽주는 고려와 일본의 이해관계를 논리적으로 ㉢설명해 일본의 정치인들에게 왜구가 고려에 침략하지 않도록 적극적으로 돕겠다는 약속을 얻어 냈다. 또한 정몽주의 **탁월한** 시 짓기 능력은 일본의 승려들을 감동시켰다. 이후에도 정몽주는 일본에 끌려간 고려인들을 고국으로 돌아오게 하려고 **백방**으로 노력하여 성과를 거두었다. 이처럼 나라가 혼란스럽고 주변 국가들이 모두 고려를 노리고 있던 고려 말에 정몽주는 한 줄기 빛과 같은 존재였다. 20
25

- **장원 급제** 옛날에 과거 시험에서 일등으로 뽑히는 것. 또는 그 사람.
- **돈독하게** (둘 사이의 관계가) 매우 가깝고 다정하게.
- **교섭**(사귈 교 交, 건널 섭 涉) 어떤 일을 이루기 위하여 서로 의논하고 절충함.
- **탁월한** 남보다 두드러지게 뛰어난.
- **백방**(일백 백 百, 모 방 方) 여러 가지 방법. 또는 온갖 수단과 방도.

1 인물

이 글에서 중심이 되는 인물은 누구인지 쓰세요.

(   )

2 글쓴이가 이 글을 쓴 목적에 ○표 하세요.

(1) 정몽주의 삶과 그가 이룬 뛰어난 업적을 소개하기 위해서 ( )

(2) 정몽주가 살았던 당시 일본의 상황을 구체적으로 설명하기 위해서 ( )

(3) 정몽주가 문과에서 장원 급제를 할 수 있었던 방법을 밝히기 위해서 ( )

목적

3 정몽주에 대한 설명으로 알맞지 <u>않은</u> 것은 무엇인가요? ( )

내용 이해

① 학문뿐 아니라 무예 실력도 갖추었다.

② 훗날 고려를 무너뜨리고 조선을 세웠다.

③ 뛰어난 가문 출신은 아니었지만 남들보다 영리했다.

④ 명나라에 잡혀 있던 고려의 사신들을 풀려나게 했다.

⑤ 시 짓기 능력이 탁월하여 일본의 승려들을 감동시켰다.

어휘

4 ㉮에 어울리는 속담은 무엇인가요? ( )

적용

① 무게가 천 근이나 된다 ② 열을 듣고 하나도 모른다

③ 하나만 알고 둘은 모른다 ④ 하나를 부르면 열을 짚는다

⑤ 백 번 듣는 것이 한 번 보는 것만 못하다

어휘

5 ㉠~㉢과 뜻을 알맞게 선으로 이으세요.

뜻

㉠ | 담판 | •

•㉮ 서로 맞선 관계에 있는 양쪽이 의논하여 옳고 그름을 판단함.

㉡ | 설득 | •

•㉯ 어떤 일이나 대상의 내용을 상대편이 잘 알 수 있도록 밝혀 말함.

㉢ | 설명 | •

•㉰ 상대편이 이쪽 편의 이야기를 따르도록 여러 가지로 깨우쳐 말함.

↓ 핵심어

담 談 – 말씀 | 판 判 – 판가름하다

담판

의논하여 판단함

서로 맞선 관계에 있는 양쪽이 의논하여 옳고 그름을 판단함.

예 누구의 말이 옳은지 이 자리에서 **❶**⬚⬚을 짓자.

답 **❶** ( )

확장

담 談 (말씀)이 들어간 한자어

험담   험 險 – 험하다 | 담 談 – 말씀

남의 흠을 들추어 헐뜯음. 또는 그런 말.

예 그녀의 단점은 **❷**⬚⬚을 자주 한다는 것이다.

☑ **반대되는 말 칭찬** 좋은 점이나 착하고 훌륭한 일을 높이 평가함. 또는 그런 말.

답 **❷** ( )

담소   담 談 – 말씀 | 소 笑 – 웃다

웃고 즐기면서 이야기함. 또는 그런 이야기.

예 우리는 점심 식사를 하면서 **❸**⬚⬚를 나눴다.

답 **❸** ( )

미담   미 美 – 아름답다 | 담 談 – 말씀

사람을 감동시킬 만큼 아름다운 내용을 가진 이야기.

예 화재 현장에서 많은 사람을 구한 소방관의 **❹**⬚⬚이 뉴스에 나왔다.

답 **❹** ( )

이해 다음 낱말의 뜻을 보기 에서 찾아 기호를 쓰세요.

> **보기**
>
> ㉠ 남의 흠을 들추어 헐뜯음. 또는 그런 말.
>
> ㉡ 웃고 즐기면서 이야기함. 또는 그런 이야기.
>
> ㉢ 사람을 감동시킬 만큼 아름다운 내용을 가진 이야기.
>
> ㉣ 서로 맞선 관계에 있는 양쪽이 의논하여 옳고 그름을 판단함.

1 담소 (   )   **2** 담판 (   )

3 미담 (   )   **4** 험담 (   )

적용 빈칸에 들어갈 낱말을 보기 에서 찾아 쓰세요.

> **보기**
>
> 담판   험담   담소   미담

5 다른 사람에 대한 (   )을/를 늘어놓는 것은 옳지 않다.

6 어머니는 웃으시며 옆집 할머니와 (   )을/를 나누고 계셨다.

7 혼자 사는 노인을 도와준 학생에 대한 (   )을/를 듣고 마음이 따뜻해졌다.

8 소비자 단체는 불량 식품을 판매한 회사와 피해 보상에 대한 (   )을/를 지었다.

심화 **9** 다음 글에서 밑줄 친 말과 바꾸어 쓸 수 있는 말을 찾아 두 글자로 쓰세요.

> 다른 사람의 흠에 대해 말하고 싶을 때에는 일단 멈춰야 한다. 먼저 자신의 부족한 모습을 돌아보아야 한다. 그리고 험담을 하려는 사람의 처지나 상황도 생각해야 한다. 힘든 처지나 상황에서는 대부분의 사람들이 실수할 수 있기 때문이다. 마지막으로 그 사람을 너그러운 시선으로 바라보면 흠은 처음보다 별것 아닌 것으로 느껴질 수 있다.

(   )하고

인재를 선출했던 과거 제도

고구려, 백제, 신라가 맞서 있던 삼국 시대까지 우리나라에는 공개적인 시험을 통해 관리를 뽑는 제도가 없었다. 대부분 왕족이나 귀족 일가들이 추천을 통해 관리가 되었다. 그러다가 고려 시대 광종 때 최초로 **과거**가 실시되었다. 과거는 공개적인 시험을 통해 **인재**를 ㉠선출하는 것을 목적으로 하였다. 과거는 추천과 달리 비교적 공정한 방식으로 관리를 뽑았기 때문에, 추천받을 기회가 없었던 인재들이 관직으로 나가는 통로가 되었다.

조선 시대에는 과거가 **세분화**되어 행정이나 **사법**을 맡을 관리를 선출하는 문과, 군사와 관련된 일을 맡을 관리를 선출하는 무과, 기술을 맡을 관리를 선출하는 잡과로 나누어 시행되었다. 이 중 문과는 다시 소과와 대과의 두 단계로 나뉘었다.

첫 번째 단계인 소과는 먼저 살고 있는 지역에서 1차 시험을 치르고, 1차 시험의 합격자들을 임금이 사는 한양으로 불러 2차 시험을 보는 방식이었다. 그런데 한 해에 1차와 2차 시험을 모두 보려면 시간이 빠듯했다. 당시에는 교통수단이 좋지 않아서 지방에서 한양까지 오는 데 시간이 많이 걸렸기 때문이다. 그래서 당시에는 수단과 방법을 가리지 않고 한양에 빨리 도착하는 것이 시험을 잘 보는 방법 중 하나였다고 한다. 두 번째 단계인 대과는 소과에 합격한 사람들만 볼 수 있었다. 대과는 세 번의 시험을 치르는데, 마지막 시험에서 임금이 합격자를 ㉡결정하였다. 여기에서 1등을 하면 '장원 급제'라고 하였다.

과거는 3년마다 치르는 것이 원칙이었지만, 나라에 큰 경사가 있을 때나 특별한 목적이 있을 경우에는 임시 과거를 치르기도 하였다. 그러나 조선 후기로 갈수록 심사관에게 **뇌물**을 주는 등의 부정한 방법으로 합격하는 사람이 늘면서 과거의 공정성이 급격하게 떨어졌다. 결국 새로운 시험 방식이 필요하다는 요구가 높아지며, 과거 제도는 1894년에 없어졌다.

5

10

15

20

- **과거**(품등 과 科, 들 거 擧) 우리나라와 중국에서 관리를 뽑을 때 실시하던 시험.
- **인재**(사람 인 人, 재주 재 才) 재주가 아주 뛰어난 사람.
- **세분화**(가늘 세 細, 나눌 분 分, 될 화 化) 사물이 여러 갈래로 자세히 갈라짐.
- **사법** 국가나 국민에 관한 일을 일정한 법에 따라 판단하는 국가적인 일.
- **뇌물**(뇌물 줄 뇌 賂, 만물 물 物) 어떤 직위에 있는 사람을 매수하여 사사로운 일에 이용하기 위하여 넌지시 건네는 부정한 돈이나 물건.

1
설명 대상

이 글에서 설명하는 것은 무엇인지 두 글자로 쓰세요.

(   ) 제도

2 과거 제도에 대한 설명으로 알맞지 <u>않은</u> 것은 무엇인가요? (   )

내용 이해

① 고려 시대 광종 때 처음 실시되었다.

② 소과에 합격한 사람들만 대과를 볼 수 있었다.

③ 조선 후기로 갈수록 공정성이 떨어지면서 결국 없어졌다.

④ 행정을 맡을 관리는 문과, 기술을 맡을 관리는 무과로 선출했다.

⑤ 추천과 달리 공개적인 시험을 통해 공정하게 관리를 뽑을 수 있었다.

3 이 글을 통해 짐작할 수 있는 내용은 무엇인가요? (   )

추론

① 과거 제도는 왕족이나 귀족 일가들에게 유리한 제도였겠군.

② 한양에서 먼 지방에 사는 사람은 소과에 합격하기에 불리했겠군.

③ 문과와 무과, 잡과를 모두 통과해야 장원 급제를 할 수 있었겠군.

④ 매년 과거 시험을 치를 수 있었으므로 많은 사람들이 도전했겠군.

⑤ 과거에서 장원 급제를 하려면 모두 여섯 번의 시험을 거쳐야 하는군.

4 어휘

뜻

㉠의 뜻으로 알맞은 것에 ○표 하세요.

(1) 여럿 가운데서 골라냄. (   )

(2) 투표로 뽑는 일에 후보자로 나섬. (   )

(3) 어떤 방면으로 활동 범위나 세력을 넓혀 나아감. (   )

5 어휘

관계

밑줄 친 말이 ㉡과 비슷한 뜻으로 쓰인 것은 무엇인가요? (   )

① 나는 내일 일어날 일을 <u>예상하였다</u>.

② 친구들과 무엇을 먹을지 <u>의논하였다</u>.

③ 내일부터 운동을 하기로 <u>계획하였다</u>.

④ 선생님께서 시험 날짜를 <u>지정하셨다</u>.

⑤ 부모님께서 여행에 가져갈 준비물을 <u>확인하셨다</u>.

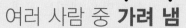
● 핵심어

선 選 – 가리다 | 출 出 – 나다

선출

여러 사람 중 **가려 냄**

여럿 가운데서 골라냄.

예 가장 빨리 달린 선수가 마라톤 국가 대표로 ❶[   ]되었다.

☑ 비슷한 말 **선발** 많은 가운데서 골라 뽑음.

답 ❶ (   )

확장

선 選 (가리다)이 들어간 한자어

선택 선 選 – 가리다 | 택 擇 – 가리다

여럿 가운데서 필요한 것을 골라 뽑음.

예 매일 어떤 옷을 입을지 ❷[   ]하는 일은 너무 어렵다.

☑ 비슷한 말 **선정** 여러 가지 중에서 무슨 목적에 맞는 사람이나 물건을 골라서 정하는 것.

답 ❷ (   )

선거 선 選 – 가리다 | 거 擧 – 선거하다

일정한 조직이나 집단이 대표자나 임원을 뽑는 일.

예 오늘은 학급 회장 ❸[   ]가 있는 날이다.

답 ❸ (   )

선호 선 選– 가리다 | 호 好 – 좋다

여럿 가운데서 특별히 가려서 좋아함.

예 건강에 대한 관심이 높아짐에 따라 유기농 식품에 대한 ❹[   ]가 두드러지고 있다.

답 ❹ (   )

이해 다음 뜻에 해당하는 낱말을 보기 에서 찾아 쓰세요.

> 보기
>
> 선호   선거   선출   선택

1 여럿 가운데서 골라냄. (   )

2 여럿 가운데서 특별히 가려서 좋아함. (   )

3 여럿 가운데서 필요한 것을 골라 뽑음. (   )

4 일정한 조직이나 집단이 대표자나 임원을 뽑는 일. (   )

적용 다음 낱말이 들어갈 문장을 찾아 알맞게 선으로 이으세요.

5 선호 ·

· ㉮ 나는 역사 소설보다 추리 소설을 더 (   ) 한다.

6 선거 ·

· ㉯ 두 번의 투표를 거쳐 그가 반장으로 (   ) 되었다.

7 선출 ·

· ㉰ 자신이 읽고 싶은 책을 (   )하여 발표하기로 하였다.

8 선택 ·

· ㉱ 대통령이나 국회 의원 (   ) 때마다 누구를 뽑을지에 대한 토론이 벌어진다.

심화 **9** 다음 글에서 밑줄 친 말과 바꾸어 쓸 수 있는 말을 찾아 두 글자로 쓰세요.

> 그는 스키 국가 대표 최종 선발전에서 뛰어난 성적으로 1위를 차지해 국가 대표가 되었다. 어려운 환경에서도 묵묵히 훈련한 그의 사연이 알려지면서 국민들이 가장 <u>좋아하는</u> 운동선수로 뽑히기도 하였다. 이후 그는 여러 선호 조사에서도 1위를 차지하며 고난을 이겨 낸 인물로 떠올랐다.

(   )하는

19

고수

고 固 - 굳다
수 守 - 지키다

차지한 물건이나 형세 따위를 굳게 지킴.

편의주의를 고수하는 태도를 버리자

전 세계적으로 일회용품 사용을 줄이자는 운동이 널리 퍼지고 있다. 그러나 **편의주의**를 ㉠고수하는 사람들은 쉽고 편하다는 이유로 여전히 일회용품을 많이 사용한다. 당장은 편리할 수 있어도 일회용 젓가락, 일회용 용기, 일회용 장갑, 일회용 컵, 일회용 봉투 등 수많은 일회용품들은 지구를 병들게 한다. ㉮우리가 **위기의식** 없이 일회용품 사용을 고집한다면 훗날 인류의 생존이 **위협**받을 수 있다.   5

한 번 쓰고 버리는 일회용품은 대부분 땅에 묻는 방식으로 처리된다. 일회용품을 불에 태우지 않는 이유는 대부분의 일회용품이 플라스틱으로 만들어져서 불에 태우면 **유독** 가스가 발생하기 때문이다. 이러한 이유로 땅에 묻힌 일회용품이 썩는 데에는 매우 오랜 시간이 걸린다. 예를 들어 일회용 컵은 20년, 비닐봉지는 50년, 플라스틱 용기는 50~80년이 지나야 썩는다. 배달 음식에 주로 사용되는 스티로폼 용기의 경우, 500년 정도가 지나야 썩는다. 또한 일회용품이 썩는 과정에서 해로운 물질이 나와 땅과 하천을 오염시킨다. 결국 일회용품을 많이 사용할수록 우리가 살아가는 환경은 파괴되는 것이다.   15

제대로 처리되지 않는 일회용품도 문제다. 일회용 플라스틱 숟가락이나 스티로폼 상자 같은 것이 처리 시설에서 걸러지지 않고 바다로 들어가면 **미세** 플라스틱으로 잘게 부서지게 된다. 이는 해양 생물들의 입으로 들어가 몸에 쌓였다가 최종적으로 해산물을 먹는 인간에게 되돌아온다. 한 연구 결과에 따르면, 인간의 몸속에 미세 플라스틱이 들어오면 몸속의 세포를 파괴할 수도 있다고 한다.   20

그러므로 환경을 위하여, 아니 우리 자신을 위해서라도 일회용품 사용을 줄여야 한다. 지금부터라도 편의주의를 고수하는 태도를 버리고 작은 불편을 기꺼이 받아들이자. 개인용 컵이나 수저를 들고 다니거나 장바구니를 이용하는 등 일회용품을 덜 사용하는 불편함이 환경을 지켜 내는 길이다.   25

● **편의주의** 어떤 일을 근본적으로 처리하지 않고 임시로 대충 처리하는 방법.

● **위기의식** 인간 본래의 가치나 질서를 잃는 데서 느끼는 불안이나 절망 같은 인식.

● **위협** 힘으로 으르고 협박함.

● **유독**(있을 유 有, 독 독 毒) 독성이 있음.

● **미세** 분간하기 어려울 정도로 아주 작음.

1

문제 상황

이 글에서 문제로 삼고 있는 것은 무엇인지 네 글자로 쓰세요.

• (   )의 사용

2

내용 이해

일회용품에 대한 설명으로 알맞지 <u>않은</u> 것은 무엇인가요? (   )

① 대부분 플라스틱으로 만들어진다.

② 불에 태우면 유독 가스가 발생한다.

③ 땅에 묻혀 썩는 과정에서 해로운 물질이 나온다.

④ 플라스틱 용기는 스티로폼 용기보다 썩는 데 오래 걸린다.

⑤ 처리되지 않고 바다로 들어가면 미세 플라스틱으로 잘게 부서지게 된다.

3

주제

편의주의에 대해 글쓴이와 생각이 같은 친구를 찾아 ○표 하세요.

⑴ 미루: 편의주의의 장점과 단점을 균형 있게 살펴봐야 해.　　　　　　　　(   )

⑵ 가온: 편의주의를 고수하여 일회용품 사용이 크게 줄어들고 있음을 기억해야 해.

　　　　　　　　　　　　　　　　　　　　　　　　　　　　　　　(   )

⑶ 유리: 눈앞의 편리함만 생각하는 편의주의를 버리고, 환경을 위해 불편함을 기꺼이 받아들

　　여야 해.　　　　　　　　　　　　　　　　　　　　　　　　　(   )

4

어휘

뜻

㉠의 뜻으로 알맞은 것은 무엇인가요? (   )

① 잘 보살펴 돌봄.

② 어떤 일에 관계함.

③ 늘 간절히 생각하고 바람.

④ 괴로움 따위를 달갑게 받아들임.

⑤ 차지한 물건이나 형세 따위를 굳게 지킴.

5

어휘

적용

㉮의 상황을 나타내기에 알맞은 한자 성어는 무엇인가요? (   )

① 일석이조: 동시에 두 가지 이득을 봄.

② 소탐대실: 작은 것을 탐하다가 큰 것을 잃음.

③ 유비무환: 미리 준비가 되어 있으면 걱정할 것이 없음.

④ 고집불통: 조금도 융통성이 없이 자기주장만 계속 내세우는 일.

⑤ 어부지리: 두 사람이 이해관계로 서로 싸우는 사이에 엉뚱한 사람이 애쓰지 않고 가로챈

　　이익.

↓ 핵심어

고 固 – 굳다 | 수 守 – 지키다

고수

굳게 지킴

차지한 물건이나 형세 따위를 굳게 지킴.

예 그들은 새로운 법안에 대해 반대 입장을 ❶ □□하고 있다.

☑ **비슷한 말 사수** 죽음을 무릅쓰고 지킴.

답❶ (   )

확장

고 固 (1. 굳다 2. 굳이)가 들어간 한자어

고착   고 固 – 굳다 | 착 着 – 붙다

1. 물건 같은 것이 굳게 들러붙어 있음.

예 벽에 ❷ □□된 끈끈이를 어떻게 떼야 할까?

☑ **비슷한 말 고정** 한곳에 꼭 붙어 있거나 붙어 있게 함.

2. 어떤 상황이나 현상이 굳어져 변하지 않음.

예 우리나라의 분단 상황이 고착되지 않게 노력해야 한다.

답❷ (   )

응고   응 凝 – 엉기다 | 고 固 – 굳다

액체 따위가 엉겨서 뭉쳐 딱딱하게 굳어짐.

예 촛농은 바닥에 떨어지자마자 하얗게 ❸ □□되었다.

답❸ (   )

고사   고 固 – 굳이 | 사 辭 – 사양하다

제의나 권유 따위를 굳이 사양함.

예 그녀는 시상식에서 상을 받는 것을 끝내 ❹ □□하였다.

☑ **비슷한 말 사양** 겸손하여 받지 않거나 응하지 않음. 또는 남에게 양보함.

답❹ (   )

이해 다음 낱말의 뜻을 보기 에서 찾아 기호를 쓰세요.

> 보기
>
> ㉠ 제의나 권유 따위를 굳이 사양함.
>
> ㉡ 물건 같은 것이 굳게 들러붙어 있음.
>
> ㉢ 차지한 물건이나 형세 따위를 굳게 지킴.
>
> ㉣ 액체 따위가 엉겨서 뭉쳐 딱딱하게 굳어짐.

1 고사 (   ) 　　　**2** 고수 (   )

3 고착 (   ) 　　　**4** 응고 (   )

적용 빈칸에 들어갈 낱말을 보기 에서 찾아 쓰세요.

> 보기
>
> 고수　　　고착　　　응고　　　고사

5 그녀는 게으른 습관이 (   )되지 않도록 매일 일찍 일어난다.

6 그는 회사에서 몇 차례나 권했는데도 회장 자리를 (   )하였다.

7 우리가 즐겨 먹는 두부는 콩을 갈아서 짜낸 콩 물을 (   )시켜 만든다.

8 그 회사는 제품을 만들 때 좋은 재료만 사용한다는 원칙을 (   )하였다.

심화 **9** 다음 빈칸에 공통으로 들어갈 알맞은 말은 무엇인가요? (   )

> • 껌을 아무 데나 뱉으면 바닥에 ⬚되어 잘 떨어지지 않는다.
> • 그 배우는 자신에게 ⬚된 착한 이미지를 바꾸려고 악역에 도전하였다.

① 고수　　　② 응고　　　③ 고사　　　④ 고착　　　⑤ 고장

20

후유증

후 後 – 뒤
유 遺 – 남기다
증 症 – 증세

어떤 일을 치르고 난 뒤에 생긴 부작용.

휴가 후유증

일상생활에서 잠시 벗어나 쉴 때가 있다. 어른들에게는 일을 쉴 수 있는 휴가가 그런 역할을 하고, 청소년들에게는 수업을 쉴 수 있는 방학이 그런 역할을 한다. **의무적**으로 해야 할 일이 없는 휴식은 즐겁다. 그래서 적절한 휴식을 취하고 나면 다시 일상을 시작할 기운을 얻게 된다.

그런데 휴가를 다녀온 뒤 일상으로 돌아오는 데 어려움을 겪는 사람들이 5
적지 않다. 심한 경우에는 휴가를 다녀오고 나서 오히려 더 피로해지고 식욕마저 떨어졌다고 **하소연**하는 사람도 있다. 이처럼 휴가를 다녀온 뒤에 오히려 몸이 더 힘든 경우가 있는데, 이것을 휴가 ㉠후유증이라고 한다. 어른들만이 아니라 청소년들에게도 ㉡종종 나타난다. 그렇다면 휴가를 다녀온 뒤에 어떻게 해야 활기차게 일상생활로 돌아갈 수 있을까? 10

첫째, 적절한 **수면** 시간을 유지해야 한다. 휴가 기간에는 몸의 **생체 리듬**이 깨지기 쉽다. 이런 상태에서 피곤하다는 이유로 잠을 많이 자면 오히려 몸의 피로감이 심해진다. 따라서 하루 7~8시간의 수면이 바람직하다.

둘째, 산책 같은 걷기 운동이 필요하다. 산책은 발바닥을 자극해 온몸의 혈액 순환을 빠르게 하고 굳어져 있는 척추를 바로잡아 준다. 또한 햇볕을 15
쬐면 '행복 호르몬'으로 불리는 세로토닌이 몸에 늘어나 **무기력한** 기분을 바꾸는 데에도 도움이 된다. 이때 약간 빠른 걸음으로 30분 정도 걷는 것이 효과적이다.

셋째, **냉온욕**을 하여 몸의 피로를 푼다. 오랜 시간 비행기를 탔거나 차량을 이용한 여행을 한 경우에 피로가 쌓여 근육통이 발생하는 경우가 있 20
다. 이럴 때 냉온욕을 하면 통증을 풀 수 있다. 35~40도 정도의 물에서 10~15분간 온욕을 한 뒤에 1~2분 정도 냉욕을 하는 과정을 2~3회 정도 반복하면 좋다.

- **의무적**(옳을 의 義, 힘쓸 무 務, 과녁 적 的) 마음이 어떻든 상관없이 해야만 하는 것.
- **하소연** 억울한 일이나 잘못된 일, 딱한 사정 따위를 말함.
- **수면**(잘 수 睡, 잠잘 면 眠) 잠을 자는 일.
- **생체 리듬** 생물체의 생명 활동에 생기는 여러 종류의 주기적인 변동.
- **무기력한** 어떠한 일을 감당할 수 있는 기운과 힘이 없는.
- **냉온욕**(찰 냉 冷, 따뜻할 온 溫, 목욕할 욕 浴) 목욕할 때, 냉탕과 온탕을 교대로 오가면서 하는 목욕법.

1

설명 대상

이 글에서 설명하는 것은 무엇인지 세 글자로 쓰세요.

• 휴가 ( )

2
내용 이해

휴가 후유증에서 벗어나는 방법으로 알맞지 <u>않은</u> 것은 무엇인가요? (   )

① 하루 7~8시간의 수면을 한다.

② 산책을 하여 발바닥을 자극한다.

③ 햇볕을 피해 집에서 충분히 쉰다.

④ 냉온욕을 하여 몸의 피로를 푼다.

⑤ 약간 빠른 걸음으로 걷기 운동을 한다.

3
적용

휴가 후유증에 대한 생각을 알맞게 말한 친구는 누구인지 이름을 쓰세요.

> 규리: 휴가 후유증이 나타날 때에는 평소보다 잠을 더 많이 자서 피로를 풀어야겠어.
>
> 도하: 휴가 후유증은 휴가를 길게 다녀온 사람들에게만 나타나니까, 휴가를 짧게 다녀와
> 야겠어.
>
> 영우: 휴가 후유증으로 근육통이 나타나면 온욕을 먼저 한 뒤에 냉욕을 하는 과정을 반복
> 해서 통증을 풀어야겠어.

(   )

4
뜻

㉠의 뜻으로 알맞은 것에 ○표 하세요.

(1) 병을 앓고 난 뒤에도 남아 있는 병적인 증상.   (   )

(2) 어떤 일을 치르고 난 뒤에 생긴 부작용.   (   )

5
관계

㉡과 바꾸어 쓸 수 <u>없는</u> 말은 무엇인가요? (   )

① 가끔   ② 간혹   ③ 간간이

④ 언제나   ⑤ 이따금

↓ 핵심어

후 後 – 뒤 | 유 遺 – 남기다 | 증 症 – 증세

후유증

뒤에 남은 증세

어떤 일을 치르고 난 뒤에 생긴 부작용.

예 그녀는 밤을 새워 일한 ❶ ☐☐☐으로 몸살을 앓고 있다.

답 ❶ (   )

확장

후 後(뒤)가 들어간 한자어

후퇴 후 後 – 뒤 | 퇴 退 – 물러나다

1. 뒤로 물러남.
   예 이순신 장군이 등장하자 적군이 ❷ ☐☐하였다.

2. 발전하지 못하고 기운이 약해짐.
   예 세계적으로 전염병이 유행하여 경기가 계속 후퇴하고 있다.

답 ❷ (   )

후예 후 後 – 뒤 | 예 裔 – 자락

자신의 세대에서 여러 세대가 지난 뒤의 자녀를 통틀어 이르는 말.

예 우리 민족을 단군의 ❸ ☐☐라고 부른다.

답 ❸ (   )

후일담 후 後 – 뒤 | 일 日 – 날 | 담 談 – 말씀

어떤 사실과 관련하여, 그 후에 벌어진 경과에 대하여 덧붙이는 이야기.

예 ❹ ☐☐☐에 따르면, 그는 공부를 계속하여 박사가 되었다고 한다.

답 ❹ (   )

이해 다음 낱말과 뜻을 알맞게 선으로 이으세요.

1 후예 •

• ㉮ 뒤로 물러남.

2 후퇴 •

• ㉯ 어떤 일을 치르고 난 뒤에 생긴 부작용.

3 후일담 •

• ㉰ 자신의 세대에서 여러 세대가 지난 뒤의 자녀를 통틀어 이르는 말.

4 후유증 •

• ㉱ 어떤 사실과 관련하여, 그 후에 벌어진 경과에 대하여 덧붙이는 이야기.

적용 빈칸에 들어갈 낱말을 보기 에서 찾아 쓰세요.

> **보기**
>
> 후유증   후퇴   후예   후일담

5 조선족은 중국에 뿌리를 내린 조선인의 (   )이다.

6 앞으로도 갈 수 없고 (   )도 할 수 없는 상황에 부딪혔다.

7 길었던 명절이 끝나자 부모님은 명절 (   )(으)로 피곤해하셨다.

8 대부분의 동화는 주인공이 행복하게 살았다는 (   )(으)로 끝난다.

심화 **9** 다음 글에서 밑줄 친 말과 뜻이 비슷한 말을 찾아 두 글자로 쓰세요.

> 1598년 조선 수군에게 크게 패한 일본군은 싸울 의지를 잃었다. 일본군은 서둘러 자기 나라로 <u>퇴각</u>할 준비를 하였다. 하지만 이순신 장군은 일본군이 후퇴하는 것을 두고 보지 않았다. 이순신 장군은 노량 앞바다에서 일본군과 큰 전투를 벌여 수백 척의 전함을 격파하였다.

(   )

어휘

한자 성어

한자 성어는 한자에 기초하여 만들어진 말 중 특별한 뜻을 가지게 된 말입니다.
주로 유래가 있거나 교훈을 담고 있습니다.

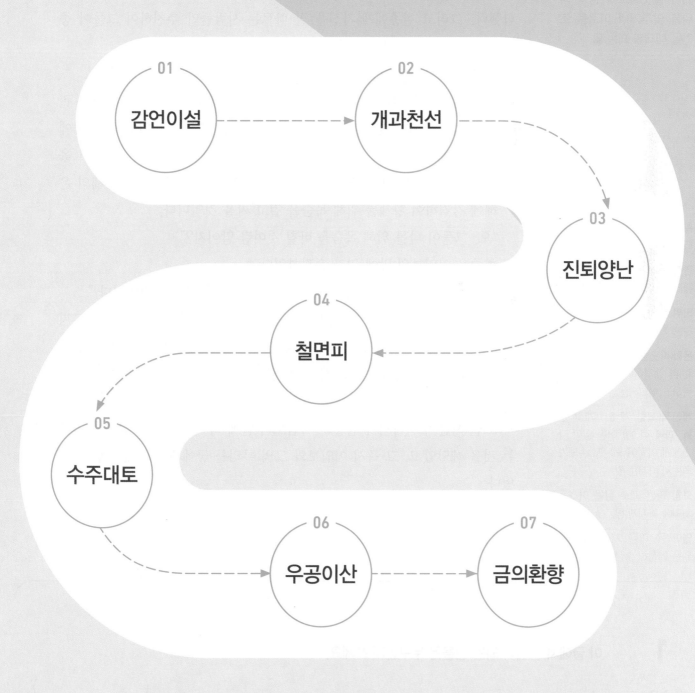

01

감언이설로 황제를 속인 이임보

감언이설

감 甘 – 달다
언 言 – 말씀
이 利 – 이롭다
설 說 – 말씀

귀가 솔깃하도록 남의 비위를 맞추거나 이로운 조건을 내세워 꾀는 말.

옛날 중국 당나라 때 이임보라는 사람이 있었다. 그는 학문이 부족하고 나라에 대한 충성심도 없었지만, **황족**이라는 높은 신분 덕분에 **관직**에 나아갈 수 있었다. 당시 황제였던 현종은 정치에 싫증을 내기 시작하면서 후궁들과 시간을 보내고 싶어 했다. 이임보는 이런 현종의 마음을 알아차리고 ㉠감언이설로 황제의 **비위**를 맞추었다. 이로 인해 그는 빠르게 출세하기 시작했다. 5

이임보는 겉으로는 **온화한** 태도로 사람들을 대했지만 속으로는 철저하게 **계산적**이었으며, 자신에게 맞서는 신하들을 쫓아내기 위해서 그들을 **모함**했다. 그리고 현종에게 자신을 잘 따르는 사람들만 추천하여 그들이 중요한 관직을 차지하게 하였다. 10

하루는 이임보가 현종에게 말했다.

"학문만 한 신하들은 겁이 많습니다. 그래서 병사들을 이끌어야 하는 관직은 마땅히 무예를 **연마**한 신하에게 주어야 합니다. 이민족 출신 중에는 무예에 뛰어난 자들이 많으니 그들에게 그 관직을 맡기시는 것이 옳은 줄로 압니다. 천한 출신인 그들은 자신의 능력을 알아주는 황제의 은혜에 감격하여 황제를 위해 목숨을 걸고 싸울 것입니다." 15

"오, 그들이 나를 위해 목숨을 바칠 것이란 말이지?"

현종은 이임보의 말에 귀가 솔깃하였다.

"그러하옵니다. 그들은 황제의 하늘 같은 은혜에 감사할 것입니다."

이임보는 자신을 따르는 이민족 출신의 사람들에게 병사를 맡김으로써 자신의 세력을 더욱 키우기 위해 현종에게 그와 같이 말한 것이었다. 결국 현종은 이임보의 말에 넘어가서 그의 말을 받아들였다. 이로 인해 이임보는 군사력까지 [㉡] 더욱 강력한 힘을 갖게 되었다. 20

오랜 시간이 지나서야 현종은 이임보의 말에 속아 간신들을 곁에 두었다는 것을 깨달았고, 그 즉시 이임보와 그의 무리를 궁에서 쫓아내고 벌을 주었다. 25

- **황족**(임금 황 皇, 겨레 족 族) 황제의 가까운 친족.
- **관직**(벼슬 관 官, 벼슬 직 職) 관리가 나라에서 받은 지위.
- **비위** 무엇을 좋아하거나 싫어하는 기분.
- **온화**(따뜻할 온 溫, 화목할 화 和)한 성격이나 태도 등이 따뜻하고 부드러운.
- **계산적**(꾀할 계 計, 계산 산 算, 과녁 적 的) 어떤 일이 자기에게 이익이 되는지 손해가 되는지 따지는 것.
- **모함** 나쁜 꾀로 남을 어려운 처지에 빠지게 함.
- **연마** 몸·마음·지식·기능 따위를 열심히 훈련하고 닦음.

1 인물

이 글에서 중심이 되는 인물은 누구인지 쓰세요.

( )

2

내용 이해

이 글의 내용과 일치하지 <u>않는</u> 것은 무엇인가요? (   )

① 이임보는 현종이 정치에 싫증이 났음을 알아차렸다.

② 현종은 오랜 시간이 지난 뒤에 이임보의 말에 속았음을 깨달았다.

③ 이임보는 학문이 부족하지만 신분이 높아 관직에 나아갈 수 있었다.

④ 현종은 신하들에게 온화한 태도로 대했지만, 속으로는 계산적이었다.

⑤ 이임보는 자신을 따르는 이민족 출신의 사람을 현종에게 추천하여 자신의 세력을 키웠다.

3

주제

이 글을 읽고 난 후의 생각으로 알맞은 것은 무엇인가요? (   )

① 이임보처럼 속마음과 다르게 말하는 사람을 조심해야 해.

② 듣기에 이로운 말을 하는 사람들을 믿어 주는 것이 중요해.

③ 이임보는 현종의 마음을 얻기 위해 학문이 부족한 척했구나.

④ 현종은 이임보와 그의 무리를 궁에서 쫓아낸 것을 후회했을 거야.

⑤ 신분이 낮은 사람들에게도 관직을 맡겨야 나라가 잘 돌아가는구나.

4

어휘

뜻

㉠의 뜻으로 알맞은 것은 무엇인가요? (   )

① 말한 대로 행동함.

② 남의 약점을 찌르는 말.

③ 어리석은 질문에 대한 현명한 대답.

④ 조리가 없이 이러쿵저러쿵 지껄이는 말.

⑤ 남의 비위를 맞추거나 이로운 조건을 내세워 꾀는 말.

5

어휘

적용

㉡에 들어갈 말로 알맞은 것에 ◯표 하세요.

(1) 집중하여	(2) 장악하여	(3) 합의하여
한 곳을 중심으로 하여 모여.	무엇을 마음대로 할 수 있게 휘어잡아.	두 사람 이상이 한자리에 모여서 의논하여.
( )	( )	( )

어휘
학습

동영상 강의

⬇ 핵심어

감 甘 – 달다 | 언 言 – 말씀 | 이 利 – 이롭다 | 설 說 – 말씀

감언이설

귀가 솔깃하도록 남의 비위를 맞추거나 이로운 조건을 내세워 꾀는 말.

예 그가 ❶ ☐☐☐☐ 로 꾀었지만 나는 넘어가지 않았다.

답❶ (   )

확장

말과 관련한 한자 성어

조삼모사 조 朝 – 아침 | 삼 三 – 셋 | 모 暮 – 저물다 | 사 四 – 넷

간사한 꾀로 **남을 속여** 희롱함을 이르는 말.

예 반값으로는 팔지 않으니 특별히 한 개 값으로 두 개를 사라는 것은 ❷ ☐☐☐☐ 가 아닌가?

답❷ (   )

교언영색 교 巧 – 교묘하다 | 언 言 – 말씀 | 영 令 – 아름답다 | 색 色 – 빛

상대방의 마음을 얻기 위해 **아첨하는 말**과 알랑거리는 태도를 보이는 것을 이르는 말.

예 그는 ❸ ☐☐☐☐ 으로 사람들의 마음을 얻었다.

답❸ (   )

구밀복검 구 口 – 입 | 밀 蜜 – 꿀 | 복 腹 – 배 | 검 劍 – 칼

입에는 꿀이 있고 배 속에는 칼이 있다는 뜻으로, **말로는 친한 듯하나** 속으로는 해칠 생각이 있음을 이르는 말.

예 장사를 같이 하자는 그의 말이 ❹ ☐☐☐☐ 일지 모르니 다시 생각해 봅시다.

답❹ (   )

이해 다음 한자 성어의 뜻을 보기 에서 찾아 기호를 쓰세요.

> **보기**
>
> ㉠ 간사한 꾀로 남을 속여 희롱함.
> ㉡ 말로는 친한 듯하나 속으로는 해칠 생각이 있음.
> ㉢ 귀가 솔깃하도록 남의 비위를 맞추거나 이로운 조건을 내세워 꾀는 말.
> ㉣ 상대방의 마음을 얻기 위해 아첨하는 말과 알랑거리는 태도를 보이는 것.

1 감언이설 (   )   **2** 교언영색 (   )

3 구밀복검 (   )   **4** 조삼모사 (   )

적용 밑줄 친 부분과 비슷한 뜻을 지닌 한자 성어를 보기 에서 찾아 쓰세요.

> **보기**
>
> 감언이설   조삼모사   교언영색   구밀복검

5 그 친구는 선배에게 잘 보이려고 항상 아첨하고 알랑거린다. (   )

6 이 약을 먹으면 머리가 좋아진다는 달콤하고 귀가 솔깃해지는 말을 들었다.
(   )

7 근본적인 해결을 하지는 않고 간사한 꾀로 속여 넘기려는 사람을 조심해야 한다.
(   )

8 그는 말로는 친한 척했지만, 뒤에서는 해칠 생각을 하며 나에게 슬며시 다가왔다.
(   )

심화 **9** 다음 글에 어울리는 한자 성어는 무엇인가요? (   )

> 중국 송나라에 저공이라는 사람이 있었다. 어느 날, 그는 자신이 기르는 원숭이들에게 먹이를 아침에 세 개, 저녁에 네 개씩 주겠다고 말했다. 그러자 원숭이들은 먹이가 너무 적다고 화를 냈다. 저공이 "그러면 아침에 네 개, 저녁에 세 개씩 먹이를 주겠다."라고 말하자 원숭이들이 기뻐했다.

① 조삼모사   ② 작심삼일   ③ 다다익선   ④ 일거양득   ⑤ 삼삼오오

02

핵심어

개과천선

개 改 – 고치다
과 過 – 지나다
천 遷 – 옮기다
선 善 – 착하다

지난날의 잘못이나 허물을 고쳐 올바르고 착하게 됨.

- **여읜** 죽어서 이별한.
- **행패**(다닐 행 行, 어지러울 패 悖) 버릇이 없고 도리에 벗어나는 사납고 못된 행동.
- **철** 사리를 분별할 수 있는 힘.
- **교룡**(교룡 교 蛟, 용 룡 龍) 뱀처럼 생긴 상상 속의 동물.

개과천선한 주처

"야, 다 덤벼! 왜 나만 보면 도망가는 거야? 에잇!"

옛날 중국 진나라에 주처라는 사람이 있었다. 어려서 부모를 **여읜** 주처는 사람들에게 **행패**나 부리는 골칫덩어리가 되고 말았다. 부모의 보살핌을 받지 못해 글도 제대로 배우지 못했고, 사람들에 대한 예의도 익히지 못했기 때문이다. 게다가 힘이 무척 세서 사람들이 그에게 맞서지 못했다. 결국 마을 사람들은 주처를 두려워하여 그가 나타나면 모두 피해 다녔다. 주처의 행패는 갈수록 심해져서 마을 사람들은 주처를 몹시 싫어했다.   5

나이가 들면서 주처는 **철**이 들어, 사람들에게 피해만 주고 살았던 ㉠과거를 반성하고 새로운 사람이 되려고 결심하였다. 그래서 주처는 마을 사람들에게 용서를 구하려 했다. 하지만 마을 사람들은 그와 만나는 것 자체를 꺼렸다. 주처는 답답하여 마을 사람들에게 물었다.   10

"어떻게 하면 제 말을 믿어 주시겠습니까?"

"저 남산에 사는 호랑이와 큰 다리 밑에 사는 **교룡**을 죽인다면 자네 말을 믿겠네."

이 말을 들은 주처는 용감하게 싸워서 호랑이와 교룡을 죽이고 마을로 돌아왔다. 그러나 누구도 주처가 살아서 돌아온 것을 반기지 않았다. 마을 사람들이 주처에게 호랑이와 교룡을 죽이라고 말한 것은 주처가 그것들과 싸우다가 함께 죽기를 바랐기 때문이었다. 그만큼 주처는 마을 사람들에게 미움을 받고 있었다.   15

주처는 크게 실망한 나머지 고향을 떠났다. 주처는 이곳저곳을 떠돌아 다니다가 육기라는 학자를 만나게 되었고, 눈물을 흘리며 사연을 털어놓았다.   20

"선생님, 저는 어떻게 해야 하나요?"

" ㉡ 하려는 자네의 노력은 매우 훌륭하다네. 그러니 포기하지 말고 그 뜻을 계속 지키면 반드시 사람들이 알아줄 걸세."

육기의 말에 용기를 얻은 주처는 지난 잘못을 반성하며 십여 년 동안 성실하게 학문을 배우고 덕을 닦았다. 그리고 훗날 훌륭한 학자가 되었다.   25

1

제목

이 글의 제목을 다음과 같이 바꿀 때, 빈칸에 알맞은 낱말을 두 글자로 쓰세요.

잘못을 뉘우치고 새사람이 된 [   ]

(   )

2

내용 이해

이 글의 내용과 일치하지 <u>않는</u> 것은 무엇인가요? (   )

① 마을 사람들은 행패를 부리는 주처를 미워했다.
② 육기는 주처를 칭찬하며 그의 결심을 격려했다.
③ 마을 사람들은 주처의 말이 진심인지를 궁금해했다.
④ 주처는 어려서 부모를 여읜 뒤 예의를 익히지 못했다.
⑤ 마을 사람들은 주처가 살아서 돌아온 것을 반기지 않았다.

3

주제

주처에 대한 생각으로 가장 알맞은 것은 무엇인가요? (   )

① 주처처럼 주변 사람들을 도우며 사이좋게 지내야 해.
② 주처처럼 훌륭한 학자가 되려면 힘을 키워 강해져야 해.
③ 주처처럼 노력했는데도 달라지는 것이 없으면 포기해야 해.
④ 주처처럼 과거의 잘못을 반성하고 노력하면 바르게 살아갈 수 있어.
⑤ 주처처럼 자신을 미워한 마을 사람들을 너그럽게 용서할 수 있어야 해.

4

어휘

적용

㉠이 가장 잘 드러난 기사에 ○표 하세요.

(1) 오염수 방출 사과 후 재단 설립	(2) 새로운 알람 앱의 특별한 기능	(3) 지진 피해 국가에 따뜻한 손길 이어져
A씨는 자신이 운영하는 회사에서 오염수가 흘러 나간 사실을 공개적으로 사과한 뒤, 피해 복구를 위한 재단을 설립하여 운영하고 있다.	A사에서 개발한 알람 앱이 인기몰이를 하고 있다. 이 앱은 기존의 알람 앱과 달리 전자시계나 가전제품과 같은 기기에 연결하여 쓸 수 있다.	A국은 지진으로 인해 주요 시설이 무너지고, 많은 주민들이 부상을 입었다. 이에 전 세계가 구호용품을 지원하기로 했다.
( )	( )	( )

5

어휘

뜻

㉡에 들어갈 한자 성어로 알맞은 것은 무엇인가요? (   )

① 고진감래   ② 개과천선   ③ 동문서답
④ 유비무환   ⑤ 설상가상

어휘 학습

동영상 강의

개 **改** – 고치다 | 과 **過** – 지나다 | 천 **遷** – 옮기다 | 선 **善** – 착하다

개과천선

지난날의 잘못이나 허물을 고쳐 올바르고 착하게 됨.

예 그는 자신을 용서해 주면 ❶ ⬜⬜⬜⬜ 하겠다고 약속했다.

답❶ ( )

확장

변화와 관련한 한자 성어

격세지감
격 **隔** – 막다 | 세 **世** – 세대 | 지 **之** – ~의 | 감 **感** – 느끼다

오래지 않은 동안에 **몰라보게 변하여** 아주 다른 세상이 된 것 같은 느낌.

예 오랜만에 찾아간 고향의 모습이 많이 달라져서 ❷ ⬜⬜⬜⬜을 느꼈다.

답❷ ( )

상전벽해
상 **桑** – 뽕나무 | 전 **田** – 밭 | 벽 **碧** – 푸르다 | 해 **海** – 바다

뽕나무밭이 변하여 푸른 바다가 된다는 뜻으로, 세상일의 **변천이 심함**을 비유적으로 이르는 말.

예 논밭을 갈아엎고 아파트가 들어서니 ❸ ⬜⬜⬜⬜가 따로 없다.

답❸ ( )

전화위복
전 **轉** – 바뀌다 | 화 **禍** – 재앙 | 위 **爲** – 되다 | 복 **福** – 복

재앙과 근심, 걱정이 **바뀌어** 오히려 복이 됨.

예 독감에 걸린 것을 ❹ ⬜⬜⬜⬜의 계기로 삼아서 건강에 더욱 힘쓰게 되었다.

답❹ ( )

이해 다음 한자 성어의 뜻을 보기 에서 찾아 기호를 쓰세요.

보기

㉠ 재앙과 근심, 걱정이 바뀌어 오히려 복이 됨.
㉡ 세상일의 변천이 심함을 비유적으로 이르는 말.
㉢ 지난날의 잘못이나 허물을 고쳐 올바르고 착하게 됨.
㉣ 오래지 않은 동안에 몰라보게 변하여 아주 다른 세상이 된 것 같은 느낌.

1 격세지감 ( ) **2** 상전벽해 ( )

3 전화위복 ( ) **4** 개과천선 ( )

적용 다음 한자 성어가 들어갈 문장을 찾아 선으로 이으세요.

5 전화위복 •

• ㉮ 할머니는 컴퓨터로 공부하는 나를 보며 ( ) 을 느끼셨다.

6 상전벽해 •

• ㉯ 드라마에서 악당이 ( )하여 착한 주인공을 남몰래 돕기 시작했다.

7 격세지감 •

• ㉰ 텅 빈 거리에 빌딩이 세워지자 ( )로 거리가 화려하고 복잡해졌다.

8 개과천선 •

• ㉱ 홍수로 농작물이 쓸려 나간 뒤 밭에서 값진 유물이 발견되어 ( )이 되었다.

심화 **9** 다음 글에 어울리는 한자 성어는 무엇인가요? ( )

국경 주변에 살던 노인에게는 외아들이 있었다. 어느 날, 아들이 말을 타다가 떨어져 다리를 크게 다쳤다. 그 후 큰 전쟁이 나서 국경 주변의 젊은이들은 군인으로 불려 갔다. 많은 젊은이들이 전쟁에 나가서 목숨을 잃었지만, 노인의 아들은 다리를 다쳐 전쟁에 나가지 못했기 때문에 목숨을 구할 수 있었다.

① 격세지감 ② 결초보은 ③ 개과천선 ④ 상전벽해 ⑤ 전화위복

03

진퇴양난

진 進 – 나아가다
퇴 退 – 물러나다
양 兩 – 둘
난 難 – 어렵다

이러지도 저러지도 못하는
어려운 처지.

- **명제**(목숨 명 命, 제목 제 題)
  어떤 문제에 대한 하나의 논
  리적 판단 내용과 주장을 언
  어 또는 기호로 표시한 것.
- **인부** 품삯을 받고 육체노동을
  하는 사람.
- **돌진** 세찬 기세로 거침없이
  곧장 나아감.
- **가치관**(값 가 價, 값 치 値, 볼
  관 觀) 가치에 대한 관점.

☐☐☐에 빠진 상황, 딜레마

'딜레마'는 그리스어로 '둘'을 뜻하는 '디(di)'와 '**명제**'를 뜻하는 '레마 (lemma)'가 합쳐져서 만들어진 말이다. '딜레마'는 논리학에서 '두 가지 명제 사이에서 혼란을 겪는 상황.'을 일컫는 용어였는데, 차츰 일상생활에서 ㉠'그 어느 쪽을 선택해도 바람직하지 못한 결과가 나오게 되는 곤란한 상황.'을 일컫는 말이 되었다. 이 말은 사방이 적에 둘러싸여 나아가지도 물러나지도 못하는 ㉡'진퇴양난'과 비슷하게 쓰인다.

다음의 딜레마 상황에서는 어떤 선택을 할 수 있을까? 철길 위에서 다섯 명의 **인부**들이 일을 하고 있다. 그리고 열차 한 대가 그 인부들을 향해 **돌진**하고 있다. 열차를 멈출 수 있는 장치는 고장 났고, 다만 열차의 방향을 오른쪽으로 바꿀 수 있는 변환기만 작동하고 있다. 만일 변환기로 열차의 방향을 오른쪽으로 바꾸면, 오른쪽 철길 위에서 일하고 있는 한 명의 인부가 열차에 치여 목숨을 잃게 된다. 이러한 상황에서 열차 운전자는 어떤 선택을 해야 하는지에 대한 실험을 하였다.

실험 참가자의 89퍼센트는 열차 운전자가 다섯 명의 인부를 살리기 위해 오른쪽으로 방향을 바꾸어 한 명의 인부를 다치게 하는 선택을 하는 것이 바람직하다고 답하였다. 이때 오른쪽 철길 위에서 일하는 인부가 열차 운전자의 아버지라는 상황이 추가로 주어졌다. 과연 열차 운전자는 어떤 선택을 해야 할까?

많은 사람의 이익을 더 중요하게 생각하는 사람이라면, 비록 아버지라 할지라도 다섯 명의 인부를 구하는 쪽을 선택할 것이다. 그러나 어떤 상황에서든 다른 사람을 해할 수 없다는 원칙을 지닌 사람이라면, 의도적으로 열차의 방향을 오른쪽으로 바꾸면 안 된다고 할 것이다. 그리고 부모에 대한 효를 중요하게 생각하는 사람이라면, 다섯 명의 인부보다 아버지를 살리는 쪽을 선택할 것이다. 이러한 진퇴양난의 상황에서 어떤 선택이 옳은가에 대한 답이 없다면, 결국 개인의 **가치관**에 따라 서로 다른 판단을 내릴 수밖에 없다.

1

빈칸에 알맞은 한자 성어를 넣어 이 글의 제목을 완성하세요.

제목

☐☐☐에 빠진 상황, 딜레마

(   )

2

내용 이해

딜레마 상황에서 다음 사람은 어떤 선택을 할지 알맞은 것을 찾아 기호를 쓰세요.

> ㉮ 한 명의 인부가 있는 오른쪽으로 열차의 방향을 바꾼다.
>
> ㉯ 다섯 명의 인부들을 향해 돌진하는 열차의 방향을 바꾸지 않는다.

(1) 많은 사람의 이익을 더 중요하게 생각하는 사람 (   )

(2) 어떤 상황에서든 다른 사람을 해할 수 없다는 원칙을 지닌 사람 (   )

3

적용

딜레마 상황에 대해 바르게 이해하고 있는 친구는 누구인가요? (   )

① 연수: 딜레마 상황은 일상생활에서는 일어나기 어려워.

② 혜지: 딜레마 상황에서는 어떤 선택도 하지 않는 것이 좋겠어.

③ 진건: 딜레마 상황에서는 어떤 선택이 옳다고 판단하는 것이 어려워.

④ 재현: 딜레마 상황에서는 나에게 가장 이익이 되는 것을 선택하는 것이 옳아.

⑤ 시원: 딜레마 상황에서는 많은 사람들이 선택하는 결정을 따르는 것이 맞겠군.

4

어휘

관계

㉠과 비슷한 뜻을 지닌 속담은 무엇인가요? (   )

① 고래 싸움에 새우 등 터진다

② 용의 꼬리보다 닭의 머리가 낫다

③ 가지 많은 나무에 바람 잘 날이 없다

④ 가자니 태산이요, 돌아서자니 숭산이라

⑤ 눈이 아무리 밝아도 자기 코는 안 보인다

5

어휘

적용

㉡이 가장 잘 드러난 상황에 ○표 하세요.

(1) 경찰이 부정부패를 저지른 정치인들을 수사하여 그 잘못을 밝힌 상황	(2) 등산객들이 갑작스러운 폭설로 산에 오르지도 내려가지도 못하게 된 상황	(3) 마을 사람들이 장마로 무너진 다리를 복구하기 위해 공사를 시작한 상황
( )	( )	( )

어휘 학습

동영상 강의

진 進 – 나아가다 | 퇴 退 – 물러나다 | 양 兩 – 둘 | 난 難 – 어렵다

진퇴양난

이러지도 저러지도 못하는 어려운 처지.

예 앞에는 바다가 펼쳐져 있고, 뒤에는 적군이 따라와서
❶ ☐☐☐☐에 놓였다.

답❶ (   )

확장

위기와 관련한 한자 성어

누란지세   누 累 – 묶다 | 란 卵 – 알 | 지 之 – ~의 | 세 勢 – 기세

층층이 쌓아 놓은 알의 형세라는 뜻으로, 몹시 **위태로운 형세**를 비유적으로 이르는 말.

예 나라 빚도 많은데 전쟁까지 날 것 같은 그 나라는 ❷ ☐☐☐☐에 있다.

☑ **비슷한 말 풍전등화** 사물이 매우 위태로운 처지에 놓여 있음을 비유적으로 이르는 말.

답❷ (   )

설상가상   설 雪 – 눈 | 상 上 – 위 | 가 加 – 더하다 | 상 霜 – 서리

눈 위에 서리가 덮인다는 뜻으로, **난처한 일이나 불행한 일**이 잇따라 일어남을 이르는 말.

예 중요한 약속이 있는 날에 늦게 일어난 데다가 ❸ ☐☐☐☐으로 버스까지 늦게 왔다.

답❸ (   )

사면초가   사 四 – 넷 | 면 面 – 낯 | 초 楚 – 가시나무 | 가 歌 – 노래

아무에게도 도움을 받지 못하는, **외롭고 곤란한 지경에 빠진 형편**을 이르는 말.

예 지역 개발에 실패하고 주민들도 외면하자 시장은 ❹ ☐☐☐☐에 처했다.

답❹ (   )

이해 **보기**의 글자를 조합하여 다음 뜻에 해당하는 한자 성어를 쓰세요.

보기

퇴	누	사	진	난	가	란	면
상	지	양	설	초	세	가	상

1 이러지도 저러지도 못하는 어려운 처지. ( )

2 난처한 일이나 불행한 일이 잇따라 일어남. ( )

3 몹시 위태로운 형세를 비유적으로 이르는 말. ( )

4 아무에게도 도움을 받지 못하는, 외롭고 곤란한 지경에 빠진 형편.

( )

적용 자음자를 보고 빈칸에 들어갈 알맞은 한자 성어를 쓰세요.

5 흉년이 들었는데 ㅅㅅㄱㅅ 으로 전염병까지 퍼졌다. ( )

6 아무도 그를 믿지 않고 오히려 모두 그를 의심하자 그는 ㅅㅁㅊㄱ 에 놓였다.

( )

7 마을을 떠나는 주민이 늘고 출산율은 떨어진 ㄴㄹㅈㅅ 의 우리 마을을 살려야 한다.

( )

8 정부는 전기 사용을 줄이기 위해 전기 요금을 올리자니 물가도 오를 수 있는 ㅈㅌㅇㄴ 에 빠졌다. ( )

심화 **9** 다음 글에서 밑줄 친 말과 바꾸어 쓸 수 있는 한자 성어를 찾아 쓰세요.

> 중국 진나라 때 어린 왕이 9층 놀이터를 만들기 위해 큰 공사를 벌이느라 나라가 <u>위기</u>에 처했다. 이에 한 신하가 "공사를 벌인 지 삼 년이 지났습니다. 백성들은 공사를 하느라 지쳤고, 농사일을 하지 못해 굶주리고 있습니다. 그리고 이웃 나라들은 호시탐탐 공격할 기회를 엿보고 있습니다."라며 누란지세의 상황임을 경고했다.

( )

철면피로 불린 왕광원

핵심어

철면피

철 鐵 – 쇠
면 面 – 낯
피 皮 – 가죽

쇠로 만든 낯가죽이라는 뜻으로, 염치가 없고 뻔뻔스러운 사람을 낮잡아 이르는 말.

옛날 중국에 왕광원이라는 사람이 살았다. 그는 어릴 때부터 매우 영리했으나 욕심이 많았다. 그는 지위가 낮은 **벼슬**에 있으면서도, 항상 높은 자리에 올라 **부귀영화**를 누리는 삶을 바랐다.

왕광원은 고위 관리에게 잘 보여 **출세**를 하기 위해 갖은 아부를 서슴지 않았다. 사람들은 그런 그를 아첨꾼이라고 흉보았다. 그러나 왕광원은 그런 비판에도 아랑곳하지 않은 채 고위 관리들의 집을 뻔질나게 드나들며 그들이 시키는 일이라면 무슨 일이든지 하였다.

하루는 여러 신하들이 두루 모인 자리에서 술에 취한 고위 관리가 매를 들고 왕광원에게 말하였다.

"내가 지금 자네를 때리고 싶은데, 과연 맞을 수 있겠는가?"

"대감의 매라면 무엇을 망설이겠습니까? 때리고 싶은 만큼 때리십시오."

그러자 그 관리는 왕광원을 매로 때렸고, 주위에 있던 사람들은 깜짝 놀라 입을 다물지 못했다. 왕광원은 아무런 잘못도 없이 맞으면서도 조금도 화를 내지 않았다. 집으로 돌아오는 길에 친구가 왕광원을 **질책**하였다.

"자네는 ㉠간도 쓸개도 없는가? 많은 사람들이 모인 자리에서 그런 **모욕**을 당했는데도 어찌 이토록 **태연**하단 말인가?"

친구의 말에 왕광원은 아무렇지도 않다는 얼굴로 대꾸하였다.

"고위 관리에게 잘 보여서 나쁠 것은 하나도 없다네. 나도 다 생각이 있어서 한 행동이니 나를 꾸짖지 말아 주게. 저 사람은 이번 일로 나에게 빚을 진 것이나 마찬가지니 언젠가 이 일에 대한 보답을 하지 않겠는가?"

친구는 왕광원의 대답을 듣고 기가 막혀 입을 다물고 말았다.

이후 사람들은 뻔뻔한 왕광원을 가리켜 이렇게 말했다.

"왕광원의 낯가죽은 열 겹의 **철갑**처럼 두껍다."

여기에서 '㉡철면피'라는 말이 나왔다.

5

10

15

20

25

- **벼슬** 관아에 나가서 나랏일을 맡아 다스리는 자리.
- **부귀영화**(부유할 부 富, 귀할 귀 貴, 꽃 영 榮, 빛날 화 華) 재산이 많고 지위가 높으며 귀하게 되어서 세상에 드러나 온갖 영광을 누림.
- **출세**(날 출 出, 세대 세 世) 사회적으로 높은 지위에 오르거나 유명하게 됨.
- **질책**(꾸짖을 질 叱, 꾸짖을 책 責) 꾸짖어 나무람.
- **모욕**(업신여길 모 侮, 욕될 욕 辱) 깔보고 욕되게 함.
- **태연** 마땅히 머뭇거리거나 두려워할 상황에서 태도나 기색이 아무렇지도 않은 듯이 예사로움.
- **철갑** 쇠로 둘러씌운 것.

1
핵심어

'왕광원'을 표현하는 한자 성어로, 이 글에서 중심이 되는 낱말은 무엇인지 세 글자로 쓰세요.

(   )

2

내용 이해

이 글의 내용과 일치하는 것은 무엇인가요? (　　　)

① 왕광원은 어리석고 학문을 게을리했다.

② 왕광원의 친구는 왕광원의 성격을 부러워했다.

③ 왕광원은 가난한 형편 때문에 벼슬을 하지 못했다.

④ 왕광원은 출세하기 위해서 고위 관리에게 아부했다.

⑤ 왕광원은 큰 잘못을 저질러서 고위 관리에게 매를 맞았다.

3

글의 특징

이 글에 대한 설명으로 알맞은 것은 무엇인가요? (　　　)

① 관리 제도의 문제점을 지적하는 글이다.

② 특정한 말이 생겨난 유래를 밝히는 글이다.

③ 한 인물의 일생을 요약해서 제시하는 글이다.

④ 진실한 벗의 필요성에 대해 알려 주는 글이다.

⑤ 다른 사람들과의 관계를 맺는 방법을 설명하는 글이다.

어휘

4

뜻

㉠의 뜻으로 알맞은 것은 무엇인가요? (　　　)

① 너무 용감하게 행동한 게 아닌가?

② 용기나 줏대 없이 남에게 굽히는가?

③ 눈치 보느라 너무 적게 먹지 않았나?

④ 조금 전의 일이 걱정되고 불안스럽나?

⑤ 관리의 행동에 몹시 놀라 충격을 받았나?

어휘

5

적용

다음 빈칸에 ㉡을 넣었을 때 어울리는 것은 무엇인가요? (　　　)

① ☐☐☐☐☐라서 아주 솔직하군.

② ☐☐☐☐☐라서 염치를 모르고 뻔뻔하군.

③ ☐☐☐☐☐라서 물질적인 것만 좋아하는군.

④ ☐☐☐☐☐라서 결정을 못 내리고 고민만 많군.

⑤ ☐☐☐☐☐라서 공동의 이익을 중요하게 여기는군.

↓ 핵심어

철 鐵 – 쇠 | 면 面 – 낯 | 피 皮 – 가죽

철면피

쇠로 만든 낯가죽이라는 뜻으로, 염치가 없고 뻔뻔스러운 사람을 낮잡아 이르는 말.

예 그 범인은 죄를 짓고도 뉘우치는 모습이 없는 ❶☐☐☐였다.

답❶ (   )

못된 행동과 관련한 한자 성어

권모술수 권 權 – 권하다 | 모 謀 – 꾀하다 | 술 術 – 꾀 | 수 數 – 세다

목적 달성을 위하여 수단과 방법을 가리지 않는 **온갖 모략이나 술책.**

예 그는 권력을 차지하기 위해 온갖 ❷☐☐☐☐를 다 썼다.

답❷ (   )

배은망덕 배 背 – 등 | 은 恩 – 은혜 | 망 忘 – 잊다 | 덕 德 – 덕

남에게 입은 은혜와 덕을 저버리고 **배신하는 태도**가 있음.

예 그는 어려운 시절 자신을 도와준 친구를 속이는 ❸☐☐☐☐한 행동을 하였다.

답❸ (   )

적반하장 적 賊 – 도둑 | 반 反 – 돌이키다 | 하 荷 – 꾸짖다 | 장 杖 – 지팡이

도둑이 도리어 매를 든다는 뜻으로, 잘못한 사람이 **아무 잘못도 없는 사람을 나무람**을 이르는 말.

예 그는 나에게 사과하기는커녕 ❹☐☐☐☐으로 나를 나무랐다.

답❹ (   )

이해 다음 한자 성어와 뜻이 알맞게 연결되도록 선으로 이으세요.

1 권모술수 •

•㉮ 염치가 없고 뻔뻔스러운 사람을 낮잡아 이르는 말.

2 배은망덕 •

•㉯ 남에게 입은 은혜와 덕을 저버리고 배신하는 태도가 있음.

3 적반하장 •

•㉰ 잘못한 사람이 아무 잘못도 없는 사람을 나무람을 이르는 말.

4 철면피 •

•㉱ 목적 달성을 위하여 수단과 방법을 가리지 않는 온 갖 모략이나 술책.

적용 빈칸에 들어갈 한자 성어를 보기 에서 찾아 쓰세요.

> **보기**
>
> 철면피   권모술수   배은망덕   적반하장

5 이순신 장군은 간신의 (   )(으)로 인해 유배를 가게 되었다.

6 그는 힘들 때 도움을 주었던 그녀를 모른 척한 (   )한 사람이다.

7 새치기를 하고서 자기 차례가 늦다고 화를 내는 저 사람은 (   ) 같다.

8 물에 빠진 사람을 구해 주었더니 (   )(으)로 자기 가방을 빨리 찾아 내라고 한다.

심화 **9** 다음 글에서 밑줄 친 말과 바꾸어 쓸 수 있는 한자 성어는 무엇인가요? (   )

> 후안무치한 사람은 대개 공동체의 기본 질서를 잘 지키지 않는다. 예를 들어 행인 들이 걸어 다니는 인도에 당당하게 차를 세워 둔다. 또 아무 곳에나 쓰레기를 버린 다. 뻔뻔스러워서 부끄러움이 없는 이들은 자신의 이익만 생각하며 다른 사람을 배 려하지 않는다.

① 철면피   ② 적반하장   ③ 권모술수   ④ 배은망덕   ⑤ 허례허식

수주대토하다가 농사를 망친 농부

핵심어

수주대토

수 守 – 지키다
주 株 – 그루
대 待 – 기다리다
토 兔 – 토끼

그루터기를 지켜 토끼를 기다린다는 뜻으로, 한 가지 일에만 얽매여 발전을 모르는 어리석은 사람을 비유적으로 이르는 말.

어떤 마을에 밭농사를 지으며 사는 농부가 있었다. 그 농부의 밭에는 **그루터기**가 많이 박혀 있었다. 농부에게는 그 밭이 늘 골칫거리였다. 농사를 제대로 지으려면 그루터기를 모두 뽑아내야 했기 때문이다.

봄이 되자 농부는 아침 일찍부터 밭의 그루터기를 하나씩 뽑아내기 시작했다. 어느새 **뙤약볕**이 내리쬐는 한낮이 되었다. 갑자기 토끼 한 마리가 숲에서 나오더니 밭을 이리저리 뛰어다녔다. 농부는 밭을 가느라 그것도 모르다가 문득 토끼를 발견하고 다가갔다. 그러자 토끼가 놀라서 도망을 쳤다. 그러나 밭에는 그루터기가 많아서 도망치기 어려웠다. 그루터기를 피해 이리저리 정신없이 달리던 토끼는 그만 큰 그루터기에 부딪혀 죽고 말았다. 5

힘 하나 들이지 않고 귀한 토끼를 얻은 농부는 다음 날이 되자 밭에서 **하염없이** 그루터기만 바라보고 있었다. 어제 그 토끼처럼 다른 토끼가 그루터기에 부딪히기를 바란 것이었다. 그러나 어떤 토끼도 밭에 나타나지 않았다. 농부는 포기하지 않고 다음 날에도, 그다음 날에도 밭에 나와 그루터기만을 바라보았다. 이를 이상히 여긴 마을 사람이 물었다. 10

"자네는 왜 일을 하지 않고 그루터기만 보고 있나?" 15

"며칠 전에 토끼가 저 혼자 그루터기에 부딪혀 죽었다네. 그런 일은 또 일어날 거야. 그러니 토끼를 기다리지 뭣 하러 힘들게 농사를 짓겠나?" 농부의 말에 마을 사람은 혀를 찼다.

㉠농부는 그 뒤에도 밭일은 하지 않고 매일같이 토끼가 그루터기에 부딪히기만 기다렸다. 그러나 그런 일은 다시 일어나지 않았고, 그사이 밭에는 잡초가 **무성해져** 결국 농사를 포기해야 했다. 농부의 이런 행동은 온 나라에 퍼져 사람들 사이에서 웃음거리가 되었다. 20

이 이야기에서 그루터기를 지켜 토끼를 기다린다는 '㉡수주대토'라는 말이 나왔다.

1 이 글에서 중심이 되는 인물은 누구인지 쓰세요.

인물

(   )

2 일이 일어난 순서에 따라 차례대로 기호를 쓰세요.

내용 이해

> ㉠ 농부는 그루터기를 뽑지 않고, 그루터기만을 바라보았다.
> ㉡ 농부의 밭은 잡초가 무성해져 농사를 지을 수 없게 되었다.
> ㉢ 봄이 되자 농부는 밭에 박힌 그루터기를 하나씩 뽑기 시작했다.
> ㉣ 농부의 밭에서 토끼가 도망치다가 그루터기에 부딪혀 죽고 말았다.

(   ) → (   ) → (   ) → (   )

3 이 글을 읽고 난 후의 생각으로 가장 알맞은 것은 무엇인가요? (   )

주제

① 성실하게 일하는 농부를 본받도록 노력해야겠어.
② 목표를 이루기 위한 농부의 끈질긴 노력은 바람직해.
③ 농부는 평소 착한 일을 했기에 토끼를 쉽게 얻을 수 있었어.
④ 농부의 속마음을 안 사람들은 그를 어리석다고 생각할 거야.
⑤ 토끼를 잡기 위해 미리 그루터기를 박은 농부의 지혜가 엿보여.

4 ㉠에 어울리는 속담은 무엇인가요? (   )

어휘 / 적용

① 우물에 가 숭늉 찾는다
② 쓸개에 가 붙고 간에 가 붙는다
③ 나무 될 것은 떡잎 때부터 알아본다
④ 토끼 둘을 잡으려다가 하나도 못 잡는다
⑤ 홍시 떨어지면 먹으려고 감나무 밑에 가서 입 벌리고 누웠다

5 ㉡에 담긴 뜻으로 알맞은 것은 무엇인가요? (   )

어휘 / 뜻

① 고향을 간절히 그리워함.
② 안 좋은 일이 연달아 생김.
③ 싫으면 버리고 좋으면 취함.
④ 다른 사람을 보면서 교훈을 얻음.
⑤ 한 가지 일에만 얽매여 어리석게 행동함.

어휘 학습

동영상 강의

⊕ 핵심어

수 守 – 지키다 | 주 株 – 그루 | 대 待 – 기다리다 | 토 兔 – 토끼

수주대토

그루터기를 지켜 토끼를 기다린다는 뜻으로, **한 가지 일에만 얽매여 발전을 모르는 어리석은 사람**을 비유적으로 이르는 말.

예 그녀는 과거의 성공만을 뽐내며 아무 일도 하지 않은 채 ❶◻◻◻◻하고 있다.

답❶ (   )

확장

어리석음과 관련한 한자 성어

각주구검
각 刻 – 새기다 | 주 舟 – 배 | 구 求 – 구하다 | 검 劍 – 칼

융통성 없이 현실에 맞지 않는 **낡은 생각을 고집하는 어리석음**을 이르는 말.

예 그는 ❷◻◻◻◻의 생각을 내세우며 변화를 받아들이지 않는다.

답❷ (   )

목불식정
목 目 – 눈 | 불 不 – 아니다 | 식 識 – 알다 | 정 丁 – 고무래

아주 간단한 글자인 '丁' 자를 보고도 그것이 '고무래'인 줄을 알지 못한다는 뜻으로, **글을 읽을 줄 모르거나 어떤 일에 대하여 아무것도 모르는 사람**을 이르는 말.

예 독도가 어느 나라의 땅인지 묻는 것을 보니 역사에 대해서는 ❸◻◻◻◻이다.

답❸ (   )

연목구어
연 緣 – 인연 | 목 木 – 나무 | 구 求 – 구하다 | 어 魚 – 물고기

나무에 올라가서 물고기를 구한다는 뜻으로, 도저히 **불가능한 일을 굳이 하려 함**을 비유적으로 이르는 말.

예 가만히 누워만 있으면서 부지런한 생활을 하겠다는 것은 ❹◻◻◻◻이다.

답❹ (   )

이해 다음 뜻에 해당하는 한자 성어를 보기 에서 찾아 쓰세요.

> 보기
>
> 수주대토　　　각주구검　　　목불식정　　　연목구어

1 도저히 불가능한 일을 굳이 하려 함을 비유적으로 이르는 말. (　　　　　)

2 융통성 없이 현실에 맞지 않는 낡은 생각을 고집하는 어리석음을 이르는 말.

(　　　　　)

3 글을 읽을 줄 모르거나 어떤 일에 대하여 아무것도 모르는 사람을 이르는 말.

(　　　　　)

4 한 가지 일에만 얽매여 발전을 모르는 어리석은 사람을 비유적으로 이르는 말.

(　　　　　)

적용 자음자를 보고 빈칸에 들어갈 알맞은 한자 성어를 쓰세요.

5 책임은 지지 않으면서 다른 사람에게 존경을 받으려는 것은 ㅇㅁㄱㅇ이다.

(　　　　　)

6 그는 겨우 ㅁㅂㅅㅈ은 벗어났으나 몇몇 글자만 더듬더듬 읽는 수준이었다.

(　　　　　)

7 세계화 시대에 외국 문화의 유입을 무조건 막자는 주장은 ㄱㅈㄱㄱ일 뿐이다.

(　　　　　)

8 이미 물길이 달라졌는데 예전에 물고기를 많이 잡았던 곳에서만 낚시를 하는 그를 보니
ㅅㅈㄷㅌ가 따로 없다. (　　　　　)

심화 **9** 다음 글에 어울리는 한자 성어는 무엇인가요? (　　　　　)

> 초나라 사람이 배를 타고 강을 건너다가 그만 소중하게 여기는 칼을 물에 빠뜨렸
> 다. 그러자 그는 얼른 작은 칼을 꺼내어 칼을 빠뜨린 위치의 배 바깥쪽을 긁어 표시
> 를 해 두었다. 그러고는 가슴을 쓸어내리며 말하였다.
> "칼이 떨어진 곳을 표시했으니 항구에 도착하면 물속에 들어가 칼을 찾아야지."

① 각주구검　　② 목불식정　　③ 어부지리　　④ 연목구어　　⑤ 수주대토

핵심어

우공이산

우 **愚** – 어리석다
공 **公** – 공변되다
이 **移** – 옮기다
산 **山** – 산

우공이 산을 옮긴다는 뜻으로, 어떤 일이든 끊임없이 노력하면 반드시 이루어짐을 이르는 말.

결국 해낸 우공이산

옛날에 중국의 북산이라는 곳에 나이가 90세에 가까운 '우공'이라는 사람이 살았다. 그의 집은 두 개의 큰 산으로 둘러싸여 있어서 다른 곳으로 갈 때마다 매우 불편했다.

하루는 우공이 가족들을 모아 놓고 말하였다.

"우리 집은 산으로 가로막혀 밖에 다니기가 매우 불편하구나. 그래서 내가 좋은 **방안**을 생각했단다. 우리가 산을 허물어 다른 곳으로 옮겨 앞으로는 편하게 다니는 거란다."

이 말을 들은 아내가 말했다.

"저 높은 산을 언제 다 파내어 옮긴단 말이오? 게다가 파낸 돌과 흙은 어디에 두려고 그러오? 난 반대요."

아내의 반대에도 **불구하고** 우공은 자신의 고집을 꺾지 않았다. 다음 날부터 우공은 혼자 산을 파내기 시작했다. 그는 산을 파낸 돌과 흙을 바다까지 가서 버리기를 반복했는데, 산과 바다의 거리가 워낙 멀어 왕복하는 데 1년이 걸릴 정도였다. 이러한 우공의 의지를 본 우공의 아들과 손자들은 함께 산을 파내기 시작했다. 이 소식을 들은 이웃이 비웃으며 말했다.

"당신은 이미 나이가 많아 산을 허물기 전에 죽을 것입니다. 그러니 지금이라도 산을 옮기는 것을 포기하고 **여생**을 편히 지내세요."

"나는 산을 다 허물기 전에 죽겠지. 그렇지만 나의 아들과 손자, 그리고 그 이후 대를 이어 계속하면 언젠가 땅이 평평해져 누군가는 편하게 지내지 않겠나?"

우공의 산 허물기는 계속되었다. 한편 우공이 산을 허물어 돌과 흙을 바다에 버린다는 소문을 들은 산신령과 바다의 신은 자신들이 위험해질 것을 염려하여 옥황상제에게 **호소**하였다. 이 말을 들은 옥황상제는 우공의 노력과 정성이 대단한 것에 감탄하였다. 옥황상제는 힘이 센 신에게 우공의 집을 둘러싸고 있는 두 산을 옮기라고 명령하였다. 이로부터 ㉠꾸준히 노력하면 산을 옮길 수 있다는 뜻의 '　　㉡　　'이 쓰이게 되었다.

- **방안**(모 방 方, 책상 안 案) 일을 처리하거나 해결하여 나갈 방법이나 계획.
- **불구하고** 얽매여 거리끼지 않고.
- **여생**(남을 여 餘, 날 생 生) 앞으로 남은 인생.
- **호소**(부를 호 呼, 하소연할 소 訴) 억울하거나 딱한 사정을 남에게 간곡히 알림.

1 인물

이 글에서 중심이 되는 인물은 누구인지 쓰세요.

(　　　　　)

2

내용 이해

이 글의 등장인물들에 대한 설명으로 알맞지 <u>않은</u> 것은 무엇인가요? (   )

① 우공: 후대를 위하여 산을 허무는 것을 계속했다.

② 우공의 이웃: 우공을 응원하며 산을 허무는 것을 도왔다.

③ 옥황상제: 우공의 노력에 감탄하여 산을 옮기라고 명령했다.

④ 우공의 아들: 우공의 의지를 본 뒤 우공을 도와 산을 파냈다.

⑤ 우공의 아내: 기간과 방법에 대한 의문을 품으며 우공의 생각에 반대했다.

3

주제

이 글의 교훈은 무엇인가요? (   )

① 지나친 고집은 결국 다른 사람에게 피해를 준다.

② 가족 간의 애정이 돈독한 것이 무엇보다 중요하다.

③ 주변 사람들의 말을 받아들이는 태도를 지녀야 한다.

④ 목표를 가지고 꾸준히 노력하면 언젠가는 이룰 수 있다.

⑤ 다른 사람의 말을 들을 때에는 사실인지, 거짓인지를 판단해야 한다.

4

어휘

관계

㉠과 비슷한 뜻을 지닌 속담은 무엇인가요? (   )

① 가는 날이 장날이다

② 무쇠도 갈면 바늘이 된다

③ 달면 삼키고 쓰면 뱉는다

④ 콩밭에 가서 두부 찾는다

⑤ 가까운 남이 먼 일가보다 낫다

5

어휘

적용

㉡에 들어갈 한자 성어로 알맞은 것은 무엇인가요? (   )

① 우이독경   ② 우공이산   ③ 첩첩산중

④ 구사일생   ⑤ 권선징악

어휘 학습

동영상 강의

우 **愚** 어리석다 | 공 **公** – 공변되다 | 이 **移** – 옮기다 | 산 **山** – 산

우공이산

우공이 산을 옮긴다는 뜻으로, 어떤 일이든 끊임없이 노력하면 반드시 이루어짐을 이르는 말.

예 장관은 ❶☐☐☐☐처럼 포기하지 않고 개혁 정책을 끝까지 실행하였다.

답❶ ( )

확장

노력과 관련한 한자 성어

불철주야　불 **不** – 아니다 | 철 **撤** – 거두다 | 주 **晝** – 낮 | 야 **夜** – 밤

어떤 일에 몰두하여 **조금도 쉴 사이 없이** 밤낮을 가리지 아니함.

예 산불이 나자 소방관들은 ❷☐☐☐☐ 구조 작업을 펼쳤다.

답❷ ( )

십벌지목　십 **十** – 열 | 벌 **伐** – 치다 | 지 **之** – ~의 | 목 **木** – 나무

열 번 찍어 베는 나무라는 뜻으로, **열 번 찍어** 안 넘어가는 나무가 없음을 이르는 말.

예 ❸☐☐☐☐이라더니 계속 찾아와 설득하는 그의 말에 나는 결국 넘어가고 말았다.

☑ **비슷한 말 열 번 찍어 아니 넘어가는 나무 없다** 아무리 뜻이 굳은 사람이라도 여러 번 권하거나 꾀고 달래면 결국은 마음이 변한다는 말.

답❸ ( )

마부작침　마 **磨** – 갈다 | 부 **斧** – 도끼 | 작 **作** – 만들다 | 침 **針** – 바늘

도끼를 갈아 바늘을 만든다는 뜻으로, 아무리 어려운 일이라도 **끈기 있게 노력하면** 이룰 수 있음을 비유하는 말.

예 그녀는 어려운 상황에서도 ❹☐☐☐☐의 자세로 공부하여 시험에 합격했다.

답❹ ( )

이해 다음 한자 성어와 뜻을 알맞게 선으로 이으세요.

1 우공이산 •

2 마부작침 •

3 불철주야 •

4 십벌지목 •

• ㉮ 열 번 찍어 안 넘어가는 나무가 없음을 이르는 말.

• ㉯ 어떤 일에 몰두하여 조금도 쉴 사이 없이 밤낮을 가리지 아니함.

• ㉰ 아무리 어려운 일이라도 끈기 있게 노력하면 이룰 수 있음을 비유하는 말.

• ㉱ 우공이 산을 옮긴다는 뜻으로, 어떤 일이든 끊임없이 노력하면 반드시 이루어짐을 이르는 말.

적용 자음자를 보고 빈칸에 들어갈 알맞은 한자 성어를 쓰세요.

5 나는 ㅅㅂㅈㅁ 의 마음으로 용돈의 필요성을 엄마에게 계속 말씀드렸다.
( )

6 형은 고등학생이 되자 ㅂㅊㅈㅇ 로 잠자는 시간도 아껴 가며 공부하고 있다.
( )

7 그녀는 ㅁㅂㅈㅊ 의 정신으로 훈련을 거듭하여 전국 육상 대회에서 우승을 했다.
( )

8 모두 포기하라고 했지만, 그는 ㅇㄱㅇㅅ 과 같이 끝까지 노력하여 우주선을 개발했다.
( )

심화 9 다음 글에 어울리는 한자 성어는 무엇인가요? ( )

이백이 공부할 양이 끝없고 갈수록 어려워지는 탓에 결국 학업을 그만두고 집으로 돌아가고 있었다. 그 길에 노인을 만났는데, 그 노인은 바늘을 만들기 위해 도끼를 갈고 있었다. 큰 도끼를 언제 갈아 바늘을 만들겠냐는 이백의 말에, 노인은 끊임없이 노력하면 된다고 답하였다. 이백은 그 말에 감명을 받고 다시 돌아가 공부를 계속하였다.

① 동분서주   ② 십벌지목   ③ 마부작침   ④ 불철주야   ⑤ 대기만성

금의환향을 꿈꾼 항우

핵심어

금의환향

금 錦 – 비단
의 衣 – 옷
환 還 – 돌아오다
향 鄕 – 시골

비단옷을 입고 고향에 돌아온다는 뜻으로, 출세를 하여 고향에 돌아가거나 돌아옴을 비유적으로 이르는 말.

● **검술**(칼 검 劍, 꾀 술 術) 검을 가지고 싸우는 기술.

● **포악**(사나울 포 暴, 악할 악 惡)**한** 사납고 악한.

● **패권**(으뜸 패 霸, 권세 권 權) 어떤 나라가 경제력이나 무력으로 다른 나라를 압박하여 자기의 세력을 넓히려는 권력.

● **전략적** 전쟁을 전반적으로 이끌어 가는 방법이나 책략에 관한 것.

● **산물**(낳을 산 産, 만물 물 物) 일정한 곳에서 생산되어 나오는 물건.

● **조언** 말로 거들거나 깨우쳐 주어서 도움. 또는 그 말.

텔레비전에서 옛 중국의 왕들을 소개하는 프로그램을 보았다. 『삼국지』에 나오는 유비나 조조에 대한 이야기도 재미있었지만, 유방과 항우의 대결 역시 흥미진진했다. 그래서 항우에 대한 책을 사서 읽어 보았다.

항우는 키가 2미터를 훨씬 넘을 정도로 컸고, 힘도 무척 셌다. 그는 학문은 그저 제 이름을 쓸 줄 알면 충분하다며, 오로지 무예를 기르는 데에만 5
관심이 있었다. 항우는 모두가 ㉠혀를 내두를 정도로 **검술**과 전투에 뛰어나서, **포악한** 정치를 일삼고 있는 진나라와 전쟁을 벌일 때 한 번도 패한 적이 없을 정도였다.

진나라를 멸망시킨 항우는 초나라를 세우고 스스로를 왕이라고 칭하였다. 그리고 자신을 도와 함께 싸운 유방에게 한나라를 주고 유방을 왕으로 10
명하였다. 유방은 다른 사람의 말에 귀 기울일 줄 알았지만, 항우는 자신의 능력만 믿고 다른 사람의 말을 듣지 않았다.

이후 초나라와 한나라는 서로 **패권**을 차지하기 위해 전쟁을 벌인다. 이때 항우는 수도인 함양을 버리고, 자신의 고향인 팽성을 새로운 수도로 정하려 했다. 그러나 신하들은 항우의 의견에 반대했다. 함양은 **전략적**으로 15
중요한 위치였으며, 여러 **산물**이 풍부하여 수도로 삼기에 적절한 곳이었기 때문이다.

그러나 항우는 다음과 같이 말하며 뜻을 굽히지 않고 팽성으로 수도를 옮겼다.

"성공해서 고향에 돌아가지 못한다면 ㉡비단옷을 입고 밤길을 걷는 것 20
과 다르지 않다. ㉢비단옷을 입었으면 고향으로 돌아가는 것이 마땅하다. 내 결정에 자꾸 반대하면 용서하지 않겠다."
팽성에 간 항우는 고향 사람들에게 큰 환영을 받았지만, 함양을 차지한 한나라와의 전쟁에서 결국 패하고 만다.

용맹하고 과감했지만, 다른 사람을 얕보며 주변의 **조언**을 듣지 않은 항 25
우의 일생을 보며 나의 모습을 되돌아보았다. 앞으로는 내 생각만 앞세우지 말고 주변의 조언에 귀 기울이며 지혜롭게 행동해야겠다.

1
인물

이 글에서 중심이 되는 인물은 누구인지 쓰세요.

(   )

2
내용 이해

항우에 대한 설명으로 알맞지 <u>않은</u> 것은 무엇인가요? (   )

① 신하들의 의견을 듣지 않고 수도를 옮겼다.

② 진나라를 멸망시키고 초나라의 왕이 되었다.

③ 진나라, 한나라와 전쟁을 벌일 때 패한 적이 없다.

④ 검술과 전투에 뛰어났지만 학문에는 관심이 없었다.

⑤ 왕이 되어 고향에 돌아오자 사람들에게 큰 환영을 받았다.

3
추론

항우와 유방에 대해 알맞게 말한 친구는 누구인지 이름을 쓰세요.

> 동하: 항우는 용맹했기 때문에 유방을 이기고 한나라를 멸망시킬 수 있었던 거야.
>
> 진오: 유방이 항우와 같은 상황이었어도, 고향 사람들에게 자랑하고 싶어서 수도를 팽성
> 으로 옮겼을 거야.
>
> 민지: 처음에는 항우가 유방보다 힘이 셌지만, 다른 사람의 조언을 듣지 않았기에 결국
> 유방에게 패한 거야.

(　　　　)

4
어휘
뜻

㉠의 뜻으로 알맞은 것은 무엇인가요? (   )

① 잊히지 않고 자꾸 눈에 떠오를.

② 남의 비위를 맞추기 위해 아부할.

③ 마음이 언짢거나 유감의 뜻을 나타낼.

④ 몹시 놀라거나 어이없어서 말을 못 할.

⑤ 일을 시키는 사람의 뜻대로 움직여 줄.

5
어휘
적용

㉡, ㉢과 관련 있는 한자 성어를 알맞게 선으로 이으세요.

(1) ㉡ ·

(2) ㉢ ·

· ㉮ 금의환향: 출세를 하여 고향에 돌아가거나 돌아옴을 비유
적으로 이르는 말.

· ㉯ 금의야행: 자랑삼아 하지 않으면 생색이 나지 않음을 이
르는 말.

어휘 학습

동영상 강의

금 錦 – 비단 | 의 衣 – 옷 | 환 還 – 돌아오다 | 향 鄕 – 시골

금의환향

비단옷을 입고 고향에 돌아온다는 뜻으로, 출세를 하여 고향에 돌아가거나 돌아옴을 비유적으로 이르는 말.

예 민수는 ❶ ☐☐☐☐ 을 하기 위해 외국에서 열심히 일했다.

답❶ (   )

확장

성공과 관련한 한자 성어

등용문 등 登 – 오르다 | 용 龍 – 용 | 문 門 – 문

용문에 오른다는 뜻으로, 어려운 관문을 통과하여 **크게 출세하게 됨**. 또는 그 관문을 이르는 말.

예 전국 합창 대회는 신인 가수들의 ❷ ☐☐☐ 이 되었다.

답❷ (   )

대기만성 대 大 – 크다 | 기 器 – 그릇 | 만 晩 – 늦다 | 성 成 – 이루다

큰 그릇을 만드는 데는 시간이 오래 걸린다는 뜻으로, **크게 될 사람**은 늦게 이루어짐을 이르는 말.

예 그는 50세에 한의사가 되어 유명해진 ❸ ☐☐☐☐ 형 인간이다.

답❸ (   )

입신양명 입 立 – 서다 | 신 身 – 몸 | 양 揚 – 오르다 | 명 名 – 이름

출세하여 이름을 세상에 떨침.

예 조선 시대의 양반들은 ❹ ☐☐☐☐ 하는 것을 중요하게 생각했다.

답❹ (   )

이해 다음 한자 성어의 뜻을 보기 에서 찾아 기호를 쓰세요.

> **보기**
>
> ㉠ 출세하여 이름을 세상에 떨침.
> ㉡ 크게 될 사람은 늦게 이루어짐을 이르는 말.
> ㉢ 출세를 하여 고향에 돌아가거나 돌아옴을 비유적으로 이르는 말.
> ㉣ 어려운 관문을 통과하여 크게 출세하게 됨. 또는 그 관문을 이르는 말.

1 등용문 (   )   **2** 금의환향 (   )

3 입신양명 (   )   **4** 대기만성 (   )

적용 빈칸에 들어갈 한자 성어를 보기 에서 찾아 쓰세요.

> **보기**
>
> 금의환향   등용문   대기만성   입신양명

5 그 예능 프로그램은 연예인들을 스타로 만들어 내는 (   )이었다.

6 올림픽에서 금메달을 딴 축구 대표 팀이 우리나라로 (   )하였다.

7 그는 아버지의 당부대로 시험에 합격하여 (   )하기 위해 노력하였다.

8 선생님께서는 자신이 오랜 시간 공부하여 꿈을 이룬 (   )의 사례라고 하셨다.

심화 **9** 다음 글에서 밑줄 친 말과 뜻이 비슷한 한자 성어를 찾아 쓰세요.

> 열심히 공부를 했는데도 시험에 떨어지면 자포자기하기 쉽다. 그러나 모든 일을 짧은 시간 내에, 쉽게 이룰 수 있는 것은 아니다. 이순신 장군도 대기만성 인물로, 32세라는 늦은 나이에 무과 시험에 붙었다. 비록 시간이 걸리더라도 어려운 것을 이루어 낼 때 위대한 사람이 되는 것이다.

(   )

어휘

관용어

관용어는 말버릇처럼 오래 쓰여서 특별한 뜻을 가지게 된 말입니다.

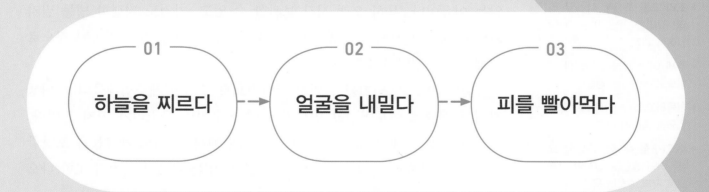

01 하늘을 찌르다 → 02 얼굴을 내밀다 → 03 피를 빨아먹다

하늘을 찌를 듯 높아지는 밀키트의 인기

핵심어

하늘을 찌르다

기세가 몹시 세차다.

　　손질된 식재료와 양념, **조리**법까지 함께 넣어 판매하는 밀키트의 인기가 ㉮<ins>하늘을 찌르고</ins> 있다. 데워서 바로 먹을 수 있는 간편식에 비해 ㉠조리 과정이 필요하기는 하지만, 조리된 음식의 품질에 대한 만족도가 커지면서 밀키트 판매량 또한 점점 늘어나는 ㉡**추세**이다.

　　밀키트 판매량이 늘자 밀키트의 종류도 다양해지고 있다. 찌개류와 같은 한식은 물론이고 베트남, 태국과 같은 다른 나라의 음식까지 밀키트로 즐길 수 있다. 이와 같은 밀키트의 인기 요인으로는 1인 가구와 맞벌이 가구의 증가를 꼽을 수 있다. 이들은 매번 외식을 하기에는 번거롭고, 일일이 재료를 구해 손질하여 요리를 하기에는 시간이 많이 들기 때문에 밀키트를 가장 많이 이용하는 구매층으로 자리 잡았다. 이에 따라 밀키트 제조업체들은 다양한 종류의 음식을 개발하기 위해 많은 노력을 기울이고 있는 것으로 알려졌다.

　　또한 최근 캠핑을 즐기는 인구가 늘어난 것도 밀키트의 인기에 **한몫하고** 있는 것으로 분석된다. 캠핑장에서는 재료를 손질하고 조리하는 것이 쉽지 않기 때문에, 캠핑용 밀키트에 대한 ㉢**수요**가 높다. 이에 밀키트 제조업체들은 캠핑용 제품을 경쟁적으로 내놓고 있다.

　　그리고 외식비와 식재료 가격이 오르고 있는 점도 밀키트의 인기가 식지 않는 이유이다. 특히 오랜 시간 보관할 수 있고, 가격도 저렴한 냉동 밀키트의 판매량이 크게 증가했으며, 이러한 흐름은 상당 기간 지속될 것으로 업체들은 ㉣**전망**하고 있다.

　　한편 밀키트가 인기를 끌면서 폭발적으로 증가한 제조업체들의 ㉤**위생** 관리가 제대로 이루어지고 있는지에 대한 우려의 목소리가 커지고 있다. 그리고 환경 문제에 대한 관심이 높은 상황에서, 밀키트 재료들을 포장할 때 나오는 일회용품들은 더 이상 두고 볼 수 없는 문제라는 지적 또한 나오고 있다.

5

10

15

20

25

● **조리**(고를 조 調, 다스릴 리 理) 요리를 만듦. 또는 그 방법이나 과정.

● **추세** 어떤 현상이 일정한 방향으로 나아가는 경향.

● **한몫하고** 한 사람으로서 맡은 역할을 충분히 하고.

● **수요**(구할 수 需, 중요할 요 要) 어떤 물건을 일정한 가격으로 사려고 하는 욕구.

● **전망**(펼 전 展, 바랄 망 望) 앞날을 헤아려 내다봄.

● **위생**(지킬 위 衛, 날 생 生) 건강에 유익하도록 조건을 갖추거나 대책을 세우는 일.

1

설명 대상

이 글에서 설명하는 것은 무엇인지 세 글자로 쓰세요.

(　　　　　　　　　　　　)

2 이 글의 내용과 일치하지 <u>않는</u> 것은 무엇인가요? (   )

내용 이해

① 1인 가구가 늘어난 것은 밀키트의 인기 요인이다.

② 밀키트 안에는 손질된 식재료와 양념이 들어 있다.

③ 밀키트 판매량이 늘면서 밀키트의 종류도 다양해졌다.

④ 밀키트 제조업체들은 캠핑용 밀키트 제품을 내놓고 있다.

⑤ 밀키트의 가격이 오르고 있어서 밀키트의 인기는 사그라질 것으로 보인다.

3 이 글을 통해 답을 알 수 있는 질문은 무엇인가요? (   )

추론

① 1인 가구가 증가하는 이유는 무엇일까?

② 캠핑을 즐기는 인구가 늘어난 이유는 무엇일까?

③ 냉동 밀키트 판매량이 크게 증가한 이유는 무엇일까?

④ 외식비와 식재료 가격이 오르고 있는 이유는 무엇일까?

⑤ 밀키트 제조업체들이 위생 관리를 하지 않는 이유는 무엇일까?

어휘

4 이 글에 쓰인 낱말의 뜻으로 알맞지 <u>않은</u> 것은 무엇인가요? (   )

뜻

① ㉠: 미리 마련하여 갖춤.

② ㉡: 어떤 현상이 일정한 방향으로 나아가는 경향.

③ ㉢: 어떤 물건을 일정한 가격으로 사려고 하는 욕구.

④ ㉣: 앞날을 헤아려 내다봄.

⑤ ㉤: 건강에 유익하도록 조건을 갖추거나 대책을 세우는 일.

어휘

5 ㉮에 어울리는 상황이 <u>아닌</u> 것에 ○표 하세요.

적용

(1) 올림픽에서 금메달을 따고 돌아온 태권도 선수단의 인기가 높아짐.	(2) 오랜 기간 훈련하며 무예를 갈고닦은 군대의 자신감이 올라감.	(3) 작은 가게가 대기업의 손이 닿지 않은 틈새 시장을 파고들어 성공함.
( )	( )	( )

어휘 학습

동영상 강의

하늘을 찌르다

기세가 몹시 세차다.

예 이번 체육 대회 우승으로 우리 반의 사기가 ❶☐☐을 찔렀다.

답❶ (   )

확장

하늘이 들어간 관용어

하늘과 땅

둘 사이에 **큰 차이나 거리**가 있음을 비유적으로 이르는 말.

예 시작을 했느냐 하지 않았느냐는 하늘과 ❷☐ 차이야.

답❷ (   )

하늘이 노랗다

1. 지나친 과로나 상심으로 **기력**이 몹시 쇠하다.

   예 며칠 밤을 새었더니 하늘이 노랗다.

2. 큰 충격을 받아 **정신**이 아찔하다.

   예 시험에 떨어졌다는 소식을 듣자, 그는 하늘이 ❸☐☐☐ 보였다.

답❸ (   )

하늘에 맡기다

운명에 맡기다.

예 나는 이번 일에 최선을 다했으니 그다음은 ❹☐☐에 맡길 뿐이다.

답❹ (   )

이해 다음 뜻에 해당하는 관용어를 보기 에서 기호를 찾아 쓰세요.

보기
㉠ 하늘을 찌르다   ㉡ 하늘이 노랗다   ㉢ 하늘에 맡기다   ㉣ 하늘과 땅

1 운명에 맡기다. ( )

2 기세가 몹시 세차다. ( )

3 큰 충격을 받아 정신이 아찔하다. ( )

4 둘 사이에 큰 차이나 거리가 있음을 비유적으로 이르는 말. ( )

적용 밑줄 친 말의 쓰임이 바르면 ○표, 바르지 않으면 ×표 하세요.

5 흥민이와 나의 축구 실력은 <u>하늘과 땅</u> 차이야. ( )

6 그녀는 그의 고백을 받고 너무 신나서 <u>하늘이 노래졌다</u>. ( )

7 더 이상의 방법은 없으니 결과는 <u>하늘에 맡길</u> 수밖에 없다. ( )

8 어머니께서 용돈을 줄이자 소희의 씀씀이가 <u>하늘을 찔렀다</u>. ( )

심화 **9** 다음 글에서 빈칸에 들어갈 알맞은 말은 무엇인가요? ( )

일본이 원자력 발전소의 오염수를 바다로 흘려 보낼 계획으로 알려져 우리 어민들의 분노가 [   ] 있다. 일본은 오염수에 포함된 방사성 물질을 제거해 내보낸다는 입장이지만, 제주를 비롯해 부산, 거제, 여수 등 일본과 가까운 지역의 어민들은 반대의 목소리를 높이고 있다.

① 불을 끄고   ② 물 건너가고   ③ 바람을 넣고
④ 땅에 떨어지고   ⑤ 하늘을 찌르고

02

얼굴을 내밀다

모임 따위에 모습을 나타
내다.

우리나라가 처음 얼굴을 내민 월드컵

2022년에 ㉠열린 카타르 월드컵에서 우리나라 축구가 16강에 올라 우
리 가족 모두의 마음을 뭉클하게 했다. 비록 브라질에 패해 8강에 오르지는
못했지만, 예선 마지막 경기에서 포르투갈을 꺾고 16강에 올랐을 땐 가족
모두가 얼싸안고 춤을 출 정도였다.

뉴스를 보니 우리나라가 4년마다 열리는 월드컵에 처음 ㉡ 것
은 1954년이라고 한다. 1954년 월드컵 개최지는 스위스였는데, 지금과는
달리 16개국만 참가했다. 우리나라는 당시 세계 최강 헝가리에 0:9, 튀르
키예에 0:7로 크게 패하여 탈락했다. 특히 헝가리와의 경기 결과는 엘살바
도르가 헝가리에 10:1로 진 것과 함께 지금까지도 월드컵 최다 점수 차 패
배 기록이라고 하여 잠시 민망하기도 했다.

하지만 우리나라의 첫 월드컵 **본선** 참가는 특별한 의미가 있었다. 당시
우리나라는 일제 강점기를 벗어난 지 얼마 되지 않아 전쟁까지 겪었고, **휴
전**된 지 1년도 채 되지 않은 가난한 나라였다. 축구 선수를 따로 키울 힘이
없었던 우리나라는 군인들 중에서 선수를 뽑았고, 선수들은 **변변한** 축구화
마저 없는 형편이었다.

당시 대통령은 일본인이 우리 땅을 밟게 할 수 없다며, 일본이 우리나라
에 와서 경기를 치르는 것을 반대했다. 그래서 우리나라는 일본에 가서 예
선을 치르게 되었고, 일본에 1승 1무를 거두며 처음으로 월드컵 본선에 진
출했다. 하지만 비행기표를 구하지 못해 경기 전날에야 선수들이 스위스에
도착하는 등 첫 월드컵으로 가는 길은 멀고도 험했다.

스위스 월드컵 포스터에는 출전국 국기들이 그려져 있는데, 태극기만 축
구공에 가려져 있었다. 당시 **약소국**이었던 우리나라의 처지를 알 수 있었다.
그러한 설움 속에 **투혼**을 발휘했던 선수들을 생각하니 헝가리에 아홉 골 차
이로 졌다는 것은 결코 민망한 일이 아니었다. 겉으로 드러난 결과보다 그 자
리에 서기까지의 과정이 중요하다는 사실을 새삼 깨닫게 된 것이다.

5

10

15

20

25

● **본선**(근본 본 本, 가릴 선 選)
경기나 대회 따위에서, 예비
심사를 거쳐 우승자를 결정하
기 위한 최종 선발.

● **휴전**(쉴 휴 休, 싸울 전 戰) 전
쟁을 벌이다가 서로 협의하여
얼마 동안 군사 행동을 멈추
기로 하는 것.

● **변변한** 제대로 갖추어져 충분
한.

● **약소국**(약할 약 弱, 작을 소
小, 나라 국 國) 정치·경제·군
사적으로 힘이 약한 작은 나
라.

● **투혼** 끝까지 투쟁하려는 기
백.

1

글의 대상

이 글은 무엇에 대한 글인지 세 글자로 쓰세요.

• 우리나라가 처음 출전했던 ( ) 월드컵

2

내용 이해

이 글의 내용과 일치하는 것은 무엇인가요? (   )

① 1954년 스위스 월드컵에는 32개국이 참가했다.

② 1954년 스위스 월드컵 예선은 우리나라에서 치러졌다.

③ 2022년 카타르 월드컵에서 우리나라는 브라질을 꺾었다.

④ 1954년 스위스 월드컵 포스터에는 태극기가 가려져 있었다.

⑤ 1954년 스위스 월드컵에서 우리나라는 엘살바도르에 패배했다.

3

추론

이 글을 통해 추론할 수 있는 내용이 **아닌** 것은 무엇인가요? (   )

① 카타르 월드컵 다음 월드컵은 2026년에 열리겠군.

② 월드컵 본선에서 열 골 차이로 끝난 경기는 아직 없겠군.

③ 1954년 전에 열린 월드컵에는 우리나라가 참가한 적이 없었겠군.

④ 스위스 월드컵에 나간 선수들은 실력을 제대로 발휘하기 어려웠겠군.

⑤ 대통령이 스위스 월드컵 예선전 참가를 반대한 것은 탈락을 예상해서였겠군.

4 어휘

관계

밑줄 친 낱말이 ㉠과 다른 뜻으로 쓰인 것은 무엇인가요? (   )

① 큰 규모의 전시회가 열렸다.

② 다음 주에 체육 대회가 열린다.

③ 나무마다 포도가 주렁주렁 열렸다.

④ 누나의 졸업식은 강당에서 열릴 예정이다.

⑤ 마을 잔치가 열려 모두들 기쁜 표정이었다.

5 어휘

적용

㉡에 들어갈 말로 알맞은 것은 무엇인가요? (   )

① 발을 뺀   ② 얼굴을 내민   ③ 머리를 맞댄

④ 고개를 돌린   ⑤ 귀를 기울인

어휘
학습

동영상 강의

얼굴을 내밀다

모임 따위에 모습을 나타내다.

예 한동안 안 나오던 그가 드디어 모임에 **❶**☐☐을 내밀었다.

☑ 비슷한 말 **얼굴을 비치다** 모임 따위에 모습을 나타내다.

답 ❶ (   )

확장

얼굴이 들어간 관용어

얼굴이 피다

얼굴에 살이 오르고 화색이 돌다.

예 좋아하는 운동을 시작한 뒤로 그의 **❷**☐☐이 피었다.

답 ❷ (   )

얼굴이 두껍다

부끄러움을 모르고 **염치가** 없다.

예 거절했었는데 또 부탁을 하러 오는 걸 보니 얼굴이 **❸**☐☐☐ 사람이군.

답 ❸ (   )

얼굴만 쳐다보다

1. 남의 도움을 기대하고 **눈치를** 보거나 **비위를** 맞추다.

   예 신하들은 왕의 얼굴만 쳐다보고 듣기 좋은 말만 하였다.

2. 아무 대책 없이 **서로에게** 기대기만 하다.

   예 엉망이 된 집을 보고 부모님은 서로 **❹**☐☐만 쳐다보았다.

답 ❹ (   )

이해　다음 관용어의 뜻을 보기 에서 찾아 기호를 쓰세요.

> **보기**
>
> ㉠ 모임 따위에 모습을 나타내다.
> ㉡ 부끄러움을 모르고 염치가 없다.
> ㉢ 얼굴에 살이 오르고 화색이 돌다.
> ㉣ 아무 대책 없이 서로에게 기대기만 하다.

1 얼굴이 피다　　(　　　　)　　　　**2** 얼굴이 두껍다　　(　　　　)

3 얼굴을 내밀다　(　　　　)　　　　**4** 얼굴만 쳐다보다　(　　　　)

적용　빈칸에 들어갈 낱말을 보기 에서 찾아 쓰세요.

> **보기**
>
> 내밀었다　　　　두껍다　　　　피었다　　　　쳐다보았다

5 장사가 잘되자 가게 주인의 얼굴이 (　　　　　　).

6 당황스러운 나머지 그들은 서로 얼굴만 (　　　　　　).

7 제 잘못도 모르고 화를 내는 걸 보니 저 사람은 얼굴이 (　　　　　　).

8 좋아하는 가수가 보고 싶어서 처음으로 콘서트에 얼굴을 (　　　　　　).

심화　**9** 다음 글에서 밑줄 친 말과 바꾸어 쓸 수 있는 말은 무엇인가요? (　　　　)

> 북한은 1966년에 처음으로 월드컵 본선에 <u>모습을 드러냈는데</u>, 바로 그 대회에서 이탈리아를 1:0으로 꺾으며 8강에 올랐다. 8강전에서 포르투갈에 패하기는 했지만, 우리나라가 2002년 월드컵에서 4강에 오르기 전까지는 북한이 월드컵 8강에 오른 유일한 아시아 국가였다.

① 무릎을 꿇었는데　　　② 허리를 굽혔는데　　　③ 고개를 흔들었는데

④ 어깨가 무거웠는데　　⑤ 얼굴을 내밀었는데

백성의 피를 빨아먹는 관리를 비판한 정약용

피를 빨아먹다

남이 가진 것을 뜯어먹다.

다산 정약용은 조선 시대 때 정조가 아끼는 신하였다. 하지만 정조가 세상을 떠나자, 천주교 신자였다는 이유로 **유배**를 가게 된다. 유배 생활은 무려 18년이나 계속되었는데, 그는 유배지에서도 끊임없이 공부하면서 많은 책을 남겼다. 그리고 무엇보다 중요한 것은 백성들이 얼마나 힘들게 살아가고 있는지를 직접 보고 그 모습을 시로 남겼다는 것이다.

제비 한 마리가 처음 날아와 / 지지배배 우는 소리 그치지 않네.
무어라 말하는지 분명치는 않지만 / 집 없는 근심을 **호소**하는 듯.
"느릅나무 홰나무 나이 들어 구멍 많은데 / 왜 그곳에 머물지 않느냐?"
제비 다시 지지배배 / 사람에게 말하는 듯
"느릅나무 구멍은 황새가 쪼고 / 홰나무 구멍은 뱀이 찾아든다오."

제비 우는 소리인 '지지배배'가 집이 없는 근심을 말하는 것 같았던 모양이다. 정약용은 제비에게 느릅나무, 홰나무처럼 나이 들어 구멍이 많이 생긴 나무들에 머물며 살면 되지 않겠느냐고 물었다. 그러자 제비는 그런 구멍들엔 황새와 뱀이 찾아들기 때문에 머물 수 없다고 말한다.

이렇게 문학 작품 속에서 동물을 내세워 사람의 이야기를 할 때가 있다. 위 시에서 제비는 결국 제대로 된 집도 없이 힘들게 살아가야 하는 백성들을, 황새나 뱀은 그런 ㉠백성들의 피를 빨아먹는 **탐관오리**들을 빗대어 표현한 것이다.

이외에도 정약용은 새로 짜낸 옷감을 관리들에게 빼앗기는 백성의 이야기, 농사를 짓다가도 높은 사람이 오면 가마를 메어야 해서 어깨에 멍 자국이 지워질 날 없는 농민의 이야기 등 ㉡탐관오리들이 백성들을 끝없이 괴롭히는 상황을 시로 남겼다. 괴로운 유배 생활이었지만, 그 기간 동안 정약용은 백성들의 삶을 직접 보며 진정으로 백성을 생각하는 학자로 **거듭날** 수 있었다.

- **유배**(흐를 유 流, 짝 배 配) 죄인을 귀양 보내던 일.
- **호소**(부를 호 呼, 하소연할 소 訴) 억울하거나 딱한 사정을 남에게 간곡히 알림.
- **탐관오리** 백성의 재물을 탐내어 빼앗는, 행실이 깨끗하지 못한 관리.
- **거듭날** 지금까지의 방식이나 태도를 버리고 새롭게 시작할.

1
설명 대상

이 글에서 설명하는 인물은 누구인지 쓰세요.

· 다산 (   )

2

내용 이해

정약용에 대한 설명으로 알맞지 않은 것에 ○표 하세요.

(1) 유배지에서 한가하게 지내며 동물들을 관찰했다. ( )

(2) 천주교 신자였다는 이유로 유배를 떠나게 되었다. ( )

(3) 탐관오리들에게 괴롭힘을 당하는 백성의 삶을 문학 작품으로 남겼다. ( )

3

글의 특징

이 글에 대한 설명으로 알맞은 것은 무엇인가요? ( )

① 중심인물과 갈등을 겪는 인물들을 소개하고 있다.

② 중심인물에 대한 주변 인물들의 평가를 알려 주고 있다.

③ 중심인물이 겪은 고난과 극복 과정에 대해 서술하고 있다.

④ 중심인물의 삶과 그 인물이 남긴 작품에 대해 설명하고 있다.

⑤ 중심인물이 남긴 작품을 소개한 뒤 그 작품에 대해 비판하고 있다.

4

어휘

뜻

㉠의 뜻으로 알맞은 것은 무엇인가요? ( )

① 백성들을 거짓말로 속인

② 백성들의 병을 고쳐 주는

③ 백성들이 가진 것을 뜯어먹는

④ 백성들에게 먹을 것을 제공하는

⑤ 백성들의 의견을 귀 기울여 듣는

5

어휘

적용

㉡의 상황을 나타내기에 알맞은 속담은 무엇인가요? ( )

① 꿩 대신 닭   ② 입에 맞는 떡

③ 제 논에 물 대기   ④ 빛 좋은 개살구

⑤ 벼룩의 간을 내먹는다

피를 빨아먹다

남이 가진 것을 뜯어먹다.

예 그는 국민들의 **❶** 를 빨아먹는 정책을 바로잡겠다고 하였다.

답 ❶ (   )

피가 들어간 관용어

피가 끓다

1. **기분이나 감정 따위가** 북받쳐 오르다.

   예 가난하다고 무시당하던 때를 생각하면, 지금도 **❷** 가 끓는다.

2. **젊고 혈기가** 왕성하다.

   예 그는 나이가 들어서도 여전히 피가 끓는 청년 같다.

답 ❷ (   )

피도 눈물도 없다

조금도 **인정이** 없다.

예 이 상황에 위로는커녕 비난만 하다니, 정말 피도 **❸** □도 없는 사람이군.

답 ❸ (   )

피가 마르다

몹시 괴롭거나 **애가** 타다.

예 합격 발표를 기다리다가 누나의 피가 **❹** □ 지경이었다.

답 ❹ (   )

이해

다음 관용어와 뜻을 알맞게 선으로 이으세요.

1 피가 끓다 •

2 피가 마르다 •

3 피를 빨아먹다 •

4 피도 눈물도 없다 •

• ㉮ 조금도 인정이 없다.

• ㉯ 남이 가진 것을 뜯어먹다.

• ㉰ 몹시 괴롭거나 애가 타다.

• ㉱ 기분이나 감정 따위가 북받쳐 오르다.

적용

밑줄 친 말의 쓰임이 바르면 ○표, 바르지 않으면 ×표 하세요.

5 지난 대회에서 크게 졌던 일만 생각하면 정말 피가 끓는다.　　　　(　　　　)

6 대회 결과가 나올 때까지 선수들은 피가 마르는 심정이었다.　　　　(　　　　)

7 아빠의 선물을 기대하며 피를 빨아먹도록 어린이날을 기다렸어요.　　　(　　　　)

8 그런 따뜻한 응원을 보내다니, 그는 정말 피도 눈물도 없는 사람이구나.　(　　　　)

심화

9 다음 글에서 빈칸에 들어갈 알맞은 말은 무엇인가요? (　　　　)

> 소설 「춘향전」에서 이몽룡은 자신의 신분을 숨기고 변 사또의 생일잔치에 찾아간다. 좋은 술과 기름진 안주로 가득한 잔칫상을 보며 이몽룡은 "술동이에 담긴 좋은 술은 일천 백성의 피요, 옥쟁반의 맛있는 안주는 만백성의 기름이라."라는 시를 쓴다. 이 시는 변 사또처럼 백성들의 [　　　　] 탐관오리를 비판하기 위해 쓴 것인데, 변 사또는 끝내 이를 알아채지 못한다.

① 눈에 띄는　　　　② 살을 붙이는　　　　③ 귀를 기울이는

④ 피를 빨아먹는　　⑤ 입에 풀칠하는

어법

어법은 말을 사용하는 바른 규칙입니다. 어법에 맞는 말을 사용해야
정확하게 뜻을 전달할 수 있습니다.

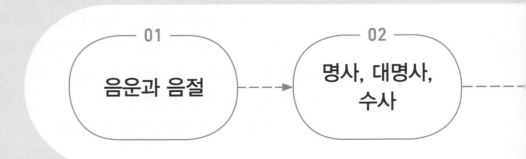

01
음운과 음절

02
명사, 대명사,
수사

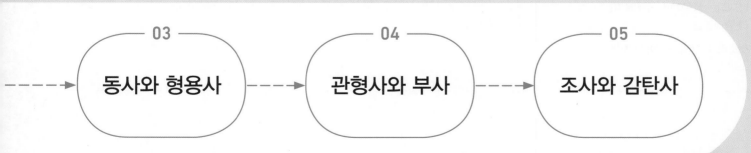

03 동사와 형용사 → 04 관형사와 부사 → 05 조사와 감탄사

01

음운, 음절

• 음운: 말의 뜻을 구별하여 주는 소리의 가장 작은 단위
• 음절: 한 번에 소리 낼 수 있는 말소리의 단위

음운과 음절

우리는 ㉠'물'과 ㉡'불'의 뜻이 서로 다르다는 것을 어떻게 **구별**할까? 모음 'ㅜ'와 받침 'ㄹ'이 쓰인 것은 같아도, '물'의 **첫소리**에는 'ㅁ'이 쓰였고, '불'의 첫소리에는 'ㅂ'이 쓰였기 때문에 두 낱말의 뜻을 구별한다. '발'과 '벌' 역시 첫소리와 받침은 같아도, 모음 'ㅏ'와 'ㅓ'가 두 낱말의 뜻을 구별해 준다. 이렇게 말의 뜻을 구별하여 주는 소리의 가장 작은 단위를 '음운'이라고 한다. 5

우리말의 음운에는 자음과 모음이 있다. 자음은 소리를 낼 때 공기의 흐름이 방해를 받으며 나는 소리로, 'ㄱ, ㄲ, ㄴ, ㄷ, ㄸ, ㄹ, ㅁ, ㅂ, ㅃ, ㅅ, ㅆ, ㅇ, ㅈ, ㅉ, ㅊ, ㅋ, ㅌ, ㅍ, ㅎ' 모두 19개가 있다. 그리고 모음은 소리를 낼 때 공기의 흐름이 방해를 받지 않고 나는 소리로, 'ㅏ, ㅐ, ㅑ, ㅒ, ㅓ, 10 ㅔ, ㅕ, ㅖ, ㅗ, ㅘ, ㅙ, ㅚ, ㅛ, ㅜ, ㅝ, ㅞ, ㅟ, ㅠ, ㅡ, ㅢ, ㅣ' 모두 21개가 있다.

자음과 모음 외에 소리의 길이도 말의 뜻을 구별하는 역할을 하므로 음운에 포함된다. 다만, 소리의 길이는 글자를 쓸 때에는 표시하지 않는다. 예를 들어, 짧은소리인 [눈]은 신체의 일부인 눈을 뜻하고, 긴소리인 [눈ː] 15 은 하늘에서 내리는 눈을 뜻한다.

음운이 말의 뜻을 구별해 주는 소리의 단위라면, 음절은 하나의 뭉치로 된 소리의 덩어리가 한 번에 소리 낼 수 있는 말소리의 단위이다. 음절은 다음과 같이 이루어진다.

① '모음' 하나로 이루어짐. 예 아, 요 20
② '자음＋모음'으로 이루어짐. 예 다, 자
③ '모음＋자음'으로 이루어짐. 예 안, 역
④ '자음＋모음＋자음'으로 이루어짐. 예 달, 밤

이처럼 음절은 모음 하나만으로 이루어지기도 하고, 자음과 모음이 모여서 이루어지기도 한다. 그러나 자음 하나만으로는 음절을 이룰 수 없다 25 는 특징이 있다.

• **구별**(구역 구 區, 다를 별 別) 성질이나 종류에 따라 차이가 남. 또는 성질이나 종류에 따라 갈라놓음.

• **첫소리** 음절의 구성에서 처음 소리인 자음.

---

1 이 글에서 설명하는 것은 무엇인지 두 가지를 쓰세요.

핵심어

(,   )

2 이 글의 내용과 일치하지 <u>않는</u> 것은 무엇인가요? (   )

내용 이해

① 음운에는 자음과 모음이 있다.

② 소리의 길이로 말의 뜻을 구별할 수 있다.

③ 음절은 말의 뜻을 구별해 주는 소리의 단위이다.

④ 자음은 공기의 흐름이 방해를 받으며 나는 소리이다.

⑤ 자음이 없어도 모음 하나만으로 음절을 이룰 수 있다.

3 이 글을 통해 답을 알 수 <u>없는</u> 질문은 무엇인가요? (   )

내용 이해

① 음절은 어떻게 이루어질까?

② 자음과 모음은 어떤 차이가 있을까?

③ 음운의 종류에는 어떤 것들이 있을까?

④ 자음과 모음은 어떤 방식으로 만들어졌을까?

⑤ 소리의 길이가 음운에 포함되는 까닭은 무엇일까?

4 음운의 종류가 '㉠ : ㉡'과 같은 것은 무엇인가요? (   )

적용

① 굴 : 굴: ② 발 : 불   ③ 산 : 간

④ 마리 : 머리   ⑤ 수리 : 소리

5 음절을 이루는 구조가 <u>다른</u> 하나는 무엇인가요? (   )

관계

① [공]   ② [꿈]   ③ [밥]

④ [알]   ⑤ [책]

어법 학습

동영상 강의

Q 마술사가 숨기고 있는 두 친구의 다른 점은 무엇인가요?

우리 때문에 뜻이 달라져!

❶ 음운 'ㅁ', 'ㅂ'

1음절 1음절

❷ 1개의 음절

● 음운

1. 개념: 말의 뜻을 구별해 주는 소리의 가장 작은 단위

2. 종류

❶ 자음

- 개념: 소리를 낼 때 공기의 흐름이 방해를 받으며 나는 소리
- 종류: ㄱ, ㄲ, ㄴ, ㄷ, ㄸ, ㄹ, ㅁ, ㅂ, ㅃ, ㅅ, ㅆ, ㅇ, ㅈ, ㅉ, ㅊ, ㅋ, ㅌ, ㅍ, ㅎ
  예 감 : 밤 → 자음 'ㄱ', 'ㅂ'

❷ 모음

- 개념: 소리를 낼 때 공기의 흐름이 방해를 받지 않고 나는 소리
- 종류: ㅏ, ㅐ, ㅑ, ㅒ, ㅓ, ㅔ, ㅕ, ㅖ, ㅗ, ㅘ, ㅙ, ㅚ, ㅛ, ㅜ, ㅝ, ㅞ, ㅟ, ㅠ, ㅡ, ㅢ, ㅣ
  예 발 : 벌 → 모음 'ㅏ', 'ㅓ'

❸ 소리의 길이

- 개념: 소리를 낼 때 짧게 내는 소리와 길게 내는 소리
  예 [말](동물 '말') : [말:](입에서 내는 '말') → 소리의 길이

● 음절

1. 개념: 한 번에 소리 낼 수 있는 말소리의 단위

2. 종류

❶ '모음' 하나로 이루어진 음절   예 아, 야, 오, 와

❷ '자음+모음'으로 이루어진 음절   예 가, 노, 다, 래

❸ '모음+자음'으로 이루어진 음절   예 약, 왕, 응, 입

❹ '자음+모음+자음'으로 이루어진 음절   예 강, 밥, 물, 집

이해 다음 말의 뜻을 구별해 주는 음운의 종류를 보기 에서 찾아 기호를 쓰세요.

> 보기
>
> ㉠ 자음   ㉡ 모음   ㉢ 소리의 길이

1 방 : 병   (   )

2 울다 : 웃다   (   )

3 가다 : 자다   (   )

4 말다[말다] : 말다[말:다]   (   )

적용 보기 와 같이 다음 말들의 뜻을 구별해 주는 음운을 쓰세요.

> 보기
>
> 미소 : 마소 → (ㅣ , ㅏ)

5 밤 : 방 : 박 → (,   ,   )

6 감 : 곰 : 금 → (,   ,   )

7 돈 : 손 : 촌 → (,   ,   )

8 바르다 : 벼르다 : 부르다 → (,   ,   )

심화 **9** 밑줄 친 말 중 '모음+자음'으로 이루어진 음절은 모두 몇 개인지 숫자로 쓰세요.

> 크리스마스 전날, 나는 설레는 마음으로 잠이 들었다. 아침 일찍 눈을 뜨니 놀랍게도 내 옆에 커다란 선물 상자 하나가 놓여 있었다.

(   )개

02

명사, 대명사, 수사

낱말을 기능과 형태, 의미에 따라 아홉 가지로 나눈 것을 품사라고 한다. 품사 중에는 문장에서 중심이 되는 역할을 하는 명사, 대명사, 수사가 있다.

명사는 사물의 이름을 나타내는 품사로, **구체적**이거나 **추상적**인 대상의 이름을 나타낸다. 명사에는 '이순신'이나 '남대문'처럼 특정한 사람이나 특정한 사물의 이름을 나타내는 말도 있고, '포도'나 '학생'처럼 같은 종류의 대상에 두루 쓰이는 이름을 나타내는 말도 있다.

대명사는 사람이나 사물의 이름을 대신 나타내는 말이나 그런 말들을 가리키는 품사이다. 대명사에는 '나', '너', '우리', '그', '그녀', '누구'와 같이 사람의 이름을 대신 나타내는 말도 있고, '이것', '저것', '여기', '거기', '이곳', '저곳'과 같이 사물이나 장소의 이름을 대신 나타내는 말도 있다.

수사는 사물의 수량이나 순서를 나타내는 품사이다. 수사에는 '첫째', '둘째'와 같이 순서를 나타내는 말도 있고, '하나', '둘', '일', '이', '서넛'과 같이 수량을 나타내는 말도 있다.

명사와 대명사, 수사는 하나의 문장에 모두 쓰일 수 있다.

<u>윤서</u>는 <u>저기</u>에서 <u>사과</u> <u>다섯</u>을 샀다.

위 문장에서 '윤서'는 사람의 이름을 나타내므로 명사이다. '저기'는 장소를 대신 나타내는 말이므로 대명사이고, '사과'는 사과나무의 열매에 두루 쓰이는 이름이므로 명사이다. 그리고 '다섯'은 수량을 나타내는 말이므로 수사이다. 명사와 대명사, 수사는 단독으로 쓰일 수 있지만, 대부분 위 문장처럼 '는', '에서', '을'과 같은 **조사**가 붙어서 쓰인다.

5

10

15

20

- **구체적**(갖출 구 具, 몸 체 體, 과녁 적 的) 사물이 직접 경험하거나 알 수 있도록 일정한 형태와 성질을 갖추고 있는 것.
- **추상적**(뺄 추 抽, 형상 상 象, 과녁 적 的) 어떤 사물이 직접 경험하거나 알 수 있는 일정한 형태와 성질을 갖추고 있지 않은 것.
- **조사**(도울 조 助, 말씀 사 詞) 체언이나 부사, 어미 따위에 붙어 그 말과 다른 말과의 문법적 관계를 표시하거나 그 말의 뜻을 도와주는 품사.

1

설명 대상

이 글에서 설명하는 것은 무엇인지 쓰세요.

• 명사, (   ), 수사

2 명사, 대명사, 수사에 대한 설명으로 알맞지 <u>않은</u> 것의 기호를 쓰세요.

내용 이해

> ⊙ 구체적인 대상의 이름을 나타내는 말은 명사이다.
>
> ⓒ 장소나 사물의 이름을 대신 나타내는 말은 대명사이다.
>
> ⓒ 사물의 수량뿐 아니라 순서를 나타내는 말은 수사이다.
>
> ⓒ 명사, 대명사, 수사는 문장에서 중심이 되는 역할을 한다.
>
> ⓜ 명사나 대명사와 달리, 수사는 조사와 결합되어 쓰일 수 없다.

(   )

3 글쓴이가 이 글을 쓴 목적은 무엇인가요? (   )

목적

① 명사와 대명사를 사용할 때의 장점을 알리기 위해서

② 명사와 대명사, 수사의 개념과 특징을 설명하기 위해서

③ 명사와 대명사, 수사가 헷갈리는 경우를 알려 주기 위해서

④ 명사와 대명사, 수사를 사용할 때의 주의점을 밝히기 위해서

⑤ 명사, 대명사, 수사가 문장에서 하는 역할을 비교하기 위해서

4 밑줄 친 말이 수사에 해당하는 것에 ○표 하세요.

적용

(1) <u>여기</u>에서 숙제를 하면 안 된다.   (   )

(2) 나는 문방구에서 <u>연필</u>을 많이 샀다.   (   )

(3) <u>첫째</u>는 수업 시간에 떠들지 말아야 한다.   (   )

5 밑줄 친 말의 품사를 잘못 나타낸 것은 무엇인가요? (   )

적용

① <u>우리</u>는 같이 국수를 먹었다. → 명사

② 내가 좋아하는 책은 바로 <u>이것</u>이다. → 대명사

③ 나는 농구공을 <u>손</u>으로 잡을 수 있다. → 명사

④ 식탁 위에 있는 과자 두 개 중 <u>하나</u>만 먹어라. → 수사

⑤ 나는 <u>너</u>에게 내가 그린 그림을 보여 주고 싶다. → 대명사

핵심어

Q 누가 '문장'의 주인공이 될까요?

❶ 명사, 대명사, 수사

❷ 조사

⭕ 명사

1. 개념: 사물의 이름을 나타내는 품사

2. 종류

❶ 특정한 사람이나 특정한 사물의 이름을 나타내는 말

　예 이순신, 남대문, 제주도, 한강

❷ 같은 종류의 대상에 두루 쓰이는 이름을 나타내는 말

　예 포도, 학생, 책상, 희망

⭕ 대명사

1. 개념: 사람이나 사물의 이름을 대신 나타내는 말이나 그런 말들을 가리키는 품사

2. 종류

❶ 사람의 이름을 대신 나타내는 말

　예 나, 너, 우리, 그, 그녀, 누구, 아무, 당신

❷ 사물이나 장소의 이름을 대신 나타내는 말

　예 이것, 저것, 여기, 거기, 이곳, 저곳

⭕ 수사

1. 개념: 사물의 수량이나 순서를 나타내는 품사

2. 종류

❶ 순서를 나타내는 말　예 첫째, 둘째, 셋째

❷ 수량을 나타내는 말　예 하나, 둘, 일, 이, 서넛

이해 다음 문장에서 밑줄 친 말의 품사로 알맞은 것에 ○표를 하세요.

1 <u>재연</u>이는 학교에 갔다.

(1) 명사　(　　　)　　　　　　　　(2) 대명사　(　　　)

2 우리 <u>셋</u>은 같은 반이다.

(1) 명사　(　　　)　　　　　　　　(2) 수사　(　　　)

3 <u>고양이</u>가 골목길을 돌아서 갔다.

(1) 명사　(　　　)　　　　　　　　(2) 대명사　(　　　)

4 <u>아무</u>도 내 말을 들어 주지 않는다.

(1) 수사　(　　　)　　　　　　　　(2) 대명사　(　　　)

적용 다음 품사에 해당하는 말을 보기 에서 모두 찾아 쓰세요.

> **보기**
>
> 눈　　　셋　　　그것　　　경복궁　　　그녀　　　서넛

5 명사　　　　　　　　　　　　　　　(　　　　　　　　　　)

6 대명사　　　　　　　　　　　　　　(　　　　　　　　　　)

7 수사　　　　　　　　　　　　　　　(　　　　　　　　　　)

심화 다음 글을 읽고 물음에 답하세요.

> 　새 학기를 앞두고 ㉠<u>엄마</u>께 학용품을 사고 싶다고 말씀드렸다. 엄마는 동생을 데리고 같이 ㉡<u>문구점</u>에 다녀오라고 하셨다. 우리 ㉢<u>둘</u>은 엄마가 주신 용돈을 들고 신나게 문구점으로 달려갔다.
>
> 　나는 거기에서 작년에 같은 반이었던 ㉣<u>민호</u>와 만났다. 민호는 나에게 자신이 산 공책을 보여 주며 ㉤<u>이것</u>을 사라고 추천해 주었다.

8 ㉠~㉤ 중 대명사에 해당하는 말을 찾아 기호를 쓰세요.　　　　　(　　　)

9 ㉠~㉤ 중 수사에 해당하는 말을 찾아 기호를 쓰세요.　　　　　(　　　)

동사와 형용사

우리말에서 사람이나 사물의 움직임이나 **작용**을 나타내는 품사를 ㉠동 사라고 하고, 사람이나 사물의 상태나 성질을 나타내는 품사를 형용사라고 한다.

동사와 형용사는 **기본형**이 있고 문장에서 쓰일 때 그 형태가 변하는데, 이를 '활용'이라고 한다. 그리고 활용할 때 형태가 변하지 않는 부분을 어간 이라고 하고, 형태가 변하는 부분을 어미라고 한다. 이때 기본형은 형태가 변하지 않는 부분인 어간에 '–다'를 붙인 형태이다.   5

먹다 → 먹고 / 먹어서 / 먹으면 / 먹으니

'먹다'는 움직임을 나타내므로, 동사이다. 기본형인 '먹다'는 문장에서 '먹고, 먹어서, 먹으면' 등으로 형태가 바뀌어 쓰인다. 이때 '먹–'은 형태가   10 변하지 않으므로 어간이고, '–고, –어서, –으면'은 형태가 변하므로 어미 이다.

동사와 형용사는 활용을 한다는 공통점이 있지만, 활용을 할 때 어간에 결합할 수 있는 어미에는 차이가 있다.

읽다 → 읽는다 (○) / 읽자 (○) / 읽어라 (○)   15
예쁘다 → 예쁜다 (×) / 예쁘자 (×) / 예뻐라 (×)

동사 '읽다'는 어간 '읽–'에 **현재**를 뜻하는 어미 '–는다/–ㄴ다', **청유**를 뜻하는 어미 '–자', 명령을 뜻하는 어미 '–아라/–어라'가 결합하여 '읽는다, 읽자, 읽어라'와 같이 활용할 수 있다. 그러나 형용사 '예쁘다'는 어간 '예 쁘–'에 '–는다/–ㄴ다, –자, –아라/–어라'가 결합할 수 없다.   20

1 이 글의 제목을 다음과 같이 바꿀 때, 빈칸에 들어갈 말을 두 글자로 쓰세요.

제목

┌───┐
│ ☐☐☐☐와 형용사의 공통점과 차이점 │
└───┘

(   )

2 이 글의 내용과 일치하는 것은 무엇인가요? (　　　　)

내용 이해

① 어간은 활용할 때 형태가 변하는 부분이다.

② 어미는 활용할 때 형태가 변하지 않는 부분이다.

③ 동사는 사람이나 사물의 상태나 성질을 나타내는 말이다.

④ 동사와 형용사는 문장에서 쓰일 때 다양한 형태로 활용한다.

⑤ 형용사는 사람이나 사물의 움직임이나 작용을 나타내는 말이다.

3 동사와 형용사의 공통점을 모두 찾아 기호를 쓰세요.

세부 내용

㉮ 기본형의 형태가 변하기도 한다.

㉯ 기본형은 어간에 '-다'가 붙은 형태이다.

㉰ 청유를 뜻하는 어미 '-자'가 결합할 수 있다.

㉱ 명령을 뜻하는 어미 '-아라/-어라'가 결합할 수 있다.

㉲ 현재를 뜻하는 어미 '-는다/-ㄴ다'가 결합할 수 있다.

(　　　　,　　　　)

4 ㉠이 쓰이지 <u>않은</u> 문장은 무엇인가요? (　　　　)

적용

① 얘들아, 어서 일어나라.

② 아침을 먹고 학교에 가자.

③ 이 교실은 정말 조용하다.

④ 나는 노래를 열심히 불렀다.

⑤ 사람들이 빠르게 걷고 있다.

5 밑줄 친 말의 품사를 <u>잘못</u> 나타낸 것은 무엇인가요? (　　　　)

적용

① 거리에 꽃잎이 <u>날렸다.</u> → 동사

② 가을 하늘이 참 <u>파랗다.</u> → 형용사

③ 친구가 파란색 체육복을 <u>입고</u> 왔다. → 동사

④ 나의 관심사는 세상의 <u>모든</u> 것이다. → 형용사

⑤ 산에서 내려다보는 마을이 <u>아름답다.</u> → 형용사

어법 학습

동영상 강의

Q 여행지에서 바쁘게 움직일 친구는 누구인가요?

① 형용사

② 동사

● 동사

1. **개념: 사람이나 사물의 움직임이나 작용을 나타내는 품사**

2. **특징**

   ❶ 문장에서 쓰일 때 기본형의 형태가 변한다.

   예 먹다 → 먹고 / 먹어서 / 먹으면

   ❷ 다양한 어미와 결합할 수 있다.

-고, -어서, -으면	연결해 주는 어미	예 가고, 가서, 가면
-는다/-ㄴ다	현재를 뜻하는 어미	예 간다
-자	청유를 뜻하는 어미	예 가자
-아라/-어라	명령을 뜻하는 어미	예 가라

● 형용사

1. **개념: 사람이나 사물의 상태나 성질을 나타내는 품사**

2. **특징**

   ❶ 문장에서 쓰일 때 기본형의 형태가 변한다.

   예 예쁘다 → 예쁘고 / 예뻐서 / 예쁘면

   ❷ 다양한 어미와 결합할 수 있지만, 특정 어미와는 결합하지 못한다.

-고, -어서, -으면	연결해 주는 어미	예 귀엽고, 귀여워서, 귀여우면
-는다/-ㄴ다	현재를 뜻하는 어미	예 귀엽는다 (×)
-자	청유를 뜻하는 어미	예 귀엽자 (×)
-아라/-어라	명령을 뜻하는 어미	예 귀여워라 (×)

이해 다음 말이 동사이면 '동', 형용사이면 '형'이라고 쓰세요.

1 신다 (   )   **2** 편하다 (   )

3 귀엽다 (   )   **4** 달리다 (   )

적용 밑줄 친 말에 결합한 어미를 **보기** 에서 찾아 기호를 쓰세요.

> **보기**
>
> ㉠ 연결해 주는 어미 '-고'
> ㉡ 명령을 뜻하는 어미 '-아라/-어라'
> ㉢ 청유를 뜻하는 어미 '-자'
> ㉣ 현재를 뜻하는 어미 '-는다/-ㄴ다'

5 동생에게 "같이 놀이터에 나가자."라고 말하였다.

나가-+(   )

6 날씨가 시원해지니 사람들이 얇은 옷을 입고 다닌다.

다니-+(   )

7 선생님께서 "친구들과 손을 잡아라."라고 말씀하셨다.

잡-+(   )

8 나는 커서 어렵고 외로운 이웃을 돕는 사람이 되고 싶다.

어렵-+(   )

심화 **9** 다음 글에서 밑줄 친 말이 동사에 해당하는 것을 모두 찾아 쓰세요.

> 구름이 웃으면서 파란 하늘을 둥실둥실 헤엄치고 있었다. 강가에서 흔들흔들 춤을 추던 해바라기 하나가 구름에게 손을 흔들며 인사를 했다. 꽃을 본 구름은 풀밭으로 달려가고 향긋한 바람은 신이 나서 흥겨운 노래를 불렀다.

(,   ,   )

관형사와 부사

국어의 아홉 가지 품사 중에서 다른 말을 꾸며 주는 기능을 하는 품사가 있다. 바로 관형사와 부사이다.

관형사는 주로 명사, 대명사, 수사 앞에 놓여서, 그 내용을 자세하게 꾸며 주는 품사이다.

ㄱ 나는 새 옷을 입고 학교에 갔다.   5
ㄴ 저 동물은 울음소리가 크다.
ㄷ 사과 두 개를 먹었다.

ㄱ에서 '새'는 뒤에 오는 명사 '옷'의 상태를 꾸며 주어, 사용한 지 얼마 되지 않은 옷임을 나타내는 관형사이다. ㄴ에서 '저'는 뒤에 오는 명사 '동물'을 가리켜, 멀리 있는 동물임을 나타내는 관형사이다. ㄷ에서 '두'는 뒤   10
에 오는 명사 '개'의 수량을 나타내어, 수량이 둘임을 나타내는 관형사이다. 이러한 관형사는 문장에서 쓰일 때 형태가 변하지 않고, 조사와 결합하지 못하는 특징이 있다.

부사는 동사와 형용사, 다른 부사나 문장 전체의 앞에 놓여 그 뜻을 분명하게 꾸며 주는 품사이다.   15

ㄹ 비가 부슬부슬 내렸다.   ㅁ 수학 문제를 못 풀었다.
ㅂ 나는 오늘 영화를 보았다.   ㅅ 결코 이대로 포기할 수 없다.

ㄹ의 '부슬부슬'은 동사 '내렸다'를 꾸며 주고 있고, ㅁ의 '못'은 동사 '풀었다' 앞에서 그 내용을 **부정하고** 있다. ㅂ의 '오늘'은 특정한 시간을 가리키고 있고, ㅅ의 '결코'는 문장 전체를 꾸며 주어, 절대로 포기할 수 없다는   20
뜻을 나타내고 있다. 부사는 문장에서 쓰일 때 형태가 변하지 않고, 관형사와 달리 '시간이 빨리도 간다.'처럼 조사와 결합할 수 있다.

● **부정**(아닐 부 否, 정할 정 定)하고 그렇지 않다고 단정하거나 옳지 않다고 반대하고

1 이 글에서 설명하는 것은 무엇인지 두 가지를 쓰세요.

설명 대상
(,   )

2

내용 이해

이 글의 내용과 일치하지 <u>않는</u> 것은 무엇인가요? (   )

① 부사는 다른 부사를 꾸밀 수 있다.

② 관형사는 형용사의 상태를 꾸며 준다.

③ 관형사는 명사 앞에서 수량을 나타내기도 한다.

④ 부사는 동사 앞에서 그 내용을 부정하기도 한다.

⑤ 부사는 뒤에 오는 동사와 형용사의 뜻을 꾸며 준다.

3

세부 내용

관형사와 부사의 공통점을 모두 찾아 기호를 쓰세요.

㉮ 조사와 결합할 수 있다.

㉯ 다른 말을 꾸며 주는 기능을 한다.

㉰ 문장 전체를 꾸며 주는 기능을 한다.

㉱ 문장에서 쓰일 때 형태가 변하지 않는다.

(,   )

4

적용

관형사가 쓰이지 <u>않은</u> 문장에 ○표 하세요.

(1) 너 오늘 무척 멋지다.   (   )

(2) 오빠는 용돈으로 새 신발을 샀다.   (   )

(3) 이 가방은 내가 가장 아끼는 것이다.   (   )

5

관계

밑줄 친 말의 품사가 나머지 넷과 <u>다른</u> 것은 무엇인가요? (   )

① 나는 친구들이 <u>참</u> 좋다.

② 서울에서 부산까지는 <u>아주</u> 멀다.

③ <u>갑자기</u> 비가 내려서 깜짝 놀랐다.

④ 사진에서 엄마의 <u>옛</u> 모습을 보았다.

⑤ 밥을 먹을 때는 <u>꼭꼭</u> 씹어서 먹어라.

동영상 강의

핵심어

Q 명사를 꾸며 줄 수 있는 요정은 누구인가요?

늦잠을 잤네.

난 명사를 꾸밀 수 있어!

관형사

명사

❶ 관형사 요정

난 명사를 꾸밀 수 없어!

부사

명사

❷ 부사 요정

◯ 관형사

1. **개념: 명사, 대명사, 수사 앞에 놓여서, 그 내용을 자세하게 꾸며 주는 품사**

2. **종류**

   ❶ 사람이나 사물의 성질이나 상태를 나타냄. 예 <u>새</u> 가방을 샀다.

   ❷ 어떤 대상을 가리킴. 예 <u>이</u> 집은 정말 멋지다.

   ❸ 수량이나 순서를 나타냄. 예 <u>한</u> 사람을 위한 그림을 그렸다.

3. **특징**

   • 문장에서 쓰일 때 형태가 변하지 않는다.

   • 조사와 결합할 수 없다.

◯ 부사

1. **개념: 동사와 형용사, 다른 부사나 문장 전체의 앞에 놓여 그 뜻을 분명하게 꾸며 주는 품사**

2. **종류**

   ❶ 동사와 형용사, 다른 부사를 꾸며 줌. 예 나비가 <u>훨훨</u> 난다.

   ❷ 동사와 형용사 앞에서 그 내용을 부정함. 예 비가 내려서 소풍을 <u>못</u> 갔다.

   ❸ 문장 전체를 꾸며 줌. 예 <u>설마</u> 그 사람이 그런 일을 했을까?

3. **특징**

   • 문장에서 쓰일 때 형태가 변하지 않는다.

   • 조사와 결합할 수 있다. 예 시간이 <u>빨리</u>도 간다.

이해 **보기** 에서 밑줄 친 말이 다음 품사에 해당하는 것을 모두 찾아 기호를 쓰세요.

> **보기**
> ㉠ <u>새</u> 가방을 샀다.
> ㉡ 나비가 <u>훨훨</u> 난다.
> ㉢ <u>한</u> 사람을 위한 그림을 그렸다.
> ㉣ <u>설마</u> 그 사람이 그런 일을 했을까?

1 관형사 (,   )

2 부사 (,   )

적용 밑줄 친 말이 꾸며 주는 말은 무엇인지 쓰세요.

3 너는 노래를 <u>진짜</u> 잘한다. → (   )

4 <u>모든</u> 국민은 법 앞에 평등하다. → (   )

5 문을 <u>쾅쾅</u> 두드리는 소리가 들렸다. → (   )

6 <u>이</u> 책은 내가 읽기에 적절한 수준이다. → (   )

7 일요일인데도 <u>일찍</u> 일어나 운동을 했다. → (   )

심화 다음 글을 읽고 물음에 답하세요.

> 오늘은 <u>새</u> 옷을 사기 위해 <u>엄마</u>와 백화점에 가기로 한 날이다. 백화점에 가는 버스를 타기 위해 정류장에 서 있었는데 할머니 <u>한</u> 분께서 <u>헌</u> 옷들을 <u>들고</u> 가시다가 그만 옷을 떨어뜨리셨다. 나는 <u>곧바로</u> 달려가서 할머니께서 떨어뜨리신 옷들을 주워 드렸다. 도움을 드렸다는 생각에 마음이 <u>꽤</u> 뿌듯해졌다.

8 밑줄 친 말 중 관형사는 모두 몇 개인지 숫자로 쓰세요.

( )개

9 밑줄 친 말 중 부사는 모두 몇 개인지 숫자로 쓰세요.

( )개

05

조사와 감탄사

조사, 감탄사

• **조사**: 명사, 대명사, 수사 나 부사, 어미 따위에 붙 어 그 말과 다른 말과의 문법적 관계를 표시하거 나 그 말의 뜻을 도와주 는 품사
• **감탄사**: 놀람이나 느낌, 부름, 대답 따위를 나타내 는 품사

● **체언** 문장에서 주어 따위의 기 능을 하는 명사, 대명사, 수사 를 통틀어 이르는 말.

● **구(구절 구 句)** 둘 이상의 낱말 이 모여 절이나 문장의 일부분 을 이루는 토막.

● **주어(주인 주 主, 말씀 어 語)** 주요 문장 성분의 하나로, 서술 어가 나타내는 동작이나 상태 의 주체가 되는 말.

● **목적어(눈 목 目, 과녁 적 的, 말씀 어 語)** 주요 문장 성분의 하나로, 타동사가 쓰인 문장에 서 동작의 대상이 되는 말.

● **서술어(줄 서 敍, 지을 술 述, 말씀 어 語)** 한 문장에서 주어 의 움직임, 상태, 성질 따위를 서술하는 말.

문장 안에서 낱말들은 서로 관계를 맺으며, 특정한 뜻을 나타낸다. 이때 낱말들의 관계를 나타내는 말을 품사를 조사라고 한다. 조사는 명사, 대명 사, 수사나 부사, 어미 따위에 붙어 그 말과 다른 말과의 문법적 관계를 표 시하거나 그 말의 뜻을 도와주는 품사이다.

조사는 **체언** 뒤에 붙어서 다른 말과의 문법적 관계를 나타내기도 하고, 특별한 뜻을 더해 주기도 한다. 또 '와', '과', '하고'처럼 둘 이상의 낱말이나 **구**를 이어 주기도 한다.

ㄱ 그가 가방을 들었다.
ㄴ 감기에 걸려 목소리조차 나오지 않았다.
ㄷ 나와 세아는 초등학생이다.

ㄱ에서 '가'는 앞말인 '그'가 문법적으로 **주어**의 자격을 가지게 하고, '을' 은 앞말인 '가방'이 문법적으로 **목적어**의 자격을 가지게 한다. ㄴ에서 '조차' 는 앞말에 '어떤 것 위에 더함.'의 뜻을 더해 준다. 그리고 ㄷ에서 '와'는 '나' 와 '세아'를 이어 준다.

조사는 혼자서는 쓰일 수 없고 앞말에 붙어 쓰인다는 특징이 있다. 그리 고 형태가 변하지 않지만, 특이하게 앞말이 문법적으로 **서술어**의 자격을 갖게 해 주는 조사 '이다'만 문장에서 쓰일 때 형태가 변한다. 그래서 ㄷ에 쓰인 조사 '이다'는 '이구나, 이니'와 같이 형태가 변할 수 있다.

한편 문장에서 혼자 쓰이며 형태가 변하지 않는 말로, 놀람이나 느낌, 부름, 대답 따위를 나타내는 품사를 감탄사라고 한다.

ㄹ "앗! 깜짝이야."
ㅁ "예, 알겠습니다."

ㄹ의 '앗'은 놀람을 나타내는 말이고, ㅁ의 '예'는 대답하는 말로 모두 감 탄사이다. '어머, 아, 아이고, 야, 네, 아니요'와 같은 말도 감탄사이다.

1
설명 대상

이 글에서 설명하는 것은 무엇인지 두 가지를 쓰세요.

(,   )

2 이 글의 내용과 일치하지 <u>않는</u> 것은 무엇인가요? (   )

내용 이해

① 감탄사 '앗'은 대답하는 말이다.

② '이다'는 형태가 변하는 조사이다.

③ 조사 '와'는 둘 이상의 낱말이나 구를 이어 준다.

④ 조사 '조차'는 '어떤 것 위에 더함.'의 뜻을 더해 준다.

⑤ 감탄사는 놀람이나 느낌, 부름, 대답 따위를 나타낸다.

3 조사와 감탄사에 대해 바르게 이해한 친구는 누구인지 쓰세요.

세부 내용

> 제인: 감탄사에 조사가 붙으면 문법적 관계를 잘 나타낼 수 있겠어.
>
> 효민: 감탄사는 혼자 쓰이지만, 조사는 혼자 쓰일 수 없다는 점이 서로 달라.
>
> 가영: '어머, 아, 아이고'처럼 감탄사는 문장에서 쓰일 때 형태가 다양하게 변해.

(   )

4 밑줄 친 말이 조사에 해당하지 <u>않는</u> 것은 무엇인가요? (   )

적용

① 동생이 화분<u>에</u> 물을 주었다.

② 나<u>는</u> 오늘 밀린 숙제를 했다.

③ 김밥<u>과</u> 귤을 먹으니 배가 불렀다.

④ 달리<u>는</u> 기차 안에서 간식을 먹었다.

⑤ 친구는 기쁨과 슬픔을 함께하는 사람<u>이다</u>.

5 밑줄 친 말이 감탄사에 해당하지 <u>않는</u> 것은 무엇인가요? (   )

적용

① <u>네</u>, 그렇게 하겠습니다.

② <u>벌써</u> 개학할 날이 다가왔다.

③ <u>아</u>, 이 얼마나 아름다운 세상인가!

④ <u>우아</u>, 뜻밖의 선물을 받은 것 같아.

⑤ <u>아이코</u>, 다리를 부딪쳤더니 정말 아프네.

어법
학습

동영상 강의

Q 명사 옆에 붙을 친구는 누구인가요?

내 옆에 붙을 사람?

난 명사 뒤에
붙을 수 있어.

❶ 조사

난 혼자가 편해.

❷ 감탄사

⭕ 조사

1. 개념: 명사, 대명사, 수사나 부사, 어미 따위에 붙어 그 말과 다른 말과의 문법적 관계를 표시하거나 그 말의 뜻을 도와주는 품사

2. 종류

❶ 체언 뒤에 붙어서 다른 말과의 문법적 관계를 나타냄.　　예 동생이 밥을 먹었다.

❷ 특별한 뜻을 더해 줌.

　　예 나는 강아지도 좋아한다. → 이미 어떤 것이 포함되고 그 위에 더함의 뜻을 나타냄.

❸ 둘 이상의 낱말이나 구를 이어 줌.　　예 레몬과 귤은 새콤한 맛을 지닌다.

3. 특징

• 혼자서는 쓰일 수 없다.

• 형태가 변하지 않지만, '이다'는 형태가 변한다.

⭕ 감탄사

1. 개념: 놀람이나 느낌, 부름, 대답 따위를 나타내는 품사

2. 종류

• 놀람이나 느낌을 나타냄.　　예 어머, 오늘 너 정말 멋지다.

• 부름이나 대답을 나타냄.　　예 네, 그렇게 하도록 할게요.

3. 특징

• 혼자 쓰인다.

• 형태가 변하지 않는다.

이해 다음 말에 해당하는 품사를 찾아 알맞게 선으로 이으세요.

1　[을]　•　　　　• ㉮ 특별한 뜻을 더하는 조사

2　[도]　•　　　　• ㉯ 문법적 관계를 나타내는 조사

3　[과]　•　　　　• ㉰ 놀람이나 느낌을 나타내는 감탄사

4　[어머]　•　　　　• ㉱ 둘 이상의 낱말이나 구를 이어 주는 조사

적용 밑줄 친 말의 품사가 조사이면 '조', 감탄사이면 '감'이라고 쓰세요.

5 <u>으악</u>, 벌레가 나타났다!　　　　　　　　　　　　　　（　　　　　）

6 그<u>가</u> 방에서 쿨쿨 자고 있다.　　　　　　　　　　　（　　　　　）

7 엄마<u>하고</u> 언니하고 시장에 갔다.　　　　　　　　　　（　　　　　）

8 <u>아니요</u>, 그런 행동을 하면 안 됩니다.　　　　　　　　（　　　　　）

심화 **9** 밑줄 친 말의 품사가 조사인 것에 모두 ○표 하세요.

> 방학식 전날, 수업<u>이</u> 끝나자 우리는 운동장<u>에</u> 모였다.
> "자, 모두 손<u>을</u> 잡고 크게 원을 그리자."
> "알았어!"
> 큰 원을 이루<u>고</u> 모두 함께 교실을 향해 외쳤다.
> "선생님, 감사합니다!"

(1) 이 (　　　　　) 　(2) 에 (　　　　　) 　(3) 을 (　　　　　) 　(4) 고 (　　　　　)

어휘 찾아보기

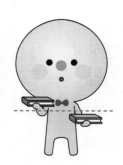

어휘 찾아보기

초고필로 중학교 성적이 바뀐다!

동아출판

초등 고학년을 위한 중학교 필수 영역 초고필

국어

비문학 독해 1·2 / 문학 독해 1·2 / 국어 어휘 / 국어 문법

수학

유리수의 사칙연산 / 방정식 / 도형의 각도

한국사

한국사 1권 / 한국사 2권

독해력을 키우는 **바른 어휘 학습**

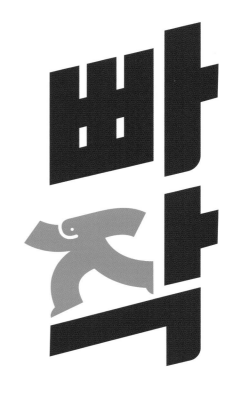

정답과 해설

초등 국어

어휘 × 독해 5단계

5·6학년

동아출판

빠작

정답과 해설

012~013쪽

1 날개 2 ㉠, ㉢, ㉤
3 ③ 4 ② 5 ③

곡선 모양 날개의 비밀

글의 종류
설명문

글의 특징
새가 날개를 이용해 하늘을 나는 원리와 타조가 날개가 있어도 날지 못하는 까닭을 설명하는 글입니다.

주제
새가 날개를 이용해 하늘을 나는 원리

1 이 글은 곡선 모양의 날개를 이용해 새가 하늘을 나는 원리에 대해 설명한 글입니다.

2 세 번째 문단에서 윗면이 둥근 곡선 모양의 날개를 통해 몸에 압력이 낮은 위쪽으로 떠오르게 하는 힘이 생기게 된다고 하였습니다(㉠). 그리고 네 번째 문단에서 하늘을 나는 새는 용골 돌기가 있어서 대흉근을 가슴뼈에 단단히 붙어 있게 할 수 있고(㉢), 날개를 펼쳤을 때 칼 모양의 탄력 있는 깃털이 나와서 양력을 받을 수 있다고 하였습니다(㉤).

✔ 오답 풀이
㉡ 두 번째 문단에서 하늘을 날기 위해서는 위로 떠오르려는 힘과 아래로 내려가려는 힘 중에서 위로 떠오르려는 힘인 양력이 더 커서 몸이 공중에 떠야 한다고 하였습니다.
㉣ 용골 돌기가 없고 가슴뼈가 평평한 타조는 하늘을 날지 못합니다.
㉥ 날개를 펼쳤을 때 휘어진 형태의 부드러운 깃털이 나오는 타조는 하늘을 날지 못합니다.

3 이 글에 '새'를 익숙한 것에 빗대어 설명하는 부분은 나와 있지 않습니다.

✔ 오답 풀이
① 세 번째 문단에서 새의 날개를 통해 비행기의 날개를 만든 사례를 소개하고 있습니다.
② 첫 번째 문단에서 '인간도 새처럼 날개가 있다면 하늘을 날 수 있을까?'라며 독자에게 질문을 하는 방식을 사용하고 있습니다.
④ 세 번째 문단에서 새의 날개가 양력을 얻는 원리를 밝히고 있습니다.
⑤ 네 번째 문단에서 하늘을 나는 새와 하늘을 날지 못하는 새인 타조의 차이점을 설명하고 있습니다.

4 '곡선'은 '모나지 아니하고 부드럽게 굽은 선.'을 뜻합니다. 그리고 '직선'은 '꺾이거나 굽은 데가 없는 곧은 선.'을 뜻합니다. 따라서 '곡선'과 '직선'은 뜻이 반대인 반의 관계입니다. '오다'와 '가다'도 반의 관계입니다. ①, ③, ④, ⑤는 모두 뜻이 비슷한 유의 관계에 있는 말입니다.

어휘력 더하기 '곡선'에서 한자 '곡(曲)'은 굽다는 뜻이고, '직선'에서 한자 '직(直)'은 곧다는 뜻입니다. 이처럼 서로 뜻이 반대되는 한자가 쓰여 이루어진 말들은 반의 관계에 있습니다.

5 '주목하다'는 '관심을 가지고 주의 깊게 살피다.'는 뜻입니다.

✔ 오답 풀이
① '빨리 처리해야 하여'는 '급하여'의 뜻입니다.
② '마음이 편치 못하고 부끄러워서'는 '미안하여'의 뜻입니다.
④ '잘못된 것이나 나쁜 것을 고쳐서'는 '개선하여'의 뜻입니다.
⑤ '자신의 어떠한 능력을 보라는 듯이 자랑하여'는 '뽐내며'의 뜻입니다.

014쪽

❶ 곡선 ❷ 왜곡
❸ 굴곡 ❹ 완곡

015쪽 이해 적용 심화

1 굴곡 2 곡선 3 왜곡
4 완곡하다 5 ㉰
6 ㉺ 7 ㉮ 8 ㉯
9 왜곡

어휘 학습

이해
1 '이리저리 굽어 꺾여 있음.'을 뜻하는 말은 '굴곡'입니다.
2 '모나지 아니하고 부드럽게 굽은 선.'을 뜻하는 말은 '곡선'입니다.
3 '사실과 다르게 해석하거나 그릇되게 함.'을 뜻하는 말은 '왜곡'입니다.
4 '말하는 투가, 듣는 사람의 감정이 상하지 않도록 모나지 않고 부드럽다.'를 뜻하는 말은 '완곡하다'입니다.

적용
5 ㉰는 말을 모나지 않게 한다는 뜻이므로 '완곡'이 어울립니다.
6 ㉺는 사실과 다른 내용을 말하는 것이므로 '왜곡'이 어울립니다.
7 ㉮는 힘든 삶이었지만 포기하지 않았다는 뜻이므로 '굴곡'이 어울립니다.
8 ㉯는 도자기의 부드러운 모양을 나타내야 하므로 '곡선'이 어울립니다.

심화
9 재연이가 사실과 다른 내용을 전하자, 채윤이는 재연이의 말을 바로잡고 있습니다. 밑줄 친 '사실과 다르게 해석'은 '왜곡'으로 바꾸어 쓸 수 있습니다.

016~017쪽

1 (1) ○   2 ③
3 ②   4 (1) ○
5 ④

낮은 수준의 안전 의식을 높이자

글의 종류
논설문

글의 특징
자주 발생하는 안전사고의 원인을 밝히고, 대안과 함께 안전 의식 수준을 높이자고 주장하는 글입니다.

주제
안전사고의 발생과 해결 방안

1 세 번째 문단의 '둘 다 낮은 안전 의식 수준에서 비롯된 사고인 것이다.'에서, 이 글의 글쓴이가 낮은 안전 의식을 문제로 삼고 있음을 알 수 있습니다.

2 이 글의 주장은 네 번째 문단의 '안전사고를 막기 위해서는 회사와 근로자, 안전 점검 책임자 등 모두가 높은 수준의 안전 의식을 지녀야 한다.'에 드러나 있습니다.

3 두 번째 문단에 지난해에 일어난 안전사고 발생 건수가 제시되어 있지만, 그 이전이나 올해 발생한 건수는 제시되어 있지 않으므로 3년간 안전사고의 발생 건수가 어떠한지는 알 수 없습니다.

오답 풀이
① 세 번째 문단의 '공사장이나 공장 같은 제조업체에서 발생하는 안전사고 중에는 근로자의 부주의에 의한 것도 있다. 그러나 안전사고의 대부분은 많은 양을 더 빨리 만들어 내기 위해 다소 시간이 걸리는 안전 수칙을 제대로 지키지 않아서 일어난다.'에서 알 수 있습니다.
③ 두 번째 문단의 '특히 건설업과 제조업 분야에서의 사고 비율이 매우 높다.'에서 알 수 있습니다.
④ 네 번째 문단에서 안전 수칙을 제대로 지키고 안전장치를 제대로 사용하는 것으로 안전사고를 예방할 수 있다고 하였습니다.
⑤ 세 번째 문단의 '둘 다 낮은 안전 의식 수준에서 비롯된 사고인 것이다.'에서 알 수 있습니다.

4 문맥상 ㉠에는 사고가 '생겼다'는 뜻을 지닌 말이 들어가야 합니다. 따라서 '어떤 일이나 사물이 생겨났다.'의 뜻을 지닌 '발생했다'가 알맞습니다.

5 '정도'는 어떤 기준의 분량이나 수준을 뜻하는 말로 '수준'과 비슷한 뜻을 지니고 있습니다.

오답 풀이
① '비교'는 '여럿을 서로 견주어 보는 것.'을 뜻합니다.
② '감량'은 '수량이나 무게를 줄임.'을 뜻합니다.
③ '이상'은 '수량이나 정도가 일정한 기준보다 더 많거나 나음.'을 뜻합니다.
⑤ '수치'는 '계산하여 얻은 값.'을 뜻합니다.

어휘력 더하기 '수준'과 '정도'는 뜻이 비슷한 유의 관계를 이루고 있습니다. 이런 관계를 이루는 말을 비슷한 말 또는 유의어라고 하는데, 유의어는 뜻이 비슷하지만 느낌이나 용법이 조금씩 다릅니다. 예를 들어 '나이'와 '연세'는 유의어입니다. 그렇지만 어른에게 "나이가 몇 살이세요?"라고 묻는 것은 예의에 어긋납니다. "연세가 어떻게 되세요?"라고 해야 합니다. 연세는 나이를 높이는 말이기 때문입니다. 그러므로 유의어를 많이 알고 있으면 상황에 어울리는 말을 사용할 수 있습니다.

어휘 학습

018쪽

❶ 수준   ❷ 수질
❸ 수해   ❹ 탈수

019쪽   이해 적용 심화

1 ㉣ 2 ㉢ 3 ㉮
4 ㉯ 5 수질 6 탈수
7 수준 8 수해
9 물난리

이해

1 '수준'은 '사물의 가치나 질 따위의 기준이 되는 일정한 표준이나 정도.'를 뜻합니다.

2 '수질'은 '물의 성분이나 성질. 물의 깨끗한 정도.'를 뜻합니다.

3 '수해'는 '장마나 홍수로 인한 피해.'를 뜻합니다.

4 '탈수'는 '어떤 물체 안에 들어 있는 물기를 뺌. 또는 물기가 빠짐.'을 뜻합니다.

적용

5 지하수의 성질이나 상태를 검사한다는 뜻이므로 '수질'이 어울립니다.

6 빨래에서 물기를 빼야 한다는 뜻이므로 '탈수'가 어울립니다.

7 노래 실력의 정도를 평가하는 것이므로 '수준'이 어울립니다.

8 장마나 홍수로 인해 피해를 입은 곳을 복구한다는 뜻이므로 '수해'가 어울립니다.

심화

9 빗물을 내보내는 시설이 갖추어져 있지 않은 ○○ 마을에 비가 쏟아져 피해를 입었다고 하였습니다. 이때 '장마나 홍수로 인한 피해.'를 뜻하는 '수해'는 '물난리'와 뜻이 비슷합니다.

020~021 쪽

1 앤   2 ④   3 상진

4 ⑤   5 ④

친구들 앞에서 망신당한 '빨간 머리 앤'

글의 종류
독서 감상문

글의 특징
『빨간 머리 앤』에 나오는 일화를 중심으로 주인공 앤의 성장 과정에 대한 감상을 쓴 글입니다.

주제
빨간 머리 앤의 성장 과정을 통해 얻은 삶의 깨달음

1 이 글은 소설 『빨간 머리 앤』에 대한 감상문으로, 머리카락이 빨간색이어서 '빨간 머리 앤'으로 불리는 앤의 성장 과정과 그로 인한 깨달음을 담고 있습니다.

2 수다스러움을 경박하다고 여기는 사람은 앤이 아니라 주변 사람들입니다. 그리고 앤은 수다스러움을 장점으로 바꾸며 성장하였습니다.

✔ 오답 풀이
① 앤은 자신을 '홍당무'라고 놀린 길버트에게 화가 나서 석판으로 길버트의 머리를 쳤습니다.
② 앤을 입양한 매슈의 따뜻한 포용과 마릴라의 엄격한 가르침 속에서 앤은 참을성을 배웠습니다.
③ 길버트를 때린 앤은 선생님께 벌을 받아 칠판 앞에 서게 되었고, 친구들 앞에서 망신을 당했습니다.
⑤ 앤은 스테이시 선생님, 다이애나, 길버트의 도움을 받아 사랑스러운 소녀로 성장해 갑니다.

3 사람들이 『빨간 머리 앤』의 이야기에 감동을 받는 이유는 화가 나서 친구를 때릴 만큼 철없던 앤이 시간이 갈수록 사랑스러운 소녀로 성장하는 모습을 보여 주기 때문입니다.

4 '창피'는 '체면이 깎이는 일이나 아니꼬운 일을 당함. 또는 그에 대한 부끄러움.'이라는 뜻으로, '말이나 행동을 잘못하여 자기의 지위, 명예, 체면 따위를 손상함.'이라는 뜻을 지닌 '망신'과 뜻이 비슷한 유의 관계입니다.

✔ 오답 풀이
① '반성'은 '자신의 언행에 대하여 잘못이나 부족함이 없는지 돌이켜 봄.'을 뜻합니다.
② '실망'은 '바라던 일이 뜻대로 되지 아니하여 마음이 몹시 상함.'을 뜻합니다.
③ '고통'은 '몸이나 마음의 괴로움과 아픔.'을 뜻합니다.
④ '차별'은 '둘 이상의 대상을 각각 등급이나, 수준 따위의 차이를 두어서 구별함.'을 뜻합니다.

어휘력 더하기 '망신'과 비슷한 뜻을 지닌 말에는 '부끄러움', '창피', '모욕', '수모', '수치' 등이 있습니다. 이 말들은 모두 '망신'과 뜻이 비슷하기는 하지만, 무조건 '망신'과 바꾸어 쓸 수 있는 것은 아닙니다. 쓸 수 있는 상황이나 말의 어감 등이 조금씩 다르기 때문입니다.

5 '대처'는 '어려운 일을 이겨 내기에 알맞은 행위를 하는 것.'을 뜻합니다.

✔ 오답 풀이
① '희망을 버리고 아주 단념함.'이라는 뜻을 지닌 말은 '체념'입니다.
② '사물이나 현상을 주의하여 자세히 살펴봄.'이라는 뜻을 지닌 말은 '관찰'입니다.
③ '마주치기를 꺼리어 피하거나 얼굴을 돌림.'이라는 뜻을 지닌 말은 '외면'입니다.
⑤ '앞으로 일어날지 모르는 어떠한 일에 대응하기 위하여 미리 준비함.'이라는 뜻을 지닌 말은 '대비'입니다.

어휘 학습

022 쪽

❶ 망신   ❷ 멸망
❸ 망국   ❹ 망명

023 쪽 이해 적용 심화

1 ㉯   2 ㉱   3 ㉰

4 ㉮   5 멸망 6 망국

7 망신 8 망명 9 ①

이해
1 '망국'은 '이미 망하여 없어진 나라.'를 뜻합니다.
2 '망명'은 '자기 나라에서 정치 · 사상 · 종교 따위의 이유로 받는 탄압이나 위협을 피해 다른 나라로 가는 것.'을 뜻합니다.
3 '망신'은 '말이나 행동을 잘못하여 자기의 지위, 명예, 체면 따위를 손상함.'을 뜻합니다.
4 '멸망'은 '국가나 민족, 또는 인류가 망하여 없어짐.'을 뜻합니다.

적용
5 '고려'라는 나라가 없어진 것이므로 '멸망'이 어울립니다.
6 나라를 잃은 백성들의 마음이므로 '망국'이 어울립니다.
7 거짓말이 들통난 것이므로 '망신'이 어울립니다.
8 우리나라에서 중국으로 몸을 피한 것이므로 '망명'이 어울립니다.

심화
9 항우에 의해 나라가 망한 것이므로 '멸망'과 뜻이 비슷합니다. 한편 '창작', '생산', '발생', '창조'는 만들어 내거나 생겨난다는 뜻을 지닌 말들이므로, '없어지고'의 뜻과 반대됩니다.

024~025 쪽

1 개혁 2 ⑤ 3 ①
4 (2) ○   5 ④

**제나라를 일으킨 관중
의 개혁 정책**

글의 종류
설명문

글의 특징
한자 성어 '관포지교'의 인물
로 알려져 있는 관중의 개혁
정책을 소개하는 글입니다.

주제
제나라의 재상이 된 관중과
그의 개혁 정책

1 이 글은 제나라의 재상이 되어 나라를 일으킨 관중의 개혁 정책을 설명하고 있으므로, 빈
  칸에는 '개혁'이 어울립니다.

2 관중은 나라와 군대보다 백성들의 삶이 더 부유해야 한다고 생각한 것이 아니라, 나라에
  재물이 많아야 군대를 강하게 키울 수 있고, 또 백성들은 삶이 부유해야 예절을 지킨다고
  생각했습니다.

3 첫 번째 문단에서 소백이 제나라의 왕위를 차지하게 되었고, 규를 따르던 관중은 사형을 당할 위
  기에 처했다고 하였습니다. 따라서 소백이 왕위를 차지하게 한 것은 관중이 한 일이 아닙니다.
  ✅ 오답 풀이
  ② 두 번째 문단에서 관중은 백성들의 삶이 부유해야 예절을 지킨다고 생각하며, 조세를 개혁하여 백성들에게
     걷는 세금을 줄였다고 하였습니다.
  ③ 두 번째 문단에서 관중은 제나라의 행정 구역을 새롭게 갖추었다고 하였습니다.
  ④ 세 번째 문단에서 관중은 제나라를 따르는 나라들을 후하게 대하는 정책을 시행하였다고 하였습니다.
  ⑤ 두 번째 문단에서 관중은 상공업을 하는 사람들에게는 군사의 의무를 지지 않게 해 주었다고 하였습니다. 이
     는 상공업자들이 군대에 가지 않고 물건을 만드는 것이 나라를 부유하게 한다고 생각했기 때문입니다.

4 '개혁'은 '제도나 기구 따위를 새롭게 뜯어고침.'이라는 뜻입니다.

5 '견원지간'은 개와 원숭이의 사이라는 뜻으로, 사이가 매우 나쁜 관계를 이르므로 '관포지
  교'와 뜻이 반대되는 말입니다.
  ✅ 오답 풀이
  ① '지기지우'는 자기의 속마음을 참되게 알아주는 친구를 이르는 말입니다.
  ② '죽마고우'는 대나무로 만든 말을 함께 타던 친구라는 뜻으로, 어렸을 적부터 친하게 지내는 오랜 친구를 이
     르는 말입니다.
  ③ '금란지교'는 단단하기가 황금과 같고 아름답기가 난초 향기와 같은 사귐이라는 뜻으로, 친구 사이의 매우 두
     터운 정을 이르는 말입니다.
  ⑤ '수어지교'는 물이 없으면 살 수 없는 물고기와 물의 관계라는 뜻으로, 아주 친밀하여 떨어질 수 없는 사이를
     비유적으로 이르는 말입니다.

  〔 어휘력 더하기 〕 '두터운 우정'을 나타내는 한자 성어에는 '지기지우', '금란지교', '수어지교' 외에도 '간담상조', '금
  석지교', '막역지우', '지란지교', '지음' 등이 있습니다. 이렇게 비슷한 뜻을 지닌 말이 많은 것은 우리 선조들이 우
  정을 매우 소중하게 여겼음을 알려 줍니다.

〔 어휘
학습 〕

〔이해〕

026 쪽

❶ 개혁   ❷ 개선
❸ 개정   ❹ 회개

1 '개혁'은 제도나 기구 따위를 새롭게 뜯어고친다는 뜻입니다.
  〔 어휘력 더하기 〕 '고칠 개(改)'와 '가죽 혁(革)'으로 이루어진 '개혁'은 동물의 가죽을 인간이 사용하기 편하게 바꾸
  는 것처럼 인간의 삶과 관련된 것을 새롭게 뜯어고친다는 뜻입니다.

2 '개정'은 이미 정했던 것을 고쳐서 다시 정한다는 뜻입니다.

3 '회개'는 잘못을 뉘우치고 고친다는 뜻입니다.

4 '개선'은 잘못된 것이나 부족한 것, 나쁜 것 따위를 고쳐 더 좋게 만든다는 뜻입니다.

〔적용〕

027 쪽 〔이해〕〔적용〕〔심화〕

1 ㉯ 2 ㉰ 3 ㉮
4 ㉲ 5 개정 6 개혁
7 회개 8 개선 9 개선

5 이미 정해진 규칙을 고쳐서 다시 정하는 것이므로 '개정'이 어울립니다.

6 새롭게 뜯어고친다는 뜻이므로 '개혁'이 어울립니다.

7 과거의 잘못을 뉘우치고 고친다는 뜻이므로 '회개'가 어울립니다.

8 더 좋게 만든다는 뜻이므로 '개선'이 어울립니다.

〔심화〕

9 '보완'은 '모자라거나 부족한 것을 보충하여 완전하게 함.'이라는 뜻이므로, '개선'과 뜻이 비슷
  합니다.

감염을 막는 올바른 손 씻기 방법

글의 종류
설명문

글의 특징
감염을 예방하는 손 씻기의 중요성과 올바른 손 씻기 방법을 알려 주는 글입니다.

주제
감염을 막는 손 씻기의 중요성과 그 방법

1 이 글은 손 씻기를 통해 질병의 감염을 막을 수 있음을 설명하고 있습니다.

2 두 번째 문단에서 비누로 손을 씻는 것이 물로만 씻는 것보다 세균이 더 많이 없어진 실험 결과를 확인할 수 있습니다.

❤ 오답 풀이
① 첫 번째 문단에서 손 씻기는 가장 쉽고, 가장 저렴하며, 가장 적은 시간으로 감염을 막는 효과적인 방법으로 알려져 있다고 하였습니다.
② 첫 번째 문단에서 유엔 총회에서는 전 세계 어린이들의 사망을 막기 위하여 세계 손 씻기의 날을 제정하였다고 했습니다.
③ 세 번째 문단에서 의사들 역시 손만 제대로 씻어도 수많은 질병을 예방할 수 있다고 말하였다고 했습니다.
④ 네 번째 문단에서 '손바닥–손등–손가락 사이–두 손 모아–엄지손가락–손톱 밑' 순으로 꼼꼼히 문지르며 씻어야 한다고 하였습니다.

3 이 글은 첫 번째 문단부터 세 번째 문단까지 손 씻기의 중요성을 설명한 뒤, 마지막 문단에서 올바른 손 씻기 방법을 알려 주는 글입니다.

❤ 오답 풀이
① 첫 번째 문단을 통해 이미 유엔(UN) 총회에서 10월 15일을 세계 손 씻기의 날로 제정하였음을 알 수 있습니다.
③ 손 씻기의 단점에 대해서는 나타나 있지 않습니다.
④ 손 씻기에 대한 잘못된 습관이나 이를 바로잡는 내용은 나타나 있지 않습니다.
⑤ 손 씻기에 대한 실험 결과는 나타나 있지만, 이를 반대하는 내용은 나타나 있지 않습니다.

4 병균이 몸에 옮아서 병에 걸리는 것을 뜻하는 '감염'은 '병이 남에게 옮음.'을 뜻하는 '전염'과 바꾸어 쓸 수 있습니다.

❤ 오답 풀이
② '전승'은 '문화, 풍속 따위를 이어받아 계승함. 또는 그것을 물려주어 잇게 함.'의 뜻을 지닌 말입니다.
③ '감지'는 '느끼어 앎.'의 뜻을 지닌 말입니다.
④ '방지'는 '어떤 일이나 현상이 일어나지 못하게 막음.'의 뜻을 지닌 말입니다.
⑤ '전달'은 '지시, 명령, 물품 따위를 다른 사람이나 기관에 전하여 이르게 함.'의 뜻을 지닌 말입니다.

5 '체감'은 '몸 체(體), 느낄 감(感)'으로 이루어진 한자어로, '몸으로 어떤 감각을 느낌.'을 뜻합니다.

어휘 학습

이해
1 '체감'은 '몸으로 어떤 감각을 느낌.'을 뜻합니다.
2 '감염'은 '병균이 몸에 옮아서 병에 걸리는 것.'을 뜻합니다.
3 '감상'은 '마음속에서 일어나는 느낌이나 생각.'을 뜻합니다.
4 '공감'은 '남의 감정, 의견, 주장 따위에 대하여 자기도 그렇다고 느낌.'을 뜻합니다.

적용
5 바람이 불 때 몸으로 느껴지는 온도를 말한 것이므로 '체감'이 어울립니다.
6 그 정책에 국민들도 그렇다고 느낀 것이므로 '공감'이 어울립니다.
7 학교에 가지 못할 만큼 독감이 몸에 옮아서 병에 걸린 것이므로 '감염'이 어울립니다.
8 동생이 내가 그린 그림을 보고 따뜻하다는 자신의 생각이나 느낌을 말한 것이므로 '감상'이 어울립니다.

심화
9 '자신의 감정을 함께 느낀다고'는 '공감한다고'와 바꾸어 쓸 수 있습니다.

032~033 쪽

1 가상 2 ⑤ 3 ②
4 (2) ○   5 ④

**가상과 현실을 분별하
지 못하는 청소년들**

글의 종류
기사문

글의 특징
현실 세계와 가상 세계를 분
별하지 못하는 청소년들의
사례를 통해 그 실태를 밝히
고, 게임 중독에 대한 해결
방안을 전달하는 글입니다.

주제
현실 세계와 가상 세계를 분
별하지 못하는 청소년들의
실태와 대안

1 이 기사는 게임에 빠진 청소년들이 가상 세계와 현실 세계를 분별하지 못하게 되는 상황
  을 문제로 삼고 있습니다.

2 세 번째 문단에서 현실에서 좌절이나 소외감을 많이 경험한 사람일수록 가상 세계에서 성
  취감이나 소속감이 강하게 채워지는 것을 경험하고, 이러한 경험이 반복되면 게임에 중독
  된다고 하였습니다.

  ❷ 오답 풀이
  ① 첫 번째 문단에서 디지털 게임에서 빠져나오지 못하는 청소년들이 늘면서 사회적으로 문제가 되고 있다고
    하였습니다.
  ② 세 번째 문단에서 디지털 게임은 게임 이용자들이 다른 캐릭터와 싸우는 등 가상 세계를 조작할 수 있도록
    설계되어 있다고 하였습니다.
  ③ 두 번째 문단에서 디지털 게임에서 무기를 사서 캐릭터의 힘을 키운 사례를 제시하고 있습니다.
  ④ 첫 번째 문단에서 게임은 잘 안 되면 언제든지 처음부터 다시 할 수 있다고 하였습니다.

3 이 글은 기사문으로, 청소년들이 디지털 게임에 빠져서 가상 세계와 현실 세계를 분별하
  지 못하게 되는 문제점을 알리고 있습니다. 그리고 게임 중독을 막기 위한 방법으로 현실
  에서 이룰 수 있는 작은 것들부터 시작해서 다양한 성공 경험을 쌓아야 한다는 것을 알리
  고 있습니다.

4 '분별'은 '서로 다른 일이나 사물을 구별하여 가름.'이라는 뜻입니다. ⑴은 '분열', ⑶은 '차
  별'의 뜻입니다.

5 '집중'은 '한 가지 일에 모든 힘을 쏟아부음.'이라는 뜻이고, '몰두'는 '어떤 일에 온 정신을
  다 기울여 열중함.'이라는 뜻입니다. 따라서 '집중'을 '몰두'로 바꾸어 쓸 수 있습니다.

  ❷ 오답 풀이
  ① '수습'은 '어수선하고 불안한 마음이나 사태를 정리하고 바로잡는 것.'을 뜻합니다.
  ② '참석'은 '어떤 모임에 끼는 것.'을 뜻합니다.
  ③ '외면'은 '마주치기를 꺼리어 피하거나 얼굴을 돌림.'을 뜻합니다.
  ⑤ '격려'는 '용기나 의욕이 솟아나도록 북돋워 줌.'을 뜻합니다.

  어휘력 더하기 '집중'과 뜻이 비슷한 말에는 '골몰', '몰두', '몰입' 등이 있습니다. '골몰', '몰두', '몰입'의 세 말에
  공통적으로 들어가는 한자 '몰(沒)'은 '(물속으로) 가라앉다.'라는 뜻을 지닌 말로, 깊이 빠져든다는 뜻입니다.

**어휘
학습**

034 쪽

❶ 분별   ❷ 분해
❸ 분리   ❹ 분담

035 쪽 이해 적용 심화

1 ㉡ 2 ㉠ 3 ㉣
4 ㉢   5 분별 6 분리
7 분해 8 분담 9 ①

이해

1 '분별'은 '서로 다른 일이나 사물을 구별하여 가름.'의 뜻을 지닌 말입니다.

2 '분담'은 '나누어서 맡음.'의 뜻을 지닌 말입니다.

3 '분해'는 '여러 부분이 결합되어 이루어진 것을 그 낱낱으로 나눔.'의 뜻을 지닌 말입니다.

4 '분리'는 '서로 나뉘어 떨어짐. 또는 그렇게 되게 함.'의 뜻을 지닌 말입니다.

적용

5 얼굴이나 모습 등이 닮아서 구별하여 가르기 어렵다는 것이므로 '분별'이 어울립니다.

6 재활용품과 일반 쓰레기는 나누어 각각 배출해야 하므로 '분리'가 어울립니다.

7 집이 조립식이라서 조립했다가 해체하는 것이 가능하다는 것이므로 '분해'가 어울립니다.

8 자연재해를 당한 나라의 고통을 여러 나라들이 나누어서 맡는 것이므로 '분담'이 어울립
  니다.

심화

9 양육자에게서 나뉘어 떨어진다는 뜻이므로 빈칸에 공통으로 들어갈 말은 '분리'가 알맞습
  니다.

과속을 금지하는 어린이 보호 구역

글의 종류
설명문

글의 특징
어린이 보호 구역을 설정한 목적과 개념, 어린이 보호 구역 내에서 지켜야 할 규칙을 자세히 설명하는 글입니다.

주제
어린이 보호 구역의 뜻과 지켜야 할 규칙

1 이 글에서는 어린이 보호 구역의 뜻과 어린이 보호 구역 안에서 지켜야 할 규칙을 설명하고 있습니다.

2 세 번째 문단에서 차량이 어린이 보호 구역의 제한 속도인 시속 30킬로미터를 어기고 달리면 정도에 따라 과태료와 범칙금이 매겨지고, 벌점도 받게 된다고 하였습니다.

❖ 오답 풀이
① 세 번째 문단에서 차량은 시속 30킬로미터 이상으로 달리면 안 된다고 하였습니다.
② 두 번째 문단에서 주차를 하면 일반 금지 구역보다 더 많은 벌금을 내야 한다고 하였습니다.
④ 네 번째 문단에서 신호등이 설치되지 않은 횡단보도에서는 길을 건너려는 사람이 있든지 없든지 관계없이 차량이 잠시 멈추어야 한다고 하였습니다.
⑤ 첫 번째 문단에서 유치원이나 학교 등의 출입문을 중심으로 주변 300미터 이내의 도로 중에서 지정된다고 하였습니다.

3 이 글은 첫 번째 문단에서 어린이 보호 구역의 뜻을 설명하고, 두 번째 문단부터 네 번째 문단까지 어린이 보호 구역에서 운전자가 지켜야 할 규칙에 대해 설명하고, 마지막 문단에서 어린이가 주의할 점에 대해 설명하고 있습니다.

4 '감속'은 '속도를 줄임.'이라는 뜻입니다. 따라서 '점점 속도를 더함.'이라는 뜻인 '가속'이 반대되는 말로 알맞습니다.

❖ 오답 풀이
② '고속'은 '매우 빠른 속도.'라는 뜻입니다.
③ '광속'은 '빛이 나아가는 속도.'라는 뜻입니다.
④ '신속'은 '매우 날쌔고 빠름.'이라는 뜻입니다.
⑤ '졸속'은 '어설프고 빠름.'이라는 뜻입니다.

어휘력 더하기 '감속'의 '감'은 한자 '덜 감(減)'이고, '가속'의 '가'는 한자 '더할 가(加)'입니다. 그리고 '속'은 둘 다 한자 '빠를 속(速)'입니다. 뒤의 말은 같고, 앞의 말은 뜻이 반대됩니다. 이를 통해 감속과 가속이 반대되는 말임을 알 수 있습니다.

5 시속 30킬로미터 이하로 감속하지 않아 과태료와 범칙금이 매겨지고 벌점을 받게 된 것이므로, 제한 속도보다 빠른 속도를 뜻하는 '과속'이 알맞습니다. '과속'은 '자동차 따위의 주행 속도를 너무 빠르게 함. 또는 그 속도.'를 뜻합니다.

어휘 학습

이해

1 '간과'는 '큰 관심 없이 대강 보아 넘김.'을 이르는 말입니다.

2 '초과'는 '일정한 수나 한도 따위를 넘음.'을 이르는 말입니다.

3 '과속'은 '자동차 따위의 주행 속도를 너무 빠르게 함. 또는 그 속도.'를 이르는 말입니다.

4 '경과'는 '시간이 지나감.'을 이르는 말입니다.

적용

5 10분이 지난다는 뜻이므로, 시간이 지나간다는 뜻을 지닌 '경과'가 어울립니다.

6 목표치를 넘어서 달성했다는 뜻이므로, 한도를 넘는다는 뜻을 지닌 '초과'가 어울립니다.

7 사소한 일에 너무 신경을 쓰면 오히려 중요한 일을 놓치게 된다는 뜻이므로, 대강 본다는 뜻을 지닌 '간과'가 어울립니다.

8 경찰이 속도 측정기를 설치하여 잡아내려는 것이므로, 속도를 너무 빠르게 함을 뜻하는 '과속'이 어울립니다.

심화

9 시간이 지난다는 뜻을 지닌 말은 '경과'입니다.

040~041쪽

1 감나무 2 ②

3 ⑤ 4 ② 5 ①

봄의 생명을 회복한 나무처럼

글의 종류
수필

글의 특징
추운 겨울을 이겨 내고 새잎을 피워 낸 감나무를 통해 삶에 대한 깨달음을 얻은 경험을 쓴 글입니다.

주제
시련을 극복하는 굳센 의지

1 글쓴이는 한쪽이 말라비틀어졌지만 다른 한쪽 나뭇가지에서는 푸른 잎을 피워 낸 감나무를 보고 삶의 깨달음을 얻었습니다.

2 사고가 난 이후 어머니께서 피아노와 미술을 배울 수 있게 학원을 보내 주셨지만, 글쓴이는 몇 번 가 보고는 그만두기 일쑤였습니다. 왜냐하면 마음이 위축되어 재미를 느끼지 못했기 때문입니다.

✔ 오답 풀이
① 첫 번째 문단에서 사고가 나기 전에는 활발하다는 말을 종종 들었다고 하였습니다.
③ 두 번째 문단에서 고학년이 되어서도 학교에서 조용히 지냈고 친구를 사귀지 않았다고 하였습니다.
④ 첫 번째 문단에서 글쓴이는 3년 전, 사고로 왼쪽 다리를 다쳤다고 하였습니다.
⑤ 두 번째 문단에서 하루가 빨리 끝나기만을 기다리며, 의욕 없이 학교와 집을 오갔다고 하였습니다.

3 이 글에서 글쓴이는 추운 겨울을 견디고 푸른 생명의 잎을 피워 낸 감나무를 통해 시련을 견디고 예전의 건강한 삶을 회복하려는 의지를 드러내고 있습니다. 따라서 이 글을 읽은 뒤 ⑤처럼 힘든 상황에 처했을 때 포기하지 않고 회복하려고 노력해야겠다고 생각하거나 느끼는 것이 가장 알맞습니다.

4 '반복했다'는 '같은 일을 되풀이했다.'라는 뜻이고, '거듭했다'는 '어떤 일을 자꾸 되풀이했다.'라는 뜻이므로 서로 바꾸어 쓸 수 있습니다.

✔ 오답 풀이
① '반성했다'는 '자신의 언행에 대하여 잘못이나 부족함이 없는지 돌이켜 보았다.'라는 뜻입니다.
③ '반박했다'는 '어떤 의견, 주장, 논설 따위에 반대하여 말했다.'라는 뜻입니다.
④ '단절했다'는 '자르거나 베어서 끊었다.'라는 뜻입니다.
⑤ '성취했다'는 '목적한 바를 이루었다.'라는 뜻입니다.

어휘력 더하기 '반복하다'와 뜻이 비슷한 말에는 '거듭하다', '되풀이하다', '거푸하다(잇따라 거듭하다)' 등이 있습니다. 이 말들은 모두 '반복하다'와 유의 관계에 있으므로, 문맥에 따라 서로 바꾸어 쓸 수 있습니다. 유의 관계에 있다는 것은 뜻이 같다는 것이 아니라 비슷하다는 것입니다. 따라서 유의 관계에 있는 말들은 문맥에 따라 바꾸어 쓸 수 있을 뿐, 언제나 바꾸어 쓸 수 있는 것은 아닙니다.

5 나무처럼 다시 예전의 생명력을 되찾는다는 뜻이므로, '원래의 상태로 돌이키거나 원래의 상태를 되찾음.'이라는 뜻을 지닌 '회복'이 어울립니다.

어휘 학습

042쪽

❶ 회복 ❷ 복구
❸ 반복 ❹ 보복

043쪽 이해 적용 심화

1 ㉡ 2 ㉣ 3 ㉠
4 ㉢ 5 ㉤ 6 ㉤
7 ㉮ 8 ㉯ 9 복구

이해

1 '복구'는 '손실 이전의 상태로 회복함.'이라는 뜻을 지닌 말입니다.

2 '회복'은 '원래의 상태로 돌이키거나 원래의 상태를 되찾음.'이라는 뜻을 지닌 말입니다.

3 '반복'은 '같은 일을 되풀이함.'이라는 뜻을 지닌 말입니다.

4 '보복'은 '남이 저에게 해를 준 대로 저도 그에게 해를 줌.'이라는 뜻을 지닌 말입니다.

적용

5 신고를 하면 범인이 다시 해를 줄까 봐 두려워서 신고를 못 하는 것이므로 '보복'이 알맞습니다.

6 지루한 일상이 되풀이되고 있는 것이므로 '반복'이 알맞습니다.

7 지진 피해 이전의 상태로 회복한다는 뜻이므로 '복구'가 알맞습니다.

8 예전의 건강을 되찾고 있는 것이므로 '회복'이 알맞습니다.

심화

9 '복구'는 '손실 이전의 상태로 회복함.'을 뜻하는 말이므로, '되살리고'와 바꾸어 쓸 수 있습니다.

044~045 쪽

1 발상 2 ③ 3 ④
4 ② 5 (3) ○

발상을 전환한 '합격 사과' 전략

글의 종류
논설문

글의 특징
'합격 사과'의 사례를 통해 발상을 전환하는 전략을 사용해야 한다는 것을 주장하는 글입니다.

주제
발상을 전환하는 전략의 필요성

1 이 글은 아오모리현의 합격 사과 전략을 사례로 들어, 답을 찾기 어려운 상황에 처했을 때는 '발상을 전환하는 전략을 사용하자.'고 주장하고 있습니다.

2 두 번째 문단에서 아오모리현에 분 태풍으로 사과가 나무에서 떨어져 경제적 손해를 보게 되었지만, 세 번째 문단에서 남은 사과를 '합격 사과'라고 이름 붙여 가격을 10배 높게 올려 팔았다고 하였습니다. 따라서 합격 사과를 팔아 손해가 아닌 이득을 보았음을 알 수 있습니다.

✔ 오답 풀이
① 두 번째 문단에서 1991년 아오모리현에 큰 태풍이 불어닥쳤다고 하였습니다.
② 세 번째 문단에서 아오모리현의 합격 사과는 시험을 앞둔 수험생들에게 큰 인기를 끌며 불티나게 팔렸다고 하였습니다.
④ 세 번째 문단에서 수험생들은 태풍에 떨어지지 않은 사과를 먹으면 그 기운을 받아 시험에 합격할 수 있다고 여겼다고 하였습니다.
⑤ 네 번째 문단에서 아오모리현의 농부들은 남은 10퍼센트의 사과에 눈을 돌리는 발상의 전환을 했다고 하였습니다.

3 글쓴이는 생각의 틀에 갇히지 말고 발상의 전환을 해야 함을 주장하고 있습니다.

4 '전략'은 '정치, 경제 따위의 사회적 활동을 하는 데 필요한 꾀와 방법.'이라는 뜻입니다. 그리고 '작전'은 '어떤 일을 이루기 위해 필요한 조치나 방법을 강구하거나 실행함.'이라는 뜻이므로 '전략'과 뜻이 비슷합니다.

✔ 오답 풀이
① '과정'은 '일이 되어 가는 경로.'를 뜻하는 말입니다.
③ '시비'는 '옳고 그름을 따지는 말다툼.'을 뜻하는 말입니다.
④ '절차'는 '일을 치르는 데 거쳐야 하는 순서.'를 뜻하는 말입니다.
⑤ '예방'은 '질병이나 재해 따위가 일어나기 전에 미리 대처하여 막는 일.'을 뜻하는 말입니다.

(어휘력 더하기) 어떤 말의 뜻이 잘 이해되지 않을 때는 그 말이 사용된 앞뒤 내용을 통해 뜻을 짐작할 수 있습니다. ②의 '작전'과 ㉠의 '전략'은 앞뒤 내용을 볼 때 둘 다 상황을 좋은 쪽으로 해결하는 수단이나 방법을 뜻한다는 것을 짐작할 수 있습니다.

5 '골몰'은 '다른 생각을 할 여유도 없이 한 가지 일에만 파묻힘.'을 뜻하는 말입니다.

어휘 학습

046 쪽
❶ 전략   ❷ 휴전
❸ 실전   ❹ 도전

047 쪽   이해 — 적용 — 심화
1 ㉠   2 ㉢   3 ㉡
4 ㉣   5 실전
6 도전 7 휴전 8 전략
9 실전

(이해)
1 '실전'은 '실제의 싸움.'을 뜻합니다.
2 '전략'은 '정치, 경제 따위의 사회적 활동을 하는 데 필요한 꾀와 방법.'을 뜻합니다.
3 '도전'은 '정면으로 맞서 싸움을 걺.'을 뜻합니다.
4 '휴전'은 '전쟁을 벌이다가 서로 협의하여 얼마 동안 군사 행동을 멈추기로 하는 것.'을 뜻합니다.

(적용)
5 꾸준한 연습으로 실제의 싸움에 대비하라는 뜻이므로 '실전'이 어울립니다.
6 작년에 우승한 팀에게 싸움을 거는 상황이므로 '도전'이 어울립니다.
7 전쟁을 멈췄지만 곳곳에서 전투가 계속되는 상황이므로 '휴전'이 어울립니다.
8 고객에게 상품을 팔기 위한 방법을 세운 상황이므로 '전략'이 어울립니다.

(심화)
9 시험을 치르는 실제 상황은 '실제의 싸움.'을 뜻하는 '실전'과 바꾸어 쓸 수 있습니다. 이 글에서 '실전'은 '연습'과 대비되는 뜻으로 쓰였습니다.

048~049 쪽

1 판화 2 ⑤ 3 ②
4 (3) ○ 5 ④

좌우가 반전되는 판화

글의 종류
설명문

글의 특징
판화의 개념과 특징을 설명한 후, 종류별 특징을 구체적으로 설명하는 글입니다.

주제
판화의 특징과 종류

1 이 글은 판화의 개념과 특징, 종류를 설명하고 있습니다.

2 네 번째 문단에서 공판화는 다른 판화와 달리 그림이 찍히는 종이가 판화 아래 놓이기 때문에 좌우가 반전되지 않는다고 하였습니다.

✔ **오답 풀이**

① 두 번째 문단에서 하나의 판으로 여러 장을 찍을 수 있다고 하였습니다.
② 두 번째 문단에서 판화는 새기는 기법에 따라 다양한 느낌을 준다고 하였습니다.
③ 첫 번째 문단에서 지폐나 책 등을 인쇄하는 것도 판화의 한 종류라고 하였습니다.
④ 세 번째 문단에서 판화의 종류에는 볼록 판화, 오목 판화, 평판화, 공판화 등이 있다고 하였습니다.

3 네 번째 문단에서 평판화는 붓 자국의 짙고 흐린 효과를 살릴 수 있다고 하였습니다.

✔ **오답 풀이**

① 첫 번째 문단에서 판화는 물감으로 종이나 천 위에 직접 그림을 그리는 회화와는 다른 표현력을 지닌다고 하였습니다. 하지만 판화가 회화보다 널리 사용된다고 설명한 부분은 나와 있지 않습니다.
③ 첫 번째 문단에서 나무, 금속, 돌 등의 면에 그림을 새겨 판을 만든 다음, 잉크나 물감 등을 칠해서 종이나 천에 찍어 내는 그림을 판화라고 한다고 하였습니다. 이때 나무, 금속, 돌을 판으로 이용할 때의 특징에 대해 설명한 부분은 나와 있지 않습니다.
④ 세 번째 문단에서 볼록 판화는 양각과 음각의 원리를 이용한다고 하였습니다. 하지만 양각과 음각을 표현할 때 주의할 점은 나와 있지 않습니다.
⑤ 세 번째 문단에서 오목 판화는 섬세하고 정교한 모습을 표현하기에 적절하다고 하였습니다. 하지만 오목 판화보다 섬세한 모습을 표현할 수 있는 판화의 종류는 나와 있지 않습니다.

4 (1)~(3) 모두 '반전'의 뜻입니다. ㉠은 좌우 방향이 반대로 된다는 뜻이므로, (3)의 뜻이 알맞습니다.

5 ㉡의 '짙고'와 ㉢의 '흐린'은 뜻이 서로 반대되는 반의 관계입니다. ④의 '벗다 – 입다'도 반의 관계입니다.

✔ **오답 풀이**

①, ②, ③, ⑤ 두 말의 뜻이 비슷한 유의 관계에 있습니다.

> **어휘력 더하기** 여러 가지 뜻을 지닌 말을 다의어라고 합니다. 이런 경우 각각의 뜻마다 반의 관계를 이루는 말이 다른 경우도 있습니다. 예를 들어 '벗다'의 경우, '(옷을) 입다', '(신을) 신다', '(모자를) 쓰다', '(장갑을) 끼다'와 같이 그 뜻이 무엇이냐에 따라 반의어가 달라집니다.

050 쪽

❶ 반전 ❷ 반항
❸ 반감 ❹ 반론

051 쪽 이해 - 적용 - 심화

1 ㉠ 2 ㉣ 3 ㉡
4 ㉢ 5 반항
6 반감 7 반전 8 반론
9 ②

어휘 학습

이해

1 '반감'은 '반대하거나 반항하는 감정.'을 뜻합니다.

2 '반론'은 '남의 논설이나 비난, 논평 따위에 대하여 반박함. 또는 그런 논설.'을 뜻합니다.

3 '반전'은 '위치, 방향, 순서 따위가 반대로 됨.'을 뜻합니다.

4 '반항'은 '다른 사람이나 대상에 맞서 대들거나 반대함.'을 뜻합니다.

적용

5 아버지에게 대드는 것을 뜻하므로 '반항'이 어울립니다.

6 안 좋은 감정을 품게 되는 것을 뜻하므로 '반감'이 어울립니다.

7 순서가 반대가 되도록 한 상황이므로 '반전'이 어울립니다.

8 주장에 대한 상대편의 의견이므로 '반론'이 어울립니다.

심화

9 '반발심'은 '어떤 상태나 행동 따위에 대하여 거스르고 반항하려는 마음.'이라는 뜻입니다. 따라서 반대하거나 반항하는 감정을 뜻하는 '반감'과 뜻이 비슷하므로 바꾸어 쓸 수 있습니다. 두 말은 유의 관계에 있습니다.

1 환경 호르몬 **2** ④

3 ⑤ **4** ③ **5** (1) ○

인체에 유독한 환경 호르몬

글의 종류
설명문

글의 특징
환경 호르몬의 종류와 환경 호르몬이 인체에 끼치는 해로운 영향을 구체적으로 설명하는 글입니다.

주제
환경 호르몬이 인체에 끼치는 해로움과 이를 줄이는 방법

1 이 글은 환경 호르몬의 개념과 그로 인한 문제점을 설명하고 있습니다.

2 첫 번째 문단과 두 번째 문단에서 환경 호르몬이 인체에 끼치는 해로움을 설명하고, 세 번째 문단에서 환경 호르몬이 몸속으로 들어오는 것을 줄일 수 있는 방법에 대해 설명하고 있습니다.

3 두 번째 문단에서 환경 호르몬이 인체에 어느 정도까지 영향을 미치는지는 아직까지 명확하게 밝혀지지 않았다고 하였습니다.

✔ **오답 풀이**
① 세 번째 문단에서 환경 호르몬의 종류는 계속 늘고 있다고 하였습니다.
② 두 번째 문단에서 '환경 호르몬을 만들어 내는 화학 물질'이라는 내용을 통해 알 수 있습니다.
③ 첫 번째 문단에서 환경 호르몬은 정상적인 호르몬의 생성과 작용을 방해한다고 하였습니다.
④ 두 번째 문단에서 미국보다 우리나라에 당뇨병 환자가 많은 것은 환경 호르몬을 만들어 내는 화학 물질 사용량이 미국보다 많기 때문으로 추정된다고 하였습니다.

4 '만성적'은 '쉽게 고쳐지지 아니하거나 쉽게 낫지도 아니하는 것.'을 뜻합니다.

✔ **오답 풀이**
① 자기 자신의 이익만을 꾀하는 것을 뜻하는 말은 '이기적'입니다.
② 변화나 발전의 속도가 급하게 이루어지는 것을 뜻하는 말은 '급진적'입니다.
④ 어떤 사실이나 사물, 내용 따위를 여러 사람에게 터놓는 것을 뜻하는 말은 '공개적'입니다.
⑤ 다른 사람이나 어떤 목적을 위하여 자신의 목숨, 재산, 명예, 이익 따위를 바치거나 버리는 것을 뜻하는 말은 '희생적'입니다.

5 ⓒ은 '독성이 있음.'을 뜻하고, ⓒ은 '많은 것 가운데 홀로 두드러지는 것.'을 뜻합니다. ⓒ과 ⓒ은 형태는 같지만 뜻이 서로 관련이 없으므로 동형어입니다. (1)의 '잡다'는 '손으로 움키고 놓지 않다.'라는 기본적인 뜻이 확장되어 '붙들어 손에 넣다.'라는 뜻까지 지니는 말입니다. 따라서 서로 관련이 없는 두 개의 말이 아니라 한 낱말이 서로 관련이 있는 여러 가지 뜻을 지닌 것입니다. 따라서 (1)은 동형어가 아니라 다의어입니다.

어휘력 더하기 ⓒ과 ⓒ의 '유독'은 동형어입니다. 동형어는 형태는 같지만 뜻이 서로 관련이 없는 말입니다. 그에 반해 다의어는 한 낱말이 여러 가지 뜻을 지녔기 때문에 뜻이 서로 관련이 있습니다. 그러므로 어떤 낱말이 다의어인지, 동형어인지를 판단할 때에는 뜻이 서로 관련이 있는지 없는지를 살펴보아야 합니다.

어휘 학습

054 쪽
❶ 유독 ❷ 해독
❸ 식중독 ❹ 소독

055 쪽 이해 · 적용 · 심화

1 유독 **2** 해독 **3** 소독
4 식중독 **5** ㉮
6 ㉣ **7** ㉡ **8** ㉢
9 소독, 살균, 멸균

[이해]
1 '유독'은 '독성이 있음.'을 뜻합니다.
2 '해독'은 '몸 안에 들어간 독성 물질의 작용을 없앰.'을 뜻합니다.
3 '소독'은 '병의 감염이나 전염을 예방하기 위하여 병원균을 죽이는 일.'을 뜻합니다.
4 '식중독'은 '상한 음식을 먹은 뒤에 복통, 설사, 구토 따위의 증상이 일어나는 병.'을 뜻합니다.

[적용]
5 전염을 예방하기 위하여 병원균을 죽이는 행위를 한 것이므로 '소독'이 알맞습니다.
6 아이가 쓸 화장품에 해로운 독성 물질이 있는지 살펴보는 것이므로 '유독'이 알맞습니다.
7 독성 물질의 작용을 없애야 하므로 '해독'이 알맞습니다.
8 여름철에는 날씨가 더워 음식물이 상하기 쉽기 때문에, 이로 인한 병에 걸리지 않도록 주의해야 한다는 것이므로 '식중독'이 알맞습니다.

[심화]
9 '균을 없애다.'는 뜻을 지닌 말은 '소독', '살균', '멸균'입니다.

056~057 쪽

1 인구 밀도   2 ②

3 ③   4 (1) ○

5 ④

인구 밀도

글의 종류
설명문

글의 특징
인구 밀도의 뜻을 설명한 뒤, 싱가포르와 우리나라의 인구 밀도를 예로 들어 인구 밀도와 그 특징을 설명하는 글입니다.

주제
인구 밀도의 뜻과 특징

1 이 글은 인구 밀도의 개념과 그 특징에 대해 설명하고 있습니다.

2 마지막 문단에서 우리나라의 인구는 대도시를 중심으로 모여 있고, 특히 수도권 지역의 인구 밀도가 높다고 하였습니다.

✔ 오답 풀이
① 첫 번째 문단에서 인구 밀도는 일정한 지역의 면적에 대한 인구수의 비율을 말한다고 하였습니다.
③ 두 번째 문단에서 인구 밀도가 낮은 나라는 주변 교통이 불편한 경우가 많다고 하였습니다.
④ 두 번째 문단에서 인구 밀도가 높은 나라는 다른 지역에 비해 많은 사람이 살고 있으므로 아파트처럼 높은 건물이 많다고 하였습니다.
⑤ 세 번째 문단에서 경제 협력 개발 기구의 가입국 중 우리나라의 인구 밀도가 1위라고 하였습니다.

3 마지막 문단에서 도시로 인구가 몰리면서 지방에는 일손이 부족해지는 현상이 불거지고 있다고 하였습니다.

✔ 오답 풀이
① 마지막 문단에서 도시로 인구가 몰리면서 교통 체증 같은 문제가 나타나게 되었다고 하였지만, 이를 해결하는 방법은 나타나 있지 않습니다.
② 인구 밀도가 높은 싱가포르와 우리나라에 대해 설명하고 있지만, 인구 밀도를 떨어뜨리기 위해서 해야 할 일은 나타나 있지 않습니다.
④ 두 번째 문단에서 싱가포르의 인구 밀도가 높다는 것을 설명하고 있지만, 싱가포르가 우리나라보다 인구 밀도가 높은 이유는 나타나 있지 않습니다.
⑤ 세 번째 문단에서 경제 협력 개발 기구의 가입국 중 우리나라의 인구 밀도가 가장 높다는 것은 설명하고 있지만, 인구 밀도가 가장 낮은 나라는 나타나 있지 않습니다.

4 이 글에서 '밀도'는 모두 '빽빽이 들어선 정도.'라는 뜻으로 사용되었습니다. 구체적으로는 '일정한 장소나 공간 안에 들어 있는 어떤 사물의 빽빽한 정도.'라는 뜻입니다.

어휘력 더하기 '밀도'처럼 하나의 말이 둘 이상의 뜻을 지닌 것을 '다의어'라고 합니다. 다의어 중에서 핵심적이고 기본적인 뜻을 '중심 의미'라고 하고, 그것에서 갈려 나온 뜻을 '주변 의미'라고 합니다. 대부분 국어사전에서 맨 처음에 나오는 뜻이 중심 의미입니다.

5 '불거지다'는 어떤 현상이 두드러지게 커지거나 갑자기 생겨나는 것을 말합니다. '해결되다'는 '제기된 문제가 해명되거나 얽힌 일이 잘 처리되다.'의 뜻을 지니므로, '불거지다'와 바꾸어 쓸 수 없습니다.

어휘 학습

058 쪽

❶ 밀도   ❷ 밀집
❸ 긴밀   ❹ 치밀

059 쪽 이해 적용 심화

1 ④   2 ⓓ   3 ㉮
4 ㉣   5 긴밀   6 밀집
7 밀도   8 치밀   9 ⑤

이해

1 '밀도'는 '빽빽이 들어선 정도.'를 뜻하는 말입니다.

2 '밀집'은 '빈틈없이 빽빽하게 모임.'을 뜻하는 말입니다.

3 '치밀하다'는 '자세하고 꼼꼼하다.'를 뜻하는 말입니다.

4 '긴밀하다'는 '서로의 관계가 매우 가까워 빈틈이 없다.'를 뜻하는 말입니다.

적용

5 '매우 가까운'은 '긴밀한'과 뜻이 비슷합니다.

6 '빽빽하게 모여 있는'은 '밀집된'과 뜻이 비슷합니다.

7 사람들이 '모여 들어선 정도'는 '밀도'와 뜻이 비슷합니다.

8 '자세하고 꼼꼼한'은 '치밀한'과 뜻이 비슷합니다.

심화

9 여행 계획을 미리 자세하고 꼼꼼하게 세운다고 하였으므로, 매일 할 것과 갈 곳을 '치밀하게' 계획한다고 해야 알맞습니다. ①~④는 자세하고 꼼꼼하다는 뜻을 지닌 '치밀하다'와 반대되는 뜻을 지닙니다.

060~061 쪽

1 주몽 **2** ㉰, ㉱
3 ② **4** ③ **5** ③

모든 화살을 명중시킨 주몽

글의 종류
설화

글의 특징
알에서 태어난 주몽이 고구려를 세우기까지의 과정을 담은 이야기입니다.

주제
주몽의 신비한 탄생과 고구려의 건국 과정

1 신비롭게 태어나 활을 매우 잘 쏘았으며, 고구려를 세운 주몽이 중심인물입니다.

2 ㉰ 대소는 주몽을 시기하여 금와에게 주몽을 제거해야 한다고 말하였습니다. ㉱ 금와는 주몽을 없애자는 왕자의 말을 듣지 않았습니다.

3 주몽은 여러 왕자들이 시기하여 죽을 위기를 겪습니다.

❤ 오답 풀이
① 주몽이 자신을 시기하는 왕자들에게게서 도망쳐 졸본천을 도읍으로 정하고, 고구려를 세우게 된 과정이 드러나 있습니다.
③ 일곱 살이 되자 화살로 파리를 쏘는데, 백 번 쏘면 백 번 다 명중하였다는 주몽의 뛰어난 능력이 강조되고 있습니다.
④ 주몽이 알에서 태어난 것을 통해 주몽이 일반 사람과 다른 특별한 인물임을 드러내고 있습니다.
⑤ 주몽이 하늘을 올려다보며 도와달라고 외치자, 물고기와 자라 떼가 다리를 만들어 주었는데, 이는 현실에서 일어날 수 없는 방법으로 문제가 해결된 것입니다.

4 '명중'은 '화살이나 총알 따위가 겨냥한 곳에 바로 맞음.'이라는 뜻이고, '적중'은 '화살 따위가 목표물에 맞음.'이라는 뜻입니다. 두 말의 뜻이 비슷하므로 '적중'은 '명중'과 바꾸어 쓸 수 있습니다.

어휘력 더하기 '명중'에서 '명(命)'은 주로 '목숨'이나 '명령'이라는 뜻으로 쓰이지만 '목표물'이라는 뜻도 있습니다. '명중'에서는 '목표물'이라는 뜻으로 사용되었습니다. 따라서 '명중'은 '목표물의 한가운데를 맞힌다.'는 뜻을 지닌 말로, 매우 뛰어난 활 솜씨를 가리킵니다.

5 ㉡에서 금와의 일곱 아들이 늘 주몽을 시기한 것은 자신들보다 주몽의 재주가 더 뛰어났기 때문입니다. 따라서 주몽을 '군계일학'으로 표현할 수 있습니다. '군계일학'은 '닭의 무리 가운데에서 한 마리의 학.'이라는 뜻으로, 많은 사람 가운데서 뛰어난 인물을 이르는 말입니다.

❤ 오답 풀이
① '유유상종'은 '같은 무리끼리 서로 사귐.'을 뜻하는 말입니다.
② '갑남을녀'는 '갑이란 남자와 을이란 여자.'라는 뜻으로 평범한 사람들을 이르는 말입니다.
④ '개과천선'은 '지난날의 잘못이나 허물을 고쳐 올바르고 착하게 됨.'을 뜻하는 말입니다.
⑤ '장삼이사'는 '장씨의 셋째 아들과 이씨의 넷째 아들.'이라는 뜻으로, 이름이나 신분이 특별하지 않은 평범한 사람들을 이르는 말입니다.

어휘 학습

062 쪽

❶ 명중   ❷ 명맥
❸ 생명   ❹ 운명

063 쪽 이해 · 적용 · 심화

1 생명 **2** 명중 **3** 운명
4 명맥 **5** 생명 **6** 명중
7 운명 **8** 명맥 **9** 명중

이해

1 '사람이 살아서 숨 쉬고 활동할 수 있게 하는 힘.'이라는 뜻을 지닌 말은 '생명'입니다.

2 '화살이나 총알 따위가 겨냥한 곳에 바로 맞음.'이라는 뜻을 지닌 말은 '명중'입니다.

3 '인간의 생명과 인생을 지배한다고 생각하는 이미 정해져 있는 강한 힘.'이라는 뜻을 지닌 말은 '운명'입니다.

4 '맥이나 목숨이 유지되는 근본.'이라는 뜻을 지닌 말은 '명맥'입니다.

적용

5 안중근 의사가 자신의 목숨을 걸고 독립운동을 하였다는 것이므로 '생명'이 어울립니다.

6 스무 발의 총알을 모두 과녁에 맞춘 것이므로 '명중'이 어울립니다.

7 나의 의지와 관계없이 그 사람을 만난 것이므로 '운명'이 어울립니다.

8 불교가 유지되어 이어 온 것이므로 '명맥'이 어울립니다.

심화

9 빈칸에는 화살을 정중앙에 바로 맞혔다는 뜻의 말이 들어가야 합니다. 이 글에서 '명중'은 '화살이나 총알 따위가 겨냥한 곳에 바로 맞음.'이라는 뜻을 지니므로, 빈칸에 들어가기에 알맞습니다.

064~065 쪽

1 적응 2 ㉰, ㉱

3 ③   4 (2) ○

5 ②

생물의 적응

글의 종류
설명문

글의 특징
생물이 오랜 시간에 걸쳐 환경에 맞추어 살아가는 적응에 대해 다양한 예를 들어 설명한 글입니다.

주제
생물의 적응 사례

1 이 글은 생물이 오랜 시간에 걸쳐 환경에 맞추어 살아가는 '적응'에 대해 설명하고 있는 글입니다.

2 세 번째 문단을 보면 피하 지방은 체온이 빠져나가는 것을 막아 주어 추위로부터 몸을 보호하는 역할을 한다고 하였으므로, 에스키모인은 피하 지방을 통해 체온이 떨어지는 것을 막는다는 것을 알 수 있습니다(㉰). 그리고 마지막 문단에서 오므리는 행동을 통해 몸을 보호할 수 있도록 적응한 생물은 공벌레임을 알 수 있습니다(㉱).

3 두 번째 문단에서 사막여우는 몸속의 열을 내보내기 좋은 큰 귀를 가지고 있다고 하였지만, 귀가 커서 생기는 문제점에 대한 내용은 나타나 있지 않습니다.

◈ 오답 풀이
① 두 번째 문단을 통해 북극여우는 주변의 하얀 눈과 비슷한 색깔의 털을 가짐으로써 적으로부터 몸을 보호하도록 적응했음을 알 수 있습니다.
② 다섯 번째 문단을 통해 다람쥐는 겨울잠을 잠으로써 저장된 양분을 천천히 사용함을 알 수 있습니다.
④ 네 번째 문단을 통해 철새들은 계절의 변화에 따라 기온과 먹이가 달라지기 때문에 서식지를 옮기는 것임을 알 수 있습니다.
⑤ 세 번째 문단을 통해 에스키모인들의 평균 몸무게가 무거운 까닭은 피하 지방이 많아서임을 알 수 있습니다.

4 ㉠은 '어떠한 상황이나 환경에 익숙해지거나 알맞게 변하는 것.', ㉡은 ㉠의 뜻이 확장된 '생물이 주위 환경에 적합하도록 형태적·생리학적으로 변화함.'을 뜻합니다. 둘은 다의어 관계에 있습니다. (2)의 '들다'는 소리는 같지만 뜻이 서로 다른 동형어 관계에 있습니다.

5 ㉢의 '짓다'는 '한데 모여 줄이나 대열 따위를 이루다.'의 뜻을 가지고 있으므로, 비슷한 뜻으로 쓰인 것은 ②에 들어가야 합니다.

◈ 오답 풀이
① '재료를 들여 밥, 옷, 집 따위를 만들다.'라는 뜻의 '짓다'가 들어가야 합니다.
③ '시, 소설, 편지, 노래 가사 따위와 같은 글을 쓰다.'라는 뜻의 '짓다'가 들어가야 합니다.
④ '죄를 저지르다.'라는 뜻의 '짓다'가 들어가야 합니다.
⑤ '논밭을 다루어 농사를 하다.'라는 뜻의 '짓다'가 들어가야 합니다.

(어휘력 더하기) '짓다'를 국어사전에서 찾아보면, 하나의 말에 여러 개의 뜻이 있음을 확인할 수 있습니다. 이렇게 둘 이상의 뜻을 가진 말을 '다의어'라고 합니다.

066 쪽

❶ 적응   ❷ 적성
❸ 적용   ❹ 적합

067 쪽 이해 · 적용 · 심화

1 적용 2 적합 3 적성
4 적응 5 ㉣ 6 ㉮
7 ㉰ 8 ㉯ 9 ④

어휘 학습

(이해)
1 '알맞게 이용하거나 맞추어 씀.'이라는 뜻을 지닌 말은 '적용'입니다.
2 '일이나 조건 따위에 꼭 알맞음.'이라는 뜻을 지닌 말은 '적합'입니다.
3 '어떤 일에 알맞은 성질이나 적응 능력.'이라는 뜻을 지닌 말은 '적성'입니다.
4 '어떠한 상황이나 환경에 익숙해지거나 알맞게 변하는 것.'이라는 뜻을 지닌 말은 '적응'입니다.

(적용)
5 환자의 상태에 알맞은 치료 방법을 찾아야 한다는 뜻이므로 '적합'이 어울립니다.
6 기존 회원에게도 혜택이 똑같이 맞추어 쓰일 것이라는 뜻이므로 '적용'이 어울립니다.
7 아이들의 소질이나 성격에 맞는 취미를 찾는 것이 바람직하다는 뜻이므로 '적성'이 어울립니다.
8 전학 간 학교에 익숙해진다는 뜻이므로 '적응'이 어울립니다.

(심화)
9 '어떠한 상황이나 환경에 익숙해지거나 알맞게 변하는 것.'을 뜻하는 '적응'이 알맞습니다.

068~069 쪽

1 분단 2 ① 3 ④
4 (2) ○   5 ①

분단을 끝내야 한다

글의 종류
논설문

글의 특징
분단으로 인한 문제점과 통일을 이루었을 때의 여러 가지 이로운 점을 제시하며 통일을 해야 한다고 주장하는 글입니다.

주제
분단 상황에서의 문제점과 통일의 이점

1 이 글은 남과 북으로 분단된 우리나라의 상황을 문제로 삼으며, 분단을 끝내기 위해 통일을 해야 한다고 주장하고 있습니다.

2 글쓴이는 통일을 이루었을 때의 이로운 점을 제시하며 우리나라와 북한이 서로 마음을 모아 통일을 이루자고 주장하고 있습니다.

✅ 오답 풀이
② 남과 북의 차이점을 설명하기 위해서가 아니라, 남과 북의 차이가 점점 커지게 되는 문제가 있으므로 통일을 해야 한다고 주장하고 있습니다.
③ 마지막 문단에서 통일에 따르는 부작용도 만만치 않을 것이지만, 이를 극복할 방안들을 논의하며 해결해 나갈 수 있다고 하였습니다.
④ 통일을 이루는 구체적인 방법은 나타나 있지 않습니다.
⑤ 첫 번째 문단에서 우리나라는 분단국가임을 밝히고 있지만, 우리나라와 다른 나라의 차이점을 설명하고 있지는 않습니다.

3 첫 번째 문단에서 우리나라는 육이오 전쟁 이후 남과 북으로 갈라진 분단국가라고 하였습니다. 1910년부터 36년 동안은 일본에 나라를 빼앗겼던 시기입니다.

✅ 오답 풀이
① 세 번째 문단에서 우리나라는 휴전 중이라고 하였습니다.
② 네 번째 문단에서 통일이 되면 국방비를 줄일 수 있을 것이라고 하였습니다.
③ 네 번째 문단에서 통일이 되면 북한에 있는 천연자원과 비무장 지대와 같은 관광 자원을 활용하여 경제를 더욱 발전시킬 수 있다고 하였습니다.
⑤ 세 번째 문단에서 우리나라는 전쟁에 대비한 군사 훈련을 계속하고 있다고 하였습니다.

4 ㉠의 '분단'과 (2)의 '분단'은 동강이 나게 끊어 가른다는 뜻입니다.

✅ 오답 풀이
(1) '분단'은 '한 학급을 보다 작은 단위로 나눔.'을 뜻합니다.
(3) '분단'은 '내용에 따라 문단을 몇 단락으로 나눔.'을 뜻합니다.

(어휘력 더하기) '동강이 나게 끊어 가름.'을 뜻하는 '분단'도 있고, '한 학급을 보다 작은 단위로 나눔.'을 뜻하는 '분단'도 있고, '내용에 따라 문단을 몇 단락으로 나눔.'을 뜻하는 '분단'도 있습니다. 세 개의 '분단'은 형태는 같지만 뜻이 다른 말들입니다.

5 '회의적'은 '어떤 일에 의심을 품는.'을 뜻합니다.

070 쪽

❶ 분단   ❷ 단념
❸ 절단   ❹ 결단

071 쪽   이해 · 적용 · 심화

1 ㉢ 2 ㉠ 3 ㉣
4 ㉢ 5 ㉑ 6 ㉮
7 ㉒ 8 ㉕ 9 ①

어휘 학습

이해
1 '분단'은 '동강이 나게 끊어 가름.'을 뜻하는 말입니다.
2 '절단'은 '자르거나 베어서 끊음.'을 뜻하는 말입니다.
3 '결단'은 '결정적인 판단을 하거나 단정을 내림. 또는 그런 판단이나 단정.'을 뜻하는 말입니다.
4 '단념'은 '품었던 생각을 아주 끊어 버림.'을 뜻하는 말입니다.

적용
5 동물을 잡으려는 생각을 끊어 버린 것이므로 '단념'이 어울립니다.
6 실수로 벤 나무를 붙이려는 것이므로 '절단'이 어울립니다.
7 우리 민족에게 시련을 가져온 것이므로 '분단'이 어울립니다.
8 대통령이 전쟁을 멈추기로 판단한 것이므로 '결단'이 어울립니다.

심화
9 빈칸에는 어떤 것을 하기로 결정한다는 뜻의 말이 들어가야 합니다. 따라서 결정적인 판단을 하거나 단정을 내린다는 뜻의 '결단'이 알맞습니다.

072~073쪽

1 통합   2 ⑤
3 ㈏, ㈐, ㈑   4 ⑤
5 ③

행정 구역의 통합

글의 종류
설명문

글의 특징
행정 구역을 통합하는 이유와 통합할 때의 우려되는 점을 밝히고, 정부가 지방의 행정 구역을 통합하는 데 적극적인 이유를 설명하는 글입니다.

주제
행정 구역을 통합하는 이유와 그에 따른 문제점

1 이 글은 행정 구역들을 통합하는 이유와 그에 따른 우려되는 점을 설명하는 글입니다.

2 이 글은 행정 구역을 통합하는 이유를 밝힌 후, 행정 구역을 통합한 대표적인 예를 들고 있습니다. 그리고 통합할 때의 우려되는 점을 설명하고 있습니다. 따라서 이 글의 주제는 행정 구역을 통합하는 이유와 그에 따른 문제점입니다.

3 마지막 문단에서 정부는 지방의 행정 구역을 통합하는 데 적극적인데, 그 이유는 통합을 통해 지방에도 대도시를 만들어서 경쟁력을 갖게 할 수 있기 때문(㈑)이라고 하였습니다. 그리고 두 번째 문단에서 행정 구역을 통합하여 한군데에서 상하수도나 학교 등 여러 시설을 운영하는 것이 행정에 드는 비용을 줄일 수 있고(㈐), 주민들이 이용하기 편한 위치에 행정 기관을 세우면 주민들의 삶을 편리하게 만들 수 있다(㈑)고 하였습니다.

❤ 오답 풀이
㉮ 네 번째 문단에서 행정 구역들이 통합하게 되면 우려되는 점도 많은데, 그중 하나로 주민들의 입장을 하나로 모으기가 쉽지 않다고 하였습니다.
㉲ 네 번째 문단에서 행정 구역이 통합되면서 작은 도시나 군의 주민들이 통합된 큰 도시나 군으로 몰리면서 오히려 쇠퇴하는 지역이 더 늘어날 수도 있는 점이 우려된다고 하였습니다.

4 '통합하다'는 '둘 이상의 조직이나 기구 따위를 하나로 합치다.'라는 뜻입니다. 따라서 행정 구역을 '하나로 합치려는'은 '통합하려는'의 뜻입니다.

❤ 오답 풀이
① '위임하다'는 '남에게 어떤 일을 하도록 책임을 지워 맡기다.'라는 뜻입니다.
② '지원하다'는 '무엇 또는 어떤 일을 뒷받침하여 돕다.'라는 뜻입니다.
③ '추진하다'는 '어떤 목적을 위해서 일을 계속 밀고 나가다.'라는 뜻입니다.
④ '통치하다'는 '나라나 지역을 다스리다.'라는 뜻입니다.

5 '우려'는 '근심하거나 걱정함.'이라는 뜻이며, '염려'도 '앞일에 대하여 여러 가지로 마음을 써서 걱정함.'이라는 뜻입니다. 두 말은 서로 뜻이 비슷한 유의 관계를 이루고 있습니다. 따라서 두 말은 서로 바꾸어 써도 됩니다.

어휘력 더하기 '우려'에서 한자 '우(憂)'는 '근심할 우'로 '걱정'의 뜻을 가지고 있습니다. 그리고 '염려'를 구성하는 한자 '염(念)'과 '려(慮)' 모두 '생각하다'의 뜻을 지니면서 '걱정'의 뜻을 가지고 있습니다. 이렇게 낱말을 구성하고 있는 한자를 활용해서 낱말의 뜻과 관계를 추측해 볼 수 있습니다.

074쪽

❶ 통합   ❷ 통치
❸ 전통   ❹ 통제

075쪽 이해 적용 심화

1 ㉣ 2 ㉢ 3 ㉠
4 ㉡ 5 ㉑ 6 ㉮
7 ㉯ 8 ㉰ 9 통치

어휘 학습

이해
1 '전통'은 '예전부터 이어 내려오는 사상·관습·행동 따위의 양식, 또는 그것의 기본을 이루는 정신.'을 뜻합니다.
2 '통제'는 '일정한 방침이나 목적에 따라 행위를 제한하거나 제약함.'을 뜻합니다.
3 '통치'는 '나라나 지역을 도맡아 다스림.'을 뜻합니다.
4 '통합'은 '둘 이상의 조직이나 기구 따위를 하나로 합침.'을 뜻합니다.

적용
5 마을에 이어져 내려온 것을 지킨다는 뜻이므로 '전통'이 어울립니다.
6 외국인들의 입국을 제한한다는 뜻이므로 '통제'가 어울립니다.
7 국민이 국가를 다스리는 주인이 되어야 한다는 뜻이므로 '통치'가 어울립니다.
8 두 개의 작은 도서관을 합친다는 뜻이므로 '통합'이 어울립니다.

심화
9 '다스렸다.'라는 뜻을 지닌 말은 '통치(했다)'입니다. '통치'는 '나라나 지역을 도맡아 다스림.'이라는 뜻입니다.

076~077 쪽

1 정몽주 **2** (1) ○

3 ②   **4** ④

5 ㉠-㉮, ㉡-㉰,
  ㉢-㉯

명나라 황제와 담판을 지은 정몽주

글의 종류
전기문

글의 특징
고려의 충신 정몽주의 삶과 명나라 및 일본과의 외교에서 세운 업적을 알려 주는 글입니다.

주제
정몽주의 삶과 업적

1 이 글은 정몽주가 고려를 이끄는 중심인물이 되기까지의 삶과, 명나라 및 일본과의 외교 관계에서 세운 업적을 다룬 글입니다.

2 글쓴이는 정몽주가 고려를 이끄는 중심인물이 되기까지의 삶을 소개한 후, 그가 명나라, 일본과의 외교에서 이룬 뛰어난 업적을 소개하고 있습니다.

3 첫 번째 문단에서 훗날 고려를 무너뜨리고 조선을 세운 사람은 이성계임을 알 수 있습니다.

✔ **오답 풀이**
① 첫 번째 문단에서 정몽주는 학문과 무예 실력을 모두 갖춘 인재로 떠올랐다고 하였습니다.
③ 첫 번째 문단에서 정몽주는 뛰어난 가문 출신은 아니었지만 어린 시절부터 남들보다 뛰어나고 영리한 모습을 보였다고 하였습니다.
④ 두 번째 문단에서 정몽주는 명나라와의 외교를 통해 명나라에 잡혀 있던 고려의 사신들을 풀려나게 했다고 하였습니다.
⑤ 세 번째 문단에서 정몽주의 탁월한 시 짓기 능력은 일본의 승려들을 감동시켰다고 하였습니다.

4 '하나를 부르면 열을 짚는다'는 한마디 말을 듣고도 여러 가지 사실을 미루어 알아낼 정도로 매우 총기가 있다는 뜻의 속담입니다. 따라서 ㉮를 나타내기에 알맞습니다.

✔ **오답 풀이**
① '무게가 천 근이나 된다'는 사람됨이 묵직하여 믿음직스럽다는 속담입니다.
② '열을 듣고 하나도 모른다'는 아무리 들어도 깨우치지 못하여 어리석고 우둔하다는 속담입니다.
③ '하나만 알고 둘은 모른다'는 생각이 밝지 못하여 도무지 융통성이 없고 미련하다는 속담입니다.
⑤ '백 번 듣는 것이 한 번 보는 것만 못하다'는 듣기만 하는 것보다는 직접 보는 것이 확실하다는 속담입니다.

어휘력 더하기 '하나를 부르면 열을 짚는다'와 뜻이 같은 속담에는 '하나를 듣고 열을 안다'와 '하나를 알면 백을 안다'가 있습니다. 한자 성어인 '문일지십(聞一知十)'도 같은 뜻입니다.

5 ㉠ '담판'은 '서로 맞선 관계에 있는 양쪽이 의논하여 옳고 그름을 판단함.'이라는 뜻입니다. ㉡ '설득'은 '상대편이 이쪽 편의 이야기를 따르도록 여러 가지로 깨우쳐 말함.'이라는 뜻입니다. ㉢ '설명'은 '어떤 일이나 대상의 내용을 상대편이 잘 알 수 있도록 밝혀 말함.'이라는 뜻입니다.

어휘력 더하기 '담판'에서 '담(談)'은 '말씀'이나 '이야기'라는 뜻을 지닙니다. 이는 어떤 말을 열정적으로 할 때 쓰는 한자입니다. 따라서 '담판'은 당사자가 서로 열정적으로 말함으로써 옳고 그름을 판단한다는 뜻을 지닙니다.

어휘 학습

078 쪽

❶ 담판   ❷ 험담
❸ 담소   ❹ 미담

이해

1 '담소'는 '웃고 즐기면서 이야기함. 또는 그런 이야기.'라는 뜻입니다.

2 '담판'은 '서로 맞선 관계에 있는 양쪽이 의논하여 옳고 그름을 판단함.'이라는 뜻입니다.

3 '미담'은 '사람을 감동시킬 만큼 아름다운 내용을 가진 이야기.'라는 뜻입니다.

4 '험담'은 '남의 흠을 들추어 헐뜯음. 또는 그런 말.'이라는 뜻입니다.

079 쪽 이해 적용 심화

1 ㉡ **2** ㉣ **3** ㉢

4 ㉠ **5** 험담 **6** 담소

7 미담 **8** 담판 **9** 험담

적용

5 옳지 않은 말이어야 하므로, 다른 사람을 헐뜯는다는 뜻의 '험담'이 알맞습니다.

6 다른 사람과 웃으며 대화를 나눈다는 뜻의 '담소'가 알맞습니다.

7 아름다운 내용을 가진 이야기를 뜻하는 '미담'이 알맞습니다.

8 피해 보상에 대해 의논하여 판단한 것이므로 '담판'이 알맞습니다.

심화

9 다른 사람의 흠을 들추어 헐뜯는다는 뜻을 지닌 '험담하고'와 바꾸어 쓸 수 있으므로, '험담'이 알맞습니다.

1 과거 2 ④ 3 ②

4 (1) ○　　　　5 ④

인재를 선출했던 과거 제도

글의 종류
설명문

글의 특징
과거 제도의 목적과 조선 시대의 과거 방식을 설명하는 글입니다.

주제
과거 제도의 목적과 시험 방식

1 관리를 뽑기 위해 고려와 조선에서 실시하였던 공개 시험인 과거 제도에 대해 설명하는 글입니다.

2 두 번째 문단에서 기술을 맡을 관리는 잡과로 선출했다고 하였습니다.

3 세 번째 문단에서 소과의 2차 시험은 한양에서 보았고, 지방에서 한양까지 오는 데 시간이 많이 걸렸다고 하였습니다. 따라서 한양에서 먼 지방에 사는 사람은 소과에 합격하기에 불리했을 것이라고 짐작할 수 있습니다.

　❤ 오답 풀이
① 첫 번째 문단에서 과거는 추천받을 기회가 없었던 인재들이 관직으로 나가는 통로가 되었다고 하였으므로, 왕족이나 귀족 일가들이 아닌 추천받을 기회가 없었던 인재들에게 유리한 제도였을 것이라고 짐작할 수 있습니다.
③ 두 번째, 세 번째 문단에서 문과는 소과와 대과로 나뉘고, 대과의 마지막 시험에서 1등을 하면 장원 급제라고 한다고 하였습니다. 따라서 문과와 무과, 잡과를 모두 통과할 필요는 없습니다.
④ 마지막 문단에서 과거는 3년마다 치르는 것이 원칙이었다고 하였습니다.
⑤ 세 번째 문단에서 소과는 1차와 2차, 대과는 세 번의 시험을 치른다고 하였으므로 모두 다섯 번의 시험을 거쳐야 합니다.

4 '선출'은 '여럿 가운데서 골라냄.'이라는 뜻입니다.

　❤ 오답 풀이
② '투표로 뽑는 일에 후보자로 나섬.'이라는 뜻을 지닌 말은 '출마'입니다.
③ '어떤 방면으로 활동 범위나 세력을 넓혀 나아감.'이라는 뜻을 지닌 말은 '진출'입니다.

5 '결정하다'는 행동이나 태도를 분명하게 정한다는 뜻입니다. ④의 '지정하다'는 가리켜서 확실하게 정한다는 뜻이므로, 두 말은 서로 뜻이 비슷합니다.

　❤ 오답 풀이
① '예상하다'는 어떤 일을 직접 당하기 전에 미리 생각하여 둔다는 뜻입니다.
② '의논하다'는 어떤 일에 대해 서로 의견을 주고받는다는 뜻입니다.
③ '계획하다'는 앞으로 할 일의 절차, 방법, 규모 따위를 미리 헤아려 작정한다는 뜻입니다.
⑤ '확인하다'는 틀림없이 그러한가를 알아보거나 인정한다는 뜻입니다.

　어휘력 더하기　'결정하다'와 유의 관계에 있는 말로는 '지정하다' 외에도 '정하다', '판정하다', '결단하다', '단정하다' 등이 있습니다. 모두 어떠한 것을 '정한다'는 뜻을 지닙니다.

어휘 학습

❶ 선출　　❷ 선택
❸ 선거　　❹ 선호

　이해　적용　심화
1 선출 2 선호 3 선택
4 선거 5 ㉮　6 ㉣
7 ㉯　8 ㉢　9 선호

이해

1 '여럿 가운데서 골라냄.'이라는 뜻을 지닌 말은 '선출'입니다.

2 '여럿 가운데서 특별히 가려서 좋아함.'이라는 뜻을 지닌 말은 '선호'입니다.

3 '여럿 가운데서 필요한 것을 골라 뽑음.'이라는 뜻을 지닌 말은 '선택'입니다.

4 '일정한 조직이나 집단이 대표자나 임원을 뽑는 일.'이라는 뜻을 지닌 말은 '선거'입니다.

적용

5 역사 소설보다 추리 소설을 더 좋아한다는 뜻이므로 '선호'가 알맞습니다.

6 대통령이나 국회 의원을 뽑는 일을 뜻하므로 '선거'가 알맞습니다.

7 투표를 통해 그를 반장으로 뽑은 것이므로 '선출'이 알맞습니다.

8 읽고 싶은 책을 고르는 것이므로 '선택'이 알맞습니다.

심화

9 '선호 조사'는 무엇을 좋아하는지 찾아보는 것입니다. 이때 '선호'는 '여럿 가운데서 특별히 가려서 좋아함.'이라는 뜻이므로, '어떤 일이나 사물 따위에 대하여 좋은 느낌을 가지는.'을 뜻하는 '좋아하는'과 바꾸어 쓸 수 있습니다.

084~085 쪽

1 일회용품 2 ④
3 (3) ○   4 ⑤
5 ②

편의주의를 고수하는 태도를 버리자

글의 종류
논설문

글의 특징
일회용품의 사용으로 인한 문제점을 지적하면서 편의주의 태도를 버리고 일회용품 사용을 줄이자고 주장하는 글입니다.

주제
일회용품 사용으로 인한 문제점과 해결 방안

1 이 글은 일회용품이 지구를 병들게 하여 훗날 인류의 생존을 위협할 수 있는 것을 문제로 삼고 있습니다.

2 두 번째 문단에서 플라스틱 용기는 50~80년이 지나야 썩고, 스티로폼 용기는 500년 정도가 지나야 썩는다고 하였습니다.

✔ 오답 풀이
① 두 번째 문단에서 대부분의 일회용품이 플라스틱으로 만들어진다고 하였습니다.
② 두 번째 문단에서 대부분의 일회용품은 플라스틱으로 만들어져서 불에 태우면 유독 가스가 발생한다고 하였습니다.
③ 두 번째 문단에서 땅에 묻힌 일회용품이 썩는 과정에서 해로운 물질이 나온다고 하였습니다.
⑤ 세 번째 문단에서 플라스틱이 처리 시설에서 걸러지지 않고 바다로 들어가면 미세 플라스틱으로 잘게 부서진다고 하였습니다.

3 이 글은 지나친 편의주의를 고수하며 일회용품을 사용하는 것을 문제로 삼고 있습니다. 그러면서 글쓴이는 편의주의에서 오는 당장의 편리함만 생각하지 말고, 개인용 컵이나 수저 등을 사용하는 불편함을 기꺼이 받아들이자고 말하고 있습니다.

4 '고수'는 '차지한 물건이나 형세 따위를 굳게 지킴.'이라는 뜻입니다.

어휘력 더하기 '고수'는 차지한 물건이나 형세 따위를 굳게 지킨다는 뜻을 지닌 말입니다. 굳게 지킨다는 뜻은 죽음을 무릅쓰고 지킨다는 '사수'와도 뜻이 비슷합니다. 한편 바둑이나 장기 따위에서 수가 높은 사람도 '고수'라고 부릅니다. 이 말은 굳게 지킨다는 뜻의 '고수'와 형태는 같지만 뜻이 다른 동형어입니다.

5 ㉮는 당장의 편리함이라는 작은 이익만 생각하다가 나중에 인류의 생존이 위협을 받는 큰 문제가 일어날 수 있다는 것입니다. 따라서 '작은 것을 탐하다가 큰 것을 잃음.'이라는 뜻을 지닌 '소탐대실'이 이를 나타내기에 알맞습니다.

✔ 오답 풀이
① '일석이조'는 돌 한 개를 던져 새 두 마리를 잡는다는 뜻으로, '동시에 두 가지 이득을 봄.'을 이르는 말입니다.
③ '유비무환'은 '미리 준비가 되어 있으면 걱정할 것이 없음.'이라는 뜻입니다.
④ '고집불통'은 '조금도 융통성이 없이 자기주장만 계속 내세우는 일. 또는 그런 사람.'이라는 뜻입니다.
⑤ '어부지리'는 '두 사람이 이해관계로 서로 싸우는 사이에 엉뚱한 사람이 애쓰지 않고 가로챈 이익.'을 이르는 말입니다.

어휘 학습

086 쪽
❶ 고수   ❷ 고착
❸ 응고   ❹ 고사

087 쪽 이해 적용 심화
1 ㉠   2 ㉢   3 ㉡
4 ㉣   5 고착 6 고사
7 응고 8 고수 9 ④

이해
1 '고사'는 '제의나 권유 따위를 굳이 사양함.'을 뜻하는 말입니다.
2 '고수'는 '차지한 물건이나 형세 따위를 굳게 지킴.'을 뜻하는 말입니다.
3 '고착'은 '물건 같은 것이 굳게 들러붙어 있음.'을 뜻하는 말입니다.
4 '응고'는 '액체 따위가 엉겨서 뭉쳐 딱딱하게 굳어짐.'을 뜻하는 말입니다.

적용
5 게으른 습관이 굳어지지 않게 매일 일찍 일어나는 것이므로 '고착'이 알맞습니다.
6 회사에서 권해도 회장 자리를 거절한 것이므로 '고사'가 알맞습니다.
7 두부를 만들기 위해 콩을 갈아서 짜낸 콩 물을 굳히는 것이므로 '응고'가 알맞습니다.
8 원칙을 바꾸지 않는 것이므로 '고수'가 알맞습니다.

심화
9 껌이 바닥에 들러붙게 되거나 인물이 어떠한 이미지로 굳어진 것을 뜻하므로, '고착'이 알맞습니다.

088~089 쪽

1 후유증 2 ③
3 영우 4 (2) ○
5 ④

휴가 후유증

글의 종류
설명문

글의 특징
휴가 후유증의 개념과 휴가 후유증에서 벗어나는 방법을 구체적으로 설명하는 글입니다.

주제
휴가 후유증의 개념 및 해소 방법

---

1 이 글은 휴가를 다녀온 뒤에 오히려 몸이 더 힘든 경우인, 휴가 후유증의 개념과 해소 방법에 대해 설명하고 있습니다.

2 네 번째 문단에서 햇볕을 쬐면 '행복 호르몬'으로 불리는 세로토닌이 몸에 늘어나 무기력한 기분을 바꾸는 데에 도움이 된다고 하였습니다. 따라서 산책을 하며 햇볕을 쬐어 휴가 후유증에서 벗어날 수 있습니다.

◆ 오답 풀이
① 세 번째 문단에서 하루 7~8시간의 수면이 바람직하다고 하였습니다.
② 네 번째 문단에서 산책 같은 걷기 운동이 필요하다며, 산책은 발바닥을 자극해 온몸의 혈액 순환을 빠르게 하고 굳어져 있는 척추를 바로잡아 준다고 하였습니다.
④ 마지막 문단에서 냉온욕을 하여 몸의 피로를 풀 수 있다고 하였습니다.
⑤ 네 번째 문단에서 약간 빠른 걸음으로 30분 정도 걷는 것이 효과적이라고 하였습니다.

3 마지막 문단에서 휴가 후유증으로 근육통이 발생하는 경우, 냉온욕을 하면 통증을 풀 수 있다고 하였습니다. 이때 10~15분간 온욕을 한 뒤에 1~2분 정도 냉욕을 하는 과정을 반복하면 좋다고 하였으므로, 영우의 생각이 알맞습니다.

◆ 오답 풀이
세 번째 문단에서 피곤하다는 이유로 잠을 많이 자면 오히려 몸의 피로감이 심해진다고 하였으므로, 규리의 생각은 알맞지 않습니다. 그리고 휴가 후유증이 휴가를 길게 다녀온 사람들에게만 나타난다고 하지는 않았으므로, 도하의 생각은 알맞지 않습니다.

4 (1)과 (2)는 모두 '후유증'의 뜻입니다. 이 중 이 글에 쓰인 '후유증'은 '어떤 일을 치르고 난 뒤에 생긴 부작용.'이라는 뜻으로 사용되었습니다. 병에 걸렸다가 나은 뒤의 증상이 아니라 휴가를 다녀온 뒤에 나타나는 문제점을 가리키는 뜻으로 사용되었기 때문입니다.

5 '종종'은 '가끔.', '시간적 간격이 얼마쯤씩 있게.'라는 뜻입니다. 그런데 '언제나'는 '모든 시간 범위에 걸쳐서.' 즉, '항상'이라는 뜻이므로 '종종'과 바꾸어 쓸 수 없습니다.

◆ 오답 풀이
①, ②, ③, ⑤ '가끔', '간혹', '간간이', '이따금'은 모두 '종종'과 뜻이 비슷한 말입니다.

어휘력 더하기 '종종', '가끔', '간혹', '간간이', '이따금'은 모두 유의 관계를 이룹니다. 그러나 '언제나'는 이 말들과 유의 관계를 이루지 않습니다.

---

090 쪽

❶ 후유증 ❷ 후퇴
❸ 후예 ❹ 후일담

091 쪽   이해 적용 심화

1 ㉰ 2 ㉮ 3 ㉱
4 ㉯ 5 후예
6 후퇴 7 후유증
8 후일담 9 후퇴

어휘 학습

이해

1 '후예'는 '자신의 세대에서 여러 세대가 지난 뒤의 자녀를 통틀어 이르는 말.'을 뜻합니다.

2 '후퇴'는 '뒤로 물러남.'을 뜻합니다.

3 '후일담'은 '어떤 사실과 관련하여, 그 후에 벌어진 경과에 대하여 덧붙이는 이야기.'를 뜻합니다.

4 '후유증'은 '어떤 일을 치르고 난 뒤에 생긴 부작용.'을 뜻합니다.

적용

5 중국에 뿌리를 내린 조선인의 자녀들이 조선족이라는 것이므로 '후예'가 어울립니다.

6 앞으로 나아간다는 뜻과 반대되는 말이자, 뒤로 물러난다는 뜻이어야 하므로 '후퇴'가 어울립니다.

7 명절이 지난 뒤에 피곤함을 느끼는 것이므로 '후유증'이 어울립니다.

8 이야기가 끝난 뒤에 덧붙이는 이야기를 뜻하므로 '후일담'이 어울립니다.

심화

9 '퇴각'은 뒤로 물러감을 뜻하므로 '후퇴'와 뜻이 비슷합니다.

094~095 쪽

1 이임보　　2 ④
3 ①　4 ⑤　5 (2) ○

감언이설로 황제를 속인 이임보

글의 종류
유래담

글의 특징
자신의 세력을 키우기 위해 황제의 비위를 맞춘 이임보의 이야기를 통해 '감언이설'이라는 말이 생긴 유래를 알려 주는 글입니다.

주제
'감언이설'의 유래

---

1 달콤한 말로 현종의 비위를 맞추면서 자신의 이익을 취한 이임보가 이 글의 중심인물입니다.

2 겉으로는 온화한 태도로 사람들을 대했지만, 속으로는 철저하게 계산적이었던 사람은 현종이 아니라 '이임보'입니다.

　✔ 오답 풀이
　① 첫 번째 문단에 현종이 정치에 싫증을 내자 이임보가 이런 현종의 마음을 알아차렸다는 내용이 나옵니다.
　② 마지막 문단에 오랜 시간이 지나서야 현종이 이임보의 말에 속았음을 깨달았다는 내용이 나옵니다.
　③ 첫 번째 문단에 이임보가 학문이 부족했지만 황족이라는 높은 신분 덕분에 관직에 나아갈 수 있었다는 내용이 나옵니다.
　⑤ 이임보가 이민족 출신의 사람을 현종에게 추천한 것은 자신을 따르는 이민족 출신에게 병사를 맡겨 자신의 세력을 더욱 키우기 위해서였습니다.

3 이임보는 현종을 위하는 척 말했지만, 속마음은 자신의 세력을 넓히려는 것이었습니다.

　✔ 오답 풀이
　② 듣기에 이로운 말을 한 이임보를 믿었던 현종은 훗날 그것이 잘못된 판단이었음을 깨달았습니다.
　③ 첫 번째 문단에서 이임보는 학문이 부족하고 나라에 대한 충성심도 없었다고 하였습니다.
　④ 현종은 이임보의 말에 속았다는 것을 깨닫고 이임보와 그의 무리를 쫓아냈으므로 이를 후회했을 것이라고 보기 어렵습니다.
　⑤ 이임보가 신분이 낮은 사람들을 추천한 것은 자신의 세력을 더욱 키우기 위해서입니다.

4 '감언이설'은 이임보가 현종에게 한 것처럼 '귀가 솔깃하도록 남의 비위를 맞추거나 이로운 조건을 내세워 꾀는 말.'입니다.

　✔ 오답 풀이
　① 말한 대로 행동함을 이르는 한자 성어는 '언행일치'입니다.
　② 남의 약점을 찌르는 말을 이르는 한자 성어는 '촌철살인'입니다.
　③ 어리석은 질문에 대한 현명한 대답을 이르는 한자 성어는 '우문현답'입니다.
　④ 조리가 없이 이러쿵저러쿵 지껄이는 말을 뜻하는 한자 성어는 '횡설수설'입니다.

5 문맥상 이임보가 군사력까지 차지하고 마음대로 할 수 있도록 휘어잡았다는 뜻을 지닌 말이 들어가야 합니다. 따라서 '무엇을 마음대로 할 수 있게 휘어잡아.'라는 뜻을 가진 '장악하여'가 들어가는 것이 알맞습니다.

096 쪽

❶ 감언이설　❷ 조삼모사
❸ 교언영색　❹ 구밀복검

097 쪽　이해 적용 심화

1 ©　2 ②　3 ⓛ
4 ⑦　　5 교언영색
6 감언이설　7 조삼모사
8 구밀복검　9 ①

이해

1 '감언이설'은 '귀가 솔깃하도록 남의 비위를 맞추거나 이로운 조건을 내세워 꾀는 말.'을 뜻합니다.

2 '교언영색'은 '상대방의 마음을 얻기 위해 아첨하는 말과 알랑거리는 태도를 보이는 것.'을 뜻합니다.

3 '구밀복검'은 '말로는 친한 듯하나 속으로는 해칠 생각이 있음.'을 뜻합니다.

4 '조삼모사'는 '간사한 꾀로 남을 속여 희롱함.'을 뜻합니다.

적용

5 아첨하고 알랑거리는 태도는 '교언영색'의 뜻과 비슷합니다.

6 귀가 솔깃하도록 이로운 조건을 내세워 꾀는 말은 '감언이설'의 뜻과 비슷합니다.

7 간사한 꾀로 속여 넘기려는 것은 '조삼모사'의 뜻과 비슷합니다.

8 말로는 친한 척했지만 뒤에서는 해칠 생각을 하는 것은 '구밀복검'의 뜻과 비슷합니다.

심화

9 저공이 같은 양의 먹이를 주면서 조건을 다르게 제시하여 원숭이들을 속인 상황이므로, '조삼모사'가 알맞습니다.

098~099쪽

1 주처 **2** ③ **3** ④
4 (1) ○ **5** ②

개과천선한 주처

글의 종류
유래담

글의 특징
잘못을 뉘우치고 새 사람이 된 주처의 이야기를 통해 '개과천선'이라는 말이 생긴 유래를 알려 주는 글입니다.

주제
'개과천선'의 유래

1 이 글에서 지난날의 잘못을 뉘우치고 새사람이 된 사람은 '주처'입니다.

2 마을 사람들이 호랑이와 교룡을 죽이면 새사람이 되겠다고 한 주처의 말을 믿겠다고 한 것은 그의 말이 진심인지 궁금해서가 아닙니다. 주처가 호랑이와 교룡과 싸우다가 함께 죽기를 바랐기 때문입니다.

⊘ 오답 풀이
① 마을 사람들은 행패나 부리는 골칫덩어리가 된 주처를 몹시 싫어했습니다.
② 육기는 주처의 노력을 칭찬하며, 새로운 사람이 되려는 주처의 결심을 격려해 주었습니다.
④ 주처는 어려서 부모를 여의고, 부모의 보살핌을 받지 못해 사람들에 대한 예의도 익히지 못했습니다.
⑤ 마을 사람들은 호랑이와 교룡을 죽이고 마을로 돌아온 주처를 반기지 않았습니다.

3 이 글은 주처의 삶을 통해 과거의 잘못을 반성하고 노력하면 새로운 사람이 되어 바르게 살아갈 수 있다는 것을 깨닫게 해 주는 글입니다.

4 오염수를 흘러 나가게 한 회사의 잘못을 사과하고, 피해 복구를 위한 재단을 운영하는 태도는 주처가 과거를 반성하고 새로운 사람이 되려고 결심한 것과 비슷합니다. 한편 ⑵와 ⑶은 과거를 반성하는 부분이나 새사람으로 변하겠다는 결심이 드러나지 않습니다.

5 '개과천선'은 '지난날의 잘못이나 허물을 고쳐 올바르고 착하게 됨.'이라는 뜻을 지닌 한자 성어입니다. 주처는 지난날의 잘못을 뉘우치고 새사람이 되려고 하므로, ㉡에 들어갈 한자 성어로는 '개과천선'이 알맞습니다.

⊘ 오답 풀이
① '고진감래'는 '고생 끝에 즐거움이 옴을 이르는 말.'을 뜻합니다.
③ '동문서답'은 '물음과는 전혀 상관없는 엉뚱한 대답.'이라는 뜻입니다.
④ '유비무환'은 '미리 준비가 되어 있으면 걱정할 것이 없음.'이라는 뜻입니다.
⑤ '설상가상'은 '눈 위에 서리가 덮인다는 뜻으로, 난처한 일이나 불행한 일이 잇따라 일어남을 이르는 말.'을 뜻합니다.

어휘력 더하기 '개과천선'에는 지난날의 잘못이나 허물에 대해 뉘우친다는 뜻이 담겨 있습니다. 이와 비슷한 뜻을 지닌 말로는 '회개', '참회', '반성', '후회'가 있습니다. 그런데 이 말들이 '개과천선'의 뜻을 모두 담고 있는 것은 아닙니다. '개과천선'은 단순히 잘못이나 허물을 뉘우치는 것보다 이를 고쳐 올바르고 착하게 된 결과를 강조하는 말이기 때문입니다.

어휘 학습

100쪽
❶ 개과천선 ❷ 격세지감
❸ 상전벽해 ❹ 전화위복

101쪽 이해 적용 심화

1 ㉣ **2** ㉡ **3** ㉠
4 ㉢ **5** ㉣ **6** ㉢
7 ㉮ **8** ㉯ **9** ⑤

이해

1 '격세지감'은 '오래지 않은 동안에 몰라보게 변하여 아주 다른 세상이 된 것 같은 느낌.'이라는 뜻입니다.

2 '상전벽해'는 '세상일의 변천이 심함을 비유적으로 이르는 말.'을 뜻합니다.

3 '전화위복'은 '재앙과 근심, 걱정이 바뀌어 오히려 복이 됨.'이라는 뜻입니다.

4 '개과천선'은 '지난날의 잘못이나 허물을 고쳐 올바르고 착하게 됨.'이라는 뜻입니다.

적용

5 농작물이 쓸려 나간 상황에서 유물이 발견되었으므로 '전화위복'이 어울립니다.

6 빌딩이 들어서자 거리가 화려해지고 복잡해진 상황이므로 '상전벽해'가 어울립니다.

7 할머니가 과거와 달라진 상황을 보며 느끼는 것이므로 '격세지감'이 어울립니다.

8 악당이 잘못을 뉘우치고 착한 주인공을 돕고 있으므로 '개과천선'이 어울립니다.

심화

9 다리를 다친 아들이 그것 때문에 목숨을 구한 상황이므로 '전화위복'이 어울립니다. 한편 '결초보은'은 '죽은 뒤에라도 은혜를 잊지 않고 갚음을 이르는 말.'을 뜻하는 한자 성어입니다.

진퇴양난에 빠진 상황, 딜레마

글의 종류
설명문

글의 특징
선택이 곤란한 딜레마의 대표적 사례를 제시하며, 이에 대한 여러 가지 선택들을 설명하는 글입니다.

주제
딜레마 상황에서의 여러 가지 선택

1 그 어느 쪽을 선택해도 바람직하지 못한 결과가 나오게 되는 곤란한 상황을 뜻하는 '딜레마'는 '이러지도 저러지도 못하는 어려운 처지.'를 뜻하는 '진퇴양난'에 빠진 상황과 같습니다.

2 네 번째 문단에서 많은 사람의 이익을 더 중요하게 생각하는 사람이라면, 다섯 명의 인부를 구하는 쪽을 선택할 것이라고 하였습니다. 그리고 어떤 상황에서든 다른 사람을 해할 수 없다는 원칙을 지닌 사람이라면, 열차의 방향을 의도적으로 오른쪽으로 바꾸면 안 된다고 할 것이라고 하였습니다.

3 딜레마 상황에서는 어떤 선택이 옳은가에 대한 답이 없어서 개인의 가치관에 따라 서로 다른 판단을 내릴 수밖에 없습니다. 따라서 어떤 선택이 옳다고 판단하기 어렵다는 진건이의 생각이 알맞습니다.

✔ 오답 풀이
① 첫 번째 문단에서 딜레마는 일상생활에서 '그 어느 쪽을 선택해도 바람직하지 못한 결과가 나오게 되는 곤란한 상황.'을 일컫는 말이 되었다고 하였습니다.
② 딜레마 상황은 이러지도 저러지도 못하는 곤란한 상황이지만, 그래도 무엇인가를 선택해야만 하는 상황입니다.
④ 개인의 가치관에 따라 자신에게 이익이 되는 것을 선택할 수도 있지만, 그것이 옳은 것인지에 대한 답은 없습니다.
⑤ 많은 사람들이 선택하는 결정을 따를 수도 있지만, 그것이 옳은 것인지에 대한 답은 없습니다.

4 '가자니 태산이요, 돌아서자니 숭산이라'는 앞에도 높은 산이고 뒤에도 높은 산이라는 뜻으로, 그 어느 쪽을 선택하기가 어려운 상황을 뜻합니다.

✔ 오답 풀이
① 강한 자들끼리 싸우는 통에 아무 상관도 없는 약한 자가 중간에 끼어 피해를 입게 됨을 비유적으로 이르는 속담입니다.
② 크고 훌륭한 사람의 그늘에 있기보다는 보잘것없어도 우두머리 노릇을 하는 것이 더 낫다는 뜻의 속담입니다.
③ 자식을 많이 둔 어버이에게는 근심, 걱정이 끊일 날이 없음을 비유적으로 이르는 속담입니다.
⑤ 제아무리 똑똑해도 자기 자신에 대해서는 잘 모른다는 것을 비유적으로 이르는 속담입니다.

5 등산객들이 폭설로 인해 이러지도 저러지도 못하는 상황에 놓인 것은 '진퇴양난'의 상황에 처한 것이라고 할 수 있습니다.

어휘 학습

이해

1 '이러지도 저러지도 못하는 어려운 처지.'를 뜻하는 한자 성어는 '진퇴양난'입니다.

2 '난처한 일이나 불행한 일이 잇따라 일어남.'을 뜻하는 한자 성어는 '설상가상'입니다.

3 '몹시 위태로운 형세를 비유적으로 이르는 말.'을 뜻하는 한자 성어는 '누란지세'입니다.

4 '아무에게도 도움을 받지 못하는, 외롭고 곤란한 지경에 빠진 형편.'을 뜻하는 한자 성어는 '사면초가'입니다.

적용

5 흉년이라는 불행한 일이 벌어졌는데 전염병까지 퍼진 불행이 겹친 것이므로, '설상가상'이 알맞습니다.

6 아무도 그의 말을 믿지 않고 오히려 의심하는 상황이므로, '사면초가'가 알맞습니다.

7 인구 위기에 처한 마을의 상황이므로 '누란지세'가 알맞습니다.

8 전기 요금을 올리지도 내리지도 못하는 상황이므로 '진퇴양난'이 알맞습니다.

심화

9 '위기'는 몹시 위태로운 형세를 이르는 말인 '누란지세'와 바꾸어 쓸 수 있습니다.

106~107쪽

1 철면피   2 ④

3 ②   4 ②   5 ②

철면피로 불린 왕광원

‐ ‐ ‐ ‐ ‐ ‐ ‐ ‐ ‐ ‐ ‐ ‐ ‐ ‐

글의 종류
유래담

글의 특징
뻔뻔한 왕광원의 이야기를
통해 '철면피'라는 말이 생긴
유래를 알려 주는 글입니다.

주제
'철면피'의 유래

---

1 출세를 위해서라면 염치도 없이 뻔뻔스러운 왕광원을 '철면피'로 표현할 수 있습니다.

2 왕광원은 고위 관리에게 잘 보여 출세를 하기 위해 갖은 아부를 서슴지 않았다고 하였습니다.

✅ 오답 풀이
① 왕광원은 어릴 때부터 매우 영리했다고 하였습니다.
② 왕광원의 친구는 아무 잘못 없이 매를 맞은 왕광원을 질책하였습니다.
③ 왕광원이 가난한 형편인지는 알 수 없으나, 낮은 지위의 벼슬을 했다고 하였습니다.
⑤ 왕광원은 아무런 잘못도 없이 술에 취한 고위 관리에게 매를 맞았습니다.

3 이 글은 '철면피'라는 말이 생겨난 유래를 밝히고 있습니다.

✅ 오답 풀이
① 관리 제도에 대한 내용은 나타나지 않았습니다.
③ 어떤 인물의 일생을 기록한 글은 전기문입니다. 이 글에는 왕광원에 대한 일화가 나타나 있지만, 그의 일생을
요약하여 제시하는 글은 아닙니다.
④ 왕광원과 그의 친구의 대화가 나타나기는 하지만, 이를 통해 진실한 벗의 필요성을 알려 주는 글은 아닙니다.
⑤ 왕광원이 고위 관리에게 잘 보이려고 하는 행동을 통해 그의 뻔뻔한 성격을 알 수 있지만, 다른 사람들과의
관계를 맺는 방법을 설명하는 글은 아닙니다.

4 '간도 쓸개도 없다'는 '용기나 줏대 없이 남에게 굽히다.'라는 뜻으로 사용되는 관용어입니다.

✅ 오답 풀이
① '지나치게 용감하다.'라는 뜻을 지닌 관용어는 '간이 붓다'입니다.
③ '먹은 것이 너무 적어 먹으나 마나 하다.'라는 뜻을 지닌 관용어는 '간에 기별도 안 가다'입니다.
④ '매우 걱정되고 불안스러워 마음을 놓지 못하다.'라는 뜻을 지닌 관용어는 '간(을) 졸이다'입니다.
⑤ '몹시 놀라 충격을 받다.'라는 뜻을 지닌 관용어는 '간이 덜렁하다'입니다.

어휘력 더하기 관용어는 두 개 이상의 낱말로 이루어져 있으면서 그 낱말들의 뜻만으로는 전체의 뜻을 나타내
지 않고, 새로운 뜻을 나타내는 말을 말합니다. 예를 들어 '발이 넓다'는 '사교적이어서 아는 사람이 많다.'라는 뜻
입니다. 이런 관용어는 볼 때마다 뜻을 알아 두는 것이 좋습니다.

5 '철면피'는 표면적으로 낯가죽, 즉 얼굴의 가죽이 마치 쇠로 만든 것과 같다는 뜻입니다.
쉽게 말해 얼굴이 매우 두껍다는 것입니다. 이를 통해 철면피가 '염치가 없고 뻔뻔한 사
람.'을 가리킨다는 것을 짐작할 수 있으므로, ②에 들어가는 것이 어울립니다.

**어휘
학습**

108쪽

❶ 철면피   ❷ 권모술수
❸ 배은망덕   ❹ 적반하장

109쪽 이해 적용 심화

1 ㉣   2 ㉨   3 ㉢

4 ㉮   5 권모술수

6 배은망덕   7 철면피

8 적반하장   9 ①

이해
1 '권모술수'는 '목적 달성을 위하여 수단과 방법을 가리지 않는 온갖 모략이나 술책.'을 뜻
합니다.

2 '배은망덕'은 '남에게 입은 은혜와 덕을 저버리고 배신하는 태도가 있음.'을 뜻합니다.

3 '적반하장'은 '잘못한 사람이 아무 잘못도 없는 사람을 나무람을 이르는 말.'을 뜻합니다.

4 '철면피'는 '염치가 없고 뻔뻔스러운 사람을 낮잡아 이르는 말.'을 뜻합니다.

적용
5 이순신 장군을 유배 보내기 위해 간신이 사용한 방법이므로, '권모술수'가 어울립니다.

6 자신을 도와준 사람의 은혜를 저버리고 배신한 것이므로, '배은망덕'이 어울립니다.

7 새치기를 하고서도 뻔뻔하게 화를 내는 사람이므로, '철면피'가 어울립니다.

8 물에 빠진 사람이 구해 준 사람을 도리어 나무라는 것이므로, '적반하장'이 어울립니다.

심화
9 '후안무치'는 '뻔뻔스러워 부끄러움이 없음.'이라는 뜻으로, '염치가 없고 뻔뻔스러운 사람
을 낮잡아 이르는 말.'인 '철면피'와 바꾸어 쓸 수 있습니다. 한편 ⑤ '허례허식'은 '형편에
맞지 않게 겉만 번드르르하게 꾸밈.'을 뜻하는 한자 성어입니다.

110~111쪽

1 농부

2 ㉢ → ㉣ → ㉠ → ㉡

3 ④   4 ⑤   5 ⑤

수주대토하다가 농사를 망친 농부

글의 종류
유래담

글의 특징
우연히 그루터기에 부딪힌 토끼를 얻은 뒤 일도 하지 않고 그루터기만 바라본 어리석은 농부의 이야기를 통해 '수주대토'라는 말이 생긴 유래를 알려 주는 글입니다.

주제
'수주대토'의 유래

1 이 글에서 중심이 되는 인물은 토끼가 그루터기에 부딪히기만을 기다린 농부입니다.

2 봄이 되자 농부는 밭에 박힌 그루터기를 뽑기 시작했는데(㉢), 이때 우연히 토끼가 그루터기에 부딪혀 죽고 말았습니다(㉣). 그러자 농부는 그루터기를 뽑지 않고 다시 토끼가 부딪히기만을 바라며 그루터기를 바라보기만 했고(㉠), 결국 농부의 밭은 잡초가 무성해져 농사를 지을 수 없게 되었습니다(㉡).

3 마을 사람들은 농부가 토끼를 손쉽게 얻으려고 일도 하지 않고 가만히 기다리고 있다는 말을 듣고 그를 어리석다고 생각했을 것입니다. 이는 농부의 말을 들은 마을 사람이 혀를 차고, 사람들 사이에서 농부의 행동이 웃음거리가 되었다는 것에서 알 수 있습니다.

✔ 오답 풀이
① 농부는 우연히 토끼를 얻은 뒤로 밭에 나와 일을 하지 않았습니다.
② 농부는 밭일을 하지 않고 그저 기다리기만 하였으므로, 노력했다고 보기 어렵습니다.
③ 농부가 토끼를 얻은 것은 우연의 결과로, 농부가 평소 착한 일을 했는지는 알 수 없습니다.
⑤ 농부의 밭에 그루터기가 많이 박혀 있었을 뿐, 농부가 토끼를 잡기 위해 그루터기를 박지는 않았습니다.

4 ㉠은 토끼를 얻기 위해 어떠한 노력도 하지 않으면서 토끼가 나타나 저절로 자신에게 오기만을 기다리는 행동을 가리킵니다. 농부의 이런 행동은 아무런 노력도 하지 않으면서 좋은 결과가 이루어지기만 바라는 것을 나타내는 속담 '홍시 떨어지면 먹으려고 감나무 밑에 가서 입 벌리고 누웠다'와 어울립니다.

✔ 오답 풀이
① 일의 순서도 모르고 성급하게 덤빔을 비유적으로 이르는 말입니다.
② 자기에게 조금이라도 이익이 되면 지조 없이 이편에 붙었다 저편에 붙었다 함을 비유적으로 이르는 말입니다.
③ 잘될 사람은 어려서부터 남달리 장래성이 엿보인다는 말입니다.
④ 욕심을 부려 한꺼번에 여러 가지 일을 하려 하면 그 가운데 하나도 이루지 못한다는 말입니다.

5 '수주대토'는 그루터기를 지켜 토끼를 기다린다는 뜻으로, '한 가지 일에만 얽매여 발전을 모르는 어리석은 사람.'을 이르는 말입니다.

어휘력 더하기 '수주대토'는 한 가지 일에만 얽매여 발전을 모르는 어리석은 사람을 이르는 말입니다. 하지만 상황에 따라 융통성 없고 고지식한 태도를 나타내기도 하고, 이 글에 나오는 농부처럼 옛일에 빠져 되지도 않을 일을 고집하는 경우를 나타내기도 합니다.

112쪽

❶ 수주대토   ❷ 각주구검
❸ 목불식정   ❹ 연목구어

113쪽 이해 적용 심화

1 연목구어   2 각주구검
3 목불식정   4 수주대토
5 연목구어   6 목불식정
7 각주구검   8 수주대토
9 ①

어휘 학습

이해

1 '도저히 불가능한 일을 굳이 하려 함을 비유적으로 이르는 말.'은 '연목구어'입니다.

2 '융통성 없이 현실에 맞지 않는 낡은 생각을 고집하는 어리석음을 이르는 말.'은 '각주구검'입니다.

3 '글을 읽을 줄 모르거나 어떤 일에 대하여 아무것도 모르는 사람임을 이르는 말.'은 '목불식정'입니다.

4 '한 가지 일에만 얽매여 발전을 모르는 어리석은 사람을 비유적으로 이르는 말.'은 '수주대토'입니다.

적용

5 책임은 지지 않으면서 존경을 받으려는 것은 불가능하므로 '연목구어'가 알맞습니다.

6 글을 제대로 읽지 못하는 사람을 말하고 있으므로 '목불식정'이 알맞습니다.

7 현실에 맞지 않는 낡은 생각이므로, '각주구검'이 알맞습니다.

8 예전에 고기를 많이 잡았던 곳만 고집하며 발전을 모르므로 '수주대토'가 알맞습니다.

심화

9 이 글은 '각주구검'의 유래담입니다. 초나라 사람이 탄 배는 물 위를 계속 이동하고 있으므로 항구에 도착했을 때 표시해 둔 자리에서 칼을 찾을 수 있는 것은 아닙니다.

114~115쪽

1 우공 **2** ② **3** ④

4 ② **5** ②

결국 해낸 우공이산

글의 종류
유래담

글의 특징
산을 옮기려고 한 우공의 이야기를 통해 '우공이산'이라는 말이 생긴 유래를 알려 주는 글입니다.

주제
'우공이산'의 유래

1 이 글은 90세에 가까운 나이에도 불구하고 산을 옮기려고 노력한 우공에 대한 이야기입니다.

2 우공의 이웃은 우공을 응원한 것이 아니라, 우공이 산을 허물기 전에 죽을 것이라며 비웃었습니다.

✔ **오답 풀이**
① 우공은 언젠가 땅이 평평해져 누군가는 편하게 지내지 않겠냐고 말하며 산 허물기를 계속하였습니다.
③ 옥황상제는 우공의 노력과 정성에 감탄하여, 힘이 센 신에게 산을 옮기라고 명령하였습니다.
④ 우공의 아들은 우공의 의지를 보고 함께 산을 파내기 시작했습니다.
⑤ 우공의 아내는 언제 다 팔지, 파낸 돌과 흙은 어디에 둘지에 대한 의문을 품으며 산을 허물겠다는 우공의 생각에 반대하였습니다.

3 이 글은 우공의 모습을 통해 포기하지 않고 꾸준히 노력하면 언젠가는 목표를 이룰 수 있다는 깨달음을 주고 있습니다.

4 '무쇠도 갈면 바늘이 된다'는 속담은 많은 노력과 시간을 들이면 무쇠를 바늘로 만들 수 있다는 것으로, 꾸준히 노력하면 어떤 어려운 일이라도 이룰 수 있다는 말로 쓰입니다. 따라서 꾸준히 노력하면 산을 옮길 수 있다는 것과 뜻이 비슷합니다.

어휘력 더하기 한자 성어와 속담은 모두 삶의 교훈이나 경계를 알려 주는 내용이 많습니다. 따라서 서로 비슷한 뜻을 지닌 것들이 많은데 '무쇠도 갈면 바늘이 된다'는 속담은 한자 성어 '마부작침'과 뜻이 비슷합니다. '마부작침'은 '도끼를 갈아 바늘을 만든다.'는 뜻으로, 아무리 어려운 일이라도 끈기 있게 노력하면 이룰 수 있음을 이르는 말입니다.

5 ㉡에는 꾸준히 노력하면 산을 옮길 수 있다는 뜻을 지닌 한자 성어 '우공이산'이 들어가야 알맞습니다.

✔ **오답 풀이**
① '우이독경'은 '쇠귀에 경 읽기라는 뜻으로, 아무리 가르치고 일러 주어도 알아듣지 못함을 이르는 말.'입니다.
③ '첩첩산중'은 '여러 산이 겹치고 겹친 산속.'이라는 뜻입니다.
④ '구사일생'은 '아홉 번 죽을 뻔하다 한 번 살아난다는 뜻으로, 죽을 고비를 여러 차례 넘기고 겨우 살아남을 이르는 말.'입니다.
⑤ '권선징악'은 '착한 일을 권장하고 악한 일을 징계함.'을 뜻합니다.

어휘 학습

116 쪽
❶ 우공이산 ❷ 불철주야
❸ 십벌지목 ❹ 마부작침

117 쪽 이해 적용 심화

1 ㉣ **2** ㉢ **3** ㉡

4 ㉠   **5** 십벌지목

6 불철주야 **7** 마부작침

8 우공이산 **9** ③

 이해

1 '우공이산'은 '우공이 산을 옮긴다는 뜻으로, 어떤 일이든 끊임없이 노력하면 반드시 이루어짐을 이르는 말.'입니다.

2 '마부작침'은 '아무리 어려운 일이라도 끈기 있게 노력하면 이룰 수 있음을 비유하는 말.'입니다.

3 '불철주야'는 '어떤 일에 몰두하여 조금도 쉴 사이 없이 밤낮을 가리지 않음.'을 뜻합니다.

4 '십벌지목'은 '열 번 찍어 안 넘어가는 나무가 없음을 이르는 말.'입니다.

적용

5 엄마에게 계속 말씀드렸으므로 '십벌지목'이 들어가는 것이 알맞습니다.

6 형이 밤낮으로 공부를 하고 있으므로 '불철주야'가 들어가는 것이 알맞습니다.

7 훈련을 거듭하여 육상 대회에서 우승을 했으므로 '마부작침'이 들어가는 것이 알맞습니다.

8 모두 포기하라고 했지만, 끝까지 노력하여 우주선을 개발했으므로 '우공이산'이 들어가는 것이 알맞습니다.

 심화

9 이 글은 '마부작침'이라는 말의 유래에 관한 이야기입니다.

118~119쪽

1 항우 2 ③ 3 민지
4 ④ 5 (1) ㉯ (2) ㉮

금의환향을 꿈꾼 항우

글의 종류
독서 감상문

글의 특징
금의환향하려고 수도를 옮겼다가 결국 전쟁에서 패한 항우에 대한 책을 읽고 깨달은 내용을 기록한 글입니다.

주제
전쟁에서 패한 항우의 일생과 그로 인해 얻은 교훈

1 이 글은 항우에 대한 책을 읽고, 항우의 일생을 통해 느낀 점을 쓴 글입니다.

2 두 번째 문단에서 진나라와 전쟁을 벌일 때 한 번도 패한 적이 없을 정도였다고 하였지만, 다섯 번째 문단에서 한나라와의 전쟁에서 결국 패했다고 하였습니다.

❷ 오답 풀이
① 수도를 옮기려는 항우의 의견에 신하들은 반대했지만 항우는 뜻을 굽히지 않고 팽성으로 수도를 옮겼습니다.
② 세 번째 문단에서 진나라를 멸망시킨 항우는 초나라를 세우고 스스로를 왕이라고 칭했다고 하였습니다.
④ 두 번째 문단에서 항우는 모두가 혀를 내두를 정도로 검술과 전투에 뛰어났다고 하였습니다. 그러나 학문은 그저 제 이름을 쓸 줄 알면 충분하다며, 오로지 무예를 기르는 데에만 관심이 있었다고 하였습니다.
⑤ 팽성으로 수도를 옮긴 후, 고향에 돌아간 항우는 사람들에게 큰 환영을 받았다고 하였습니다.

3 진나라를 멸망시킨 후, 항우는 자신을 도와 함께 싸운 유방에게 한나라를 주고 유방을 왕으로 명하였습니다. 따라서 처음에는 항우가 유방보다 힘이 셌음을 알 수 있습니다. 그러나 신하들의 의견을 듣지 않고 수도를 팽성으로 옮긴 항우는, 결국 유방이 왕으로 있는 한나라와의 전쟁에서 패했습니다.

4 '혀를 내두르다'는 '몹시 놀라거나 어이없어서 말을 못 하다.'라는 뜻으로 사용되는 관용어입니다.

❷ 오답 풀이
①은 관용어 '눈에 밟히다', ②는 관용어 '입에 발리다', ③은 관용어 '혀를 차다', ⑤는 관용어 '입의 혀 같다'의 뜻입니다.

어휘력 더하기 '혀를 내두르다'와 같은 관용어는 두 어절 이상으로 구성되면서 마치 한 낱말처럼 사용되어 특정한 뜻을 나타냅니다. 따라서 관용어를 구성하는 각 낱말을 함부로 바꾸면 안 됩니다. 예를 들어 '혀를 내두르다'를 '손을 내두르다'나 '혀를 움직이다'로 바꾸면 이미 굳어져 사용하는 뜻이 사라집니다.

5 ㉡에서 '금의야행'이라는 말이 나왔습니다. '금의야행'은 '비단옷을 입고 밤길을 다닌다.'라는 뜻으로, '자랑삼아 하지 않으면 생색이 나지 않음을 이르는 말.'입니다. 그리고 ㉢에서 '금의환향'이라는 말이 나왔습니다. '금의환향'은 '비단옷을 입고 고향에 돌아온다.'라는 뜻으로, '출세를 하여 고향에 돌아가거나 돌아옴을 비유적으로 이르는 말.'입니다.

어휘력 더하기 '금의야행'은 자랑하지 못하는 상황을, '금의환향'은 고향에 돌아가 자랑하는 상황을 뜻하는 한자 성어로, 모두 항우가 한 말에서 유래되었습니다.

120쪽

❶ 금의환향 ❷ 등용문
❸ 대기만성 ❹ 입신양명

121쪽 이해 적용 심화

1 ㉣ 2 ㉢ 3 ㉠
4 ㉡ 5 등용문
6 금의환향 7 입신양명
8 대기만성 9 대기만성

어휘 학습

이해
1 '등용문'은 '어려운 관문을 통과하여 크게 출세하게 됨. 또는 그 관문을 이르는 말.'입니다.
2 '금의환향'은 '출세를 하여 고향에 돌아가거나 돌아옴을 비유적으로 이르는 말.'입니다.
3 '입신양명'은 '출세하여 이름을 세상에 떨침.'을 뜻합니다.
4 '대기만성'은 '크게 될 사람은 늦게 이루어짐을 이르는 말.'입니다.

적용
5 예능 프로그램을 통해 연예인들이 스타가 되었으므로 '등용문'이 어울립니다.
6 축구 대표 팀이 금메달을 따서 돌아온 것이므로 '금의환향'이 어울립니다.
7 그가 시험에 합격하여 이루려는 것이므로 '입신양명'이 어울립니다.
8 선생님이 오랜 시간 공부하여 꿈을 이루었으므로, '대기만성'이 어울립니다.

심화
9 이 글은 짧은 시간 내에 쉽게 이루지 못하더라도 포기하지 말라는 뜻을 담고 있습니다. 밑줄 친 부분은 '크게 될 사람은 늦게 이루어짐을 이르는 말.'을 뜻하는 '대기만성'과 뜻이 통합니다. 한편 첫 번째 문장에 나온 '자포자기'는 '절망에 빠져 자신을 스스로 포기하고 돌아보지 아니함.'을 뜻하는 한자 성어입니다.

하늘을 찌를 듯 높아지는 밀키트의 인기

글의 종류
설명문

글의 특징
밀키트의 세 가지 인기 요인과 그에 따른 문제점에 대해 설명하는 글입니다.

주제
밀키트의 인기 요인과 문제점

1 이 글은 밀키트의 인기 요인과 문제점에 대해 설명하고 있습니다.

2 네 번째 문단에서 외식비와 식재료 가격이 오르고 있어 밀키트의 인기가 식지 않고 있음을 알 수 있습니다. 또한 밀키트의 가격이 오르고 있어 인기가 사그라질 것이라는 내용은 이 글에서 찾을 수 없습니다.

✔ **오답 풀이**
① 두 번째 문단에서 밀키트의 인기 요인으로 1인 가구의 증가를 꼽을 수 있다고 하였습니다.
② 첫 번째 문단에서 밀키트는 손질된 식재료와 양념, 조리법까지 함께 넣어 판매하는 것임을 알 수 있습니다.
③ 두 번째 문단에서 밀키트 판매 시장이 커지면서 밀키트의 종류도 다양해지고 있다고 하였습니다.
④ 세 번째 문단에서 캠핑을 즐기는 인구가 늘어난 것이 밀키트의 인기에 한몫하고 있다고 하며, 이에 밀키트 제조업체들은 캠핑용 제품을 경쟁적으로 내놓고 있다고 하였습니다.

3 네 번째 문단에서 냉동 밀키트의 판매량이 크게 증가한 이유는 오랜 시간 보관할 수 있고, 가격도 저렴하기 때문임을 알 수 있습니다.

✔ **오답 풀이**
① 두 번째 문단에 1인 가구가 증가하고 있다는 내용은 있지만, 증가 이유에 대한 내용은 나타나 있지 않습니다.
② 세 번째 문단에서 캠핑을 즐기는 인구의 증가가 밀키트의 인기와 관련이 있음을 알 수는 있지만, 캠핑 인구가 늘어난 이유는 알 수 없습니다.
④ 네 번째 문단에서 외식비와 식재료 가격이 오르고 있음을 알 수 있지만, 그 이유는 알 수 없습니다.
⑤ 마지막 문단에서 폭발적으로 증가한 밀키트 제조업체들의 위생 관리가 제대로 이루어지고 있는지에 대한 우려의 목소리가 커지고 있다고 했지만, 제조업체들이 위생 관리를 하지 않는 이유는 나타나 있지 않습니다.

4 '조리'는 '요리를 만듦. 또는 그 방법이나 과정.'이라는 뜻을 지닌 말입니다. '미리 마련하여 갖춤.'이라는 뜻을 지닌 말은 '준비'입니다.

어휘력 더하기 '조리'는 '요리를 만듦.'이라는 뜻 이외에도 '건강이 회복되도록 몸을 보살피고 병을 다스림.'이라는 뜻을 가지고 있습니다. '몸조리를 잘해야 한다.'나 '아이를 낳고 산후 조리원에 들어갔다.'와 같은 문장에 쓰인 '조리'가 그러한 뜻입니다.

5 ㉮는 '기세가 몹시 세차고.'라는 뜻을 지닌 관용어입니다. ⑴은 태권도 선수단의 인기가 하늘을 찌르고 있다고 할 수 있고, ⑵는 군대의 자신감이 하늘을 찌르고 있다고 할 수 있습니다. 그러나 ⑶은 기세가 몹시 세차기보다는 틈새 시장을 파고들어 성공한 것이므로 '허를 찌르다'라는 관용어와 어울리는 상황입니다.

어휘 학습

이해

1 '운명에 맡기다.'를 뜻하는 관용어는 '하늘에 맡기다'입니다.

2 '기세가 몹시 세차다.'를 뜻하는 관용어는 '하늘을 찌르다'입니다.

3 '큰 충격을 받아 정신이 아찔하다.'를 뜻하는 관용어는 '하늘이 노랗다'입니다.

4 '둘 사이에 큰 차이나 거리가 있음을 비유적으로 이르는 말.'을 뜻하는 관용어는 '하늘과 땅'입니다.

적용

5 흥민이와 나의 축구 실력에 차이가 많이 난다는 뜻이므로, '하늘과 땅'은 바르게 쓰였습니다.

6 고백을 받은 그녀가 신나 있는 상황이므로, '하늘이 노래졌다'는 어울리지 않습니다.

7 방법이 없어 결과를 기다리는 상황이므로, '하늘에 맡길'은 바르게 쓰였습니다.

8 어머니께서 용돈을 줄이셔서 소희의 씀씀이가 줄어야 하는 상황이므로 '하늘을 찔렀다'는 어울리지 않습니다.

심화

9 우리 어민들의 분노가 매우 세찬 상황이므로, '기세가 몹시 세차다.'라는 뜻을 지닌 '하늘을 찌르고'가 알맞습니다.

128~129 쪽

1 스위스 2 ④
3 ⑤ 4 ③ 5 ②

우리나라가 처음 얼굴을 내민 월드컵

글의 종류
수필

글의 특징
우리나라가 처음 참가한 월드컵인 스위스 월드컵에서의 결과와 그에 이르기까지의 과정을 바탕으로 소감을 적은 글입니다.

주제
우리나라가 처음 참가한 스위스 월드컵의 의미와 그에 대한 소감

1 이 글은 우리나라가 처음으로 출전했던 스위스 월드컵에 대해 알게 된 내용과 거기에서 얻은 깨달음을 적은 수필입니다.

2 마지막 문단에서 스위스 월드컵 포스터에는 출전국 국기들이 그려져 있는데, 태극기만 축구공에 가려져 있었다고 하였습니다.

3 네 번째 문단을 보면, 일본인이 우리 땅을 밟게 할 수 없다고 대통령이 반대하여 일본에서 예선을 치르게 되었음을 알 수 있습니다. 또한 대통령이 월드컵 참가를 반대한 것도 아닙니다.

◎ 오답 풀이
① 두 번째 문단을 통해 월드컵은 4년마다 열린다는 것을 알 수 있는데, 카타르 월드컵이 2022년에 열렸으므로, 다음 월드컵은 2026년에 열릴 것입니다.
② 두 번째 문단에서 스위스 월드컵 때 헝가리와의 경기에서 나온 아홉 골 차이라는 결과는 지금까지도 월드컵 최다 점수 차 패배 기록이라고 했으므로, 본선에서 열 골 차이로 끝난 경기는 아직 없을 것입니다.
③ 두 번째 문단과 세 번째 문단에서 1954년 스위스 월드컵이 우리나라의 첫 월드컵 진출이었다고 하였으므로, 그 이전에 열린 월드컵에는 우리나라가 출전한 적이 없었을 것입니다.
④ 세 번째 문단을 보면, 스위스 월드컵이 열렸던 당시 우리나라는 축구 선수를 따로 키울 힘이 없었고, 선수들은 변변한 축구화마저 없었다고 하였으므로, 선수들은 실력을 제대로 발휘하지 못했을 것입니다.

4 ⑦의 '열리다'는 '모임이나 회의 따위가 시작되다.'라는 뜻입니다. 하지만 ③에 쓰인 '열리다'는 '열매가 맺히다.'라는 뜻입니다.

5 '처음으로 참석하다.' 또는 '등장했다.'는 뜻이어야 하므로, '모임 따위에 모습을 나타내다.'라는 뜻을 지닌 '얼굴을 내민'이 알맞습니다.

◎ 오답 풀이
① '발을 빼다'는 '어떤 일에서 관계를 완전히 끊고 물러나다.'라는 뜻입니다.
③ '머리를 맞대다'는 '어떤 일을 의논하거나 결정하기 위하여 서로 마주 대하다.'라는 뜻입니다.
④ '고개를 돌리다'는 '어떤 사람, 일, 상황 따위를 외면하다.'라는 뜻입니다.
⑤ '귀를 기울이다'는 '남의 이야기나 의견에 관심을 가지고 주의를 모으다.'라는 뜻입니다.

어휘력 더하기 관용어는 둘 이상의 낱말이 어울려 원래의 뜻과는 다른 새로운 뜻으로 굳어져 쓰이는 표현입니다. 그래서 관용어 중 일부를 마음대로 바꾼다면 원래의 뜻도 달라집니다. 예를 들어 '머리를 맞댄'을 '발을 맞댄'으로 바꾼다면, '어떤 일을 의논하거나 결정하기 위하여 서로 마주 대하다.'라는 뜻을 전달할 수 없습니다.

어휘 학습

130 쪽

❶ 얼굴 ❷ 얼굴
❸ 두꺼운 ❹ 얼굴

131 쪽 이해 적용 심화

1 ⓒ 2 ⓛ 3 ⑦
4 ⓔ 5 피었다
6 쳐다보았다
7 두껍다 8 내밀었다
9 ⑤

이해
1 '얼굴이 피다'는 '얼굴에 살이 오르고 화색이 돌다.'라는 뜻입니다.
2 '얼굴이 두껍다'는 '부끄러움을 모르고 염치가 없다.'라는 뜻입니다.
3 '얼굴을 내밀다'는 '모임 따위에 모습을 나타내다.'라는 뜻입니다.
4 '얼굴만 쳐다보다'는 '아무 대책 없이 서로에게 기대기만 하다.'라는 뜻입니다.

적용
5 장사가 잘되어 얼굴이 좋아진 상황이므로 '피었다'가 어울립니다.
6 당황스러운 상황에 대책 없이 서로에게 기대기만 하는 상황이므로 '쳐다보았다'가 어울립니다.
7 잘못도 모르고 화를 내는 사람에 대한 반응이므로 '두껍다'가 어울립니다.
8 처음으로 콘서트에 간 상황이므로 '내밀었다'가 어울립니다.

심화
9 '얼굴을 내밀었는데'는 '모임 따위에 모습을 나타내었는데.'라는 뜻이므로, '모습을 드러냈는데'와 바꾸어 쓸 수 있습니다.

1 정약용 2 (1) ○
3 ④ 4 ③ 5 ⑤

백성의 피를 빨아먹는 관리를 비판한 정약용

글의 종류
설명문

글의 특징
정약용이 유배 기간 동안 백성들의 삶을 보고 쓴 작품들에 대해 설명하는 글입니다.

주제
탐관오리에게 괴롭힘을 당하는 백성들의 삶을 문학 작품으로 남긴 정약용

1 이 글은 다산 정약용이 유배 생활 동안 탐관오리들에게 괴롭힘을 당하는 백성들을 보고 남긴 작품에 대해 설명하는 글입니다.

2 첫 번째 문단에서 다산 정약용은 유배지에서도 끊임없이 공부하면서 많은 책을 남겼다고 하였습니다. 따라서 정약용이 유배지에서 한가하게 지냈다는 것은 알맞지 않습니다. 또한 동물들을 내세워 시를 쓴 것이지 동물들을 관찰한 것은 아닙니다.

3 이 글은 유배 생활을 한 다산 정약용의 삶과 그가 남긴 작품에 대해 설명하고 있습니다.
⊘**오답 풀이**
① 이 글에서 정약용과 갈등을 겪는 인물은 확인할 수 없습니다.
② 첫 번째 문단에 정조가 정약용을 아꼈다는 내용은 제시되어 있으나 정약용에 대한 정조의 평가는 나타나 있지 않습니다.
③ 정약용이 긴 유배 생활을 통해 고난을 겪었다는 것은 추측할 수 있으나, 극복 과정을 서술하고 있지는 않습니다.
⑤ 정약용이 쓴 시와 그가 남긴 작품에 대해 소개하고 있지만, 작품에 대해 비판한 내용은 나와 있지 않습니다.

4 '피를 빨아먹다'는 '남이 가진 것을 뜯어먹다.'라는 뜻을 지닌 관용어입니다. 따라서 ㉠은 '백성들이 가진 것을 뜯어먹는.'이라는 뜻입니다.

5 탐관오리들이 가난하고 힘든 백성들을 끝없이 괴롭히는 상황은 '어려운 처지에 있는 사람에게서 금품을 뜯어냄을 비유적으로 이르는 말.'이라는 뜻을 지닌 '벼룩의 간을 내먹는다'로 표현할 수 있습니다.
⊘**오답 풀이**
① 꼭 적당한 것이 없을 때 그와 비슷한 것으로 대신하는 경우를 비유적으로 이르는 속담입니다.
② 마음에 꼭 드는 일이나 물건을 이르는 속담입니다.
③ 자기에게만 이롭도록 일을 하는 경우를 비유적으로 이르는 속담입니다.
④ 겉만 그럴 듯하고 실속이 없는 경우를 비유적으로 이르는 속담입니다.

어휘력 더하기 벼룩은 눈에 잘 보이지 않을 만큼 아주 작은 벌레입니다. 그래서 '벼룩의 간'은 아주 적은 양을 비유적으로 이르는 말로 쓰입니다. 그 밖에도 벼룩이 매우 작다는 특성을 활용한 속담이 많습니다. '벼룩도 낯짝이 있다'라는 속담은 매우 작은 벼룩조차도 낯짝이 있는데 하물며 사람이 체면이 없어서야 되겠느냐는 말입니다. 또한 '벼룩 끓어앉을 땅도 없다'라는 속담은 발 들여놓을 데가 없을 정도로 많은 사람들이 꽉 들어찬 경우를 비유적으로 이르는 말입니다.

어휘 학습

134쪽
❶ 피 ❷ 피
❸ 눈물 ❹ 마를

135쪽 이해·적용·심화
1 ㉣ 2 ㉤ 3 ㉡
4 ㉮ 5 ○ 6 ○
7 × 8 × 9 ④

이해
1 '피가 끓다'는 '기분이나 감정 따위가 북받쳐 오르다.'라는 뜻을 가진 관용어입니다.
2 '피가 마르다'는 '몹시 괴롭거나 애가 타다.'라는 뜻을 가진 관용어입니다.
3 '피를 빨아먹다'는 '남이 가진 것을 뜯어먹다.'라는 뜻을 가진 관용어입니다.
4 '피도 눈물도 없다'는 '조금도 인정이 없다.'라는 뜻을 가진 관용어입니다.

적용
5 지난 대회에서 크게 졌기 때문에 감정이 북받쳐 오른다는 내용이므로 '피가 끓는다'가 바르게 쓰였습니다.
6 결과가 나올 때까지 무척 애가 탔다는 내용이므로 '피가 마르다'가 바르게 쓰였습니다.
7 어린이날을 간절히 기다렸다는 내용이므로 '피를 빨아먹다'는 어울리지 않습니다.
8 따뜻한 응원을 보내 준 사람에 대한 반응이므로 '피도 눈물도 없다'는 어울리지 않습니다.

심화
9 탐관오리인 변 사또를 설명할 수 있는 관용어가 들어가야 하므로 '남이 가진 것을 뜯어먹다.'라는 뜻을 지닌 '피를 빨아먹는'이 들어가는 것이 알맞습니다.

138~139 쪽

1 음운, 음절 2 ③

3 ④ 4 ③ 5 ④

음운과 음절

글의 종류
설명문

글의 특징
음운의 개념과 종류, 음절의 개념과 구조에 대해 설명하는 글입니다.

주제
음운과 음절의 개념과 특성

1 이 글은 음운과 음절에 대해 설명하고 있습니다.

2 음절은 한 번에 소리 낼 수 있는 말소리의 단위입니다. 말의 뜻을 구별해 주는 소리의 단위는 음운입니다.

✔ 오답 풀이
① 두 번째 문단에서 우리말의 음운에는 자음과 모음이 있다고 하였습니다.
② 세 번째 문단에서 소리의 길이도 말의 뜻을 구별하는 역할을 하므로 음운에 포함된다고 하였습니다.
④ 두 번째 문단에서 자음은 공기의 흐름이 방해를 받으며 나는 소리라고 하였습니다.
⑤ 마지막 문단에서 음절은 모음 하나만으로 이루어지기도 한다고 하였습니다.

3 두 번째 문단에서 자음과 모음의 개념 및 종류는 설명하고 있지만, 자음과 모음이 어떤 방식으로 만들어졌는지는 설명하지 않았습니다.

✔ 오답 풀이
① 네 번째 문단을 통해 음절은 '모음 하나, 자음+모음, 모음+자음, 자음+모음+자음'으로 이루어짐을 알 수 있습니다.
② 두 번째 문단을 통해 자음은 소리를 낼 때 공기의 흐름이 방해를 받는 소리이고, 모음은 소리를 낼 때 공기의 흐름이 방해를 받지 않는 소리임을 알 수 있습니다.
③ 두 번째 문단과 세 번째 문단에서 우리말의 음운에는 자음, 모음, 소리의 길이가 있다고 하였습니다.
⑤ 세 번째 문단에서 소리의 길이도 말의 뜻을 구별하는 역할을 하므로 음운에 포함된다고 하였습니다.

4 ㉠과 ㉡은 첫소리에 쓰인 자음이 달라 말의 뜻이 구별됩니다. '산'과 '간' 역시 첫소리의 자음이 각각 'ㅅ'과 'ㄱ'으로 다르기 때문에 말의 뜻이 구별됩니다.

✔ 오답 풀이
① 소리의 길이로 말의 뜻이 구별됩니다. 짧은소리인 '굴'은 해산물인 굴을 뜻하고, 긴소리인 '굴'은 땅이나 바위가 안으로 깊숙이 패어 들어간 곳을 뜻합니다.
②, ④, ⑤ 모음으로 말의 뜻이 구별됩니다.

5 [알]은 모음 'ㅏ'와 자음 'ㄹ'로 이루어진 1개의 음절입니다.

✔ 오답 풀이
① [공]은 자음 'ㄱ'과 모음 'ㅗ', 자음 'ㅇ'으로 이루어진 1개의 음절입니다.
② [꿈]은 자음 'ㄲ'과 모음 'ㅜ', 자음 'ㅁ'으로 이루어진 1개의 음절입니다.
③ [밥]은 자음 'ㅂ'과 모음 'ㅏ', 자음 'ㅂ'으로 이루어진 1개의 음절입니다.
⑤ [책]은 자음 'ㅊ'과 모음 'ㅐ', 자음 'ㄱ'으로 이루어진 1개의 음절입니다.

140 쪽

❶ 음운 'ㅁ', 'ㅂ'

141 쪽 이해 · 적용 · 심화

1 ㉡ 2 ㉠ 3 ㉠

4 ㉢ 5 ㅁ, ㅇ, ㄱ

6 ㅏ, ㅗ, ㅡ

7 ㄷ, ㅅ, ㅊ

8 ㅏ, ㅕ, ㅜ

9 2

어법 학습

이해

1 모음 'ㅏ'와 'ㅕ'가 말의 뜻을 구별해 주고 있습니다.

2 받침으로 쓰인 자음 'ㄹ'과 'ㅅ'이 말의 뜻을 구별해 주고 있습니다.

3 첫소리인 자음 'ㄱ'과 'ㅈ'이 말의 뜻을 구별해 주고 있습니다.

4 짧은소리와 긴소리인 소리의 길이가 말의 뜻을 구별해 주고 있습니다.

적용

5 '밤, 방, 박'은 받침으로 쓰인 자음이 서로 달라, 뜻을 구별합니다.

6 '감, 곰, 금'은 모음이 서로 달라, 뜻을 구별합니다.

7 '돈, 손, 촌'은 첫소리인 자음이 서로 달라, 뜻을 구별합니다.

8 '바르다, 벼르다, 부르다'는 첫 음절의 모음이 'ㅏ, ㅕ, ㅜ'로 서로 달라, 뜻을 구별합니다.

심화

9 '모음+자음'으로 이루어진 음절은 '음'과 '일'이므로, 모두 2개입니다. 첫소리에 쓰인 'ㅇ'은 소리가 없는 글자라서 자음으로 보지 않습니다. 밑줄 친 말 중 '이', '에'는 모음 하나로 이루어진 음절이고, '크'는 '자음+모음'으로 이루어진 음절입니다. 그리고 '눈'과 '선'은 '자음+모음+자음'으로 이루어진 음절입니다.

142~143쪽
1 대명사   2 ㉤
3 ②   4 (3) ○
5 ①

명사, 대명사, 수사

글의 종류
설명문

글의 특징
문장에서 중심이 되는 역할을 하는 명사, 대명사, 수사의 개념과 종류, 그 특징을 설명하는 글입니다.

주제
명사, 대명사, 수사의 개념과 특징

1 이 글은 명사, 대명사, 수사에 대해 설명하고 있습니다.

2 마지막 문단에서 명사와 대명사, 수사는 조사가 붙어 쓰일 수 있다고 하였습니다. 조사는 '는', '에서', '을'과 같이 앞말에 붙어 문법적 관계를 표시하거나 그 말의 뜻을 도와주는 말입니다.

❷ 오답 풀이
㉠ 두 번째 문단에서 명사는 구체적이거나 추상적인 대상의 이름을 나타낸다고 하였습니다.
㉡ 세 번째 문단에서 대명사는 사람, 사물, 장소와 같은 이름을 대신 나타내는 품사라고 하였습니다.
㉢ 네 번째 문단에서 수사는 사물의 수량이나 순서를 나타내는 말이라고 하였습니다.
㉣ 첫 번째 문단에서 명사, 대명사, 수사는 문장에서 중심이 되는 역할을 한다고 하였습니다.

3 이 글은 명사, 대명사, 수사의 개념과 특징을 설명하는 글입니다.

❷ 오답 풀이
① 명사와 대명사를 사용할 때의 장점은 나타나지 않았습니다.
③ 명사와 대명사, 수사 각각의 개념은 설명하고 있지만, 이 품사들이 헷갈리는 경우는 나타나지 않았습니다.
④ 명사와 대명사, 수사의 특징은 나타나지만, 이 품사들을 사용할 때의 주의점은 나타나지 않았습니다.
⑤ 명사, 대명사, 수사가 문장에서 중심이 되는 역할을 한다고 하였지만, 그것을 비교하는 내용은 나타나지 않았습니다.

4 (3)의 '첫째'는 순서를 나타내는 말이므로, 품사는 수사입니다.

❷ 오답 풀이
(1) '여기'는 장소의 이름을 대신 나타내는 말이므로, 대명사입니다.
(2) '연필'은 사물의 이름을 나타내는 말이므로, 명사입니다.

5 '우리'는 사람의 이름을 대신 나타내는 말이므로, 품사는 명사가 아니라 대명사입니다.

❷ 오답 풀이
② '이것'은 가까운 사물을 가리키는 말이므로, 품사는 대명사입니다.
③ '손'은 팔목 끝에 달린 부분의 이름을 나타내는 말이므로, 품사는 명사입니다.
④ '하나'는 수량을 나타내는 말이므로, 품사는 수사입니다.
⑤ '너'는 듣는 이의 이름을 대신 나타내는 말이므로, 품사는 대명사입니다.

어휘력 더하기 한 낱말이 수사이기도 하고, 명사일 수도 있습니다. '하나'의 경우, 맨 처음 수를 세는 말일 때에는 수사입니다. 그런데 뜻이나 마음, 생각 따위가 한결같거나 일치한 상태를 뜻하는 '하나'는 명사입니다.

어법 학습

144쪽
❶ 명사, 대명사, 수사

145쪽   이해 적용 심화
1 (1) ○   2 (2) ○
3 (1) ○   4 (2) ○
5 눈, 경복궁
6 그것, 그녀
7 셋, 서넛   8 ㉤
9 ㉢

이해

1 특정한 사람의 이름을 나타내는 '재연'은 명사입니다.

2 우리가 몇 명인지를 나타내는 '셋'은 수사입니다.

3 고양잇과의 동물 이름을 나타내는 '고양이'는 명사입니다.

4 사람의 이름을 대신 나타내는 말인 '아무'는 대명사입니다.

적용

5 명사는 사물의 이름을 나타내는 품사이므로, '눈', '경복궁'이 해당됩니다.

6 대명사는 사람이나 사물의 이름을 대신 나타내는 말이나 그런 말들을 가리키는 품사이므로, '그것', '그녀'가 해당됩니다.

7 수사는 사물의 수량이나 순서를 나타내는 품사이므로, '셋', '서넛'이 해당됩니다.

심화

8 대명사는 사람이나 사물의 이름을 대신 나타내는 말입니다. ㉠~㉤ 중 대명사는 민호가 산 공책을 대신 나타내는 말인 ㉤의 '이것'입니다.

9 수사는 사물의 수량이나 순서를 나타내는 말입니다. ㉠~㉤ 중 수사는 나와 동생의 수를 나타내는 말인 ㉢의 '둘'입니다.

동사와 형용사

글의 종류
설명문

글의 특징
동사와 형용사의 개념을 설명한 뒤, 그 둘의 공통점과 차이점을 설명하는 글입니다.

주제
동사와 형용사의 개념과 공통점 및 차이점

1 이 글은 동사와 형용사의 개념을 설명한 뒤, 활용을 한다는 공통점과 결합하는 어미가 다르다는 차이점을 설명하고 있습니다.

2 두 번째 문단에서 동사와 형용사는 기본형이 있고, 문장에서 쓰일 때 그 형태가 변하는 것을 '활용'이라 한다고 하였습니다.

✔ 오답 풀이
① 활용할 때 형태가 변하는 부분은 어미입니다.
② 활용할 때 형태가 변하지 않는 부분은 어간입니다.
③ 사람이나 사물의 상태나 성질을 나타내는 말은 형용사입니다.
⑤ 사람이나 사물의 움직임이나 작용을 나타내는 말은 동사입니다.

3 동사와 형용사는 모두 문장에서 쓰일 때 기본형의 형태가 변하는 '활용'을 합니다(㉮). 그리고 기본형은 형태가 변하지 않는 어간에 '-다'를 붙인 형태라고 하였습니다(㉯).

✔ 오답 풀이
㉰ 청유를 뜻하는 어미 '-자'는 동사와는 결합할 수 있지만, 형용사와는 결합할 수 없습니다.
㉱ 명령을 뜻하는 어미 '-아라/-어라'는 동사와는 결합할 수 있지만, 형용사와는 결합할 수 없습니다.
㉲ 현재를 뜻하는 어미 '-는다/-ㄴ다'는 동사와는 결합할 수 있지만, 형용사와는 결합할 수 없습니다.

4 '조용하다'는 사물의 상태나 성질을 나타내는 말이므로, 형용사입니다.

✔ 오답 풀이
① '일어나라'는 누웠다가 앉거나 앉았다가 서는 움직임을 나타내는 동사입니다.
② '먹고'와 '가자'는 모두 움직임을 나타내는 동사입니다.
④ '불렀다'는 곡조에 맞추어 노래의 가사를 소리 내는 움직임을 나타내는 동사입니다.
⑤ '걷다'는 발을 번갈아 떼어 옮기는 움직임을 나타내는 동사입니다.

5 '모든'은 움직임이나 작용을 나타내거나 상태나 성질을 나타내는 말이 아닙니다. 뒤에 오는 '것'을 꾸며 주는 말입니다.

✔ 오답 풀이
① '날렸다'는 바람이나 힘에 의해 공중에 떠서 어떤 위치에서 다른 위치로 움직여지는 것을 나타내는 동사입니다.
② '파랗다'는 밝고 선명하게 푸른 색을 나타내는 형용사입니다.
③ '입고'는 옷을 몸에 두르는 것을 나타내는 동사입니다.
⑤ '아름답다'는 눈과 귀에 즐거움과 만족을 줄 만함을 나타내는 형용사입니다.

어법 학습

이해

1 '신다'는 '신, 버선, 양말 따위를 발에 꿰다.'라는 뜻을 나타내는 동사입니다.

2 '편하다'는 '몸이나 마음이 거북하거나 괴롭지 않아 좋다.'라는 뜻을 나타내는 형용사입니다.

3 '귀엽다'는 '예쁘고 곱거나 또는 애교가 있어서 사랑스럽다.'는 뜻을 나타내는 형용사입니다.

4 '달리다'는 '빨리 뛰어가게 하다.'라는 뜻을 나타내는 동사입니다.

적용

5 '나가자'는 어간 '나가-'에 청유를 뜻하는 어미 '-자'가 결합한 동사입니다.

6 '다닌다'는 어간 '다니-'에 현재를 뜻하는 어미 '-ㄴ다'가 결합한 동사입니다.

7 '잡아라'는 어간 '잡-'에 명령을 뜻하는 어미 '-아라'가 결합한 동사입니다.

8 '어렵고'는 어간 '어렵-'에 연결해 주는 어미 '-고'가 결합한 형용사입니다.

심화

9 '웃으면서', '흔들며', '달려가고'는 모두 움직임을 나타내는 동사입니다.

150~151쪽
1 관형사, 부사   2 ②
3 ④, ④   4 (1) ○
5 ④

관형사와 부사

글의 종류
설명문

글의 특징
다른 말을 꾸며 주는 기능을 하는 관형사와 부사의 개념과 특징을 설명하는 글입니다.

주제
관형사와 부사의 개념과 특징

1 이 글에서는 관형사와 부사의 개념과 특징에 대해 설명하고 있습니다.

2 관형사는 주로 명사, 대명사, 수사 앞에 놓여서, 그 내용을 자세하게 꾸며 주는 품사입니다. 형용사를 꾸며 주는 말은 부사입니다.

✔ **오답 풀이**
① 부사는 다른 부사 앞에 놓여 그 뜻을 분명하게 꾸며 주는 역할을 하는 품사라고 하였습니다.
③ ⓒ에서와 같이 관형사는 수량을 나타낼 수 있습니다.
④ ⓜ에서와 같이 부사는 동사 앞에서 그 내용을 부정하기도 합니다.
⑤ 부사는 동사와 형용사 앞에 놓여 그 뜻을 분명하게 꾸며 주는 역할을 하는 품사라고 하였습니다.

3 첫 번째 문단에서 다른 말을 꾸며 주는 기능을 하는 품사에 관형사와 부사가 있다고 하였습니다(④). 관형사와 부사는 모두 문장에서 쓰일 때 형태가 변하지 않는다고 하였습니다(④).

✔ **오답 풀이**
㉮ 관형사는 조사와 결합하지 못하는 특징이 있다고 하였습니다. 반면 부사는 조사와 결합할 수 있다고 하였습니다.
㉰ 관형사는 주로 명사, 대명사, 수사를 꾸며 주는 품사라고 하였습니다. 문장 전체를 꾸며 주는 기능을 하는 것은 부사입니다.

4 (1)에서 '오늘'과 '무척'은 관형사가 아니라 부사입니다. '오늘'은 '지금 지나가고 있는 이날에.'를 뜻하는 말로, 특정한 시간을 가리키고 있습니다. 그리고 '무척'은 뒤에 오는 형용사 '멋지다'를 꾸며 주고 있습니다.

✔ **오답 풀이**
(2) '새'는 뒤에 오는 '신발'의 상태를 꾸며 주는 말로, 관형사입니다.
(3) '이'는 뒤에 오는 '가방'을 가리키는 말로, 관형사입니다.

5 '옛'은 뒤에 오는 명사 '모습'을 꾸며 주어 '지나간 때의' 상태임을 나타내는 말로, 관형사입니다.

✔ **오답 풀이**
① '참'은 뒤에 오는 형용사 '좋다'를 꾸며 주는 부사입니다.
② '아주'는 뒤에 오는 형용사 '멀다'를 꾸며 주는 부사입니다.
③ '갑자기'는 문장 전체를 꾸며 주는 부사입니다.
⑤ '꼭꼭'은 뒤에 오는 동사 '씹어서'를 꾸며 주는 부사입니다.

152쪽
❶ 관형사 요정

153쪽 이해 적용 심화

1 ㉠, ㉢   2 ㉡, ㉣
3 잘한다 4 국민
5 두드리는 6 책
7 일어나 8 2
9 2

어법 학습

이해

1 ㉠의 '새'는 뒤에 오는 명사 '가방'을, ㉢의 '한'은 뒤에 오는 명사 '사람'을 꾸며 주는 관형사입니다.

2 ㉡의 '훨훨'은 뒤에 오는 동사 '난다'를, ㉣의 '설마'는 문장 전체를 꾸며 주는 부사입니다.

적용

3 부사 '진짜'는 뒤에 오는 동사 '잘한다'를 꾸며 주고 있습니다.

4 관형사 '모든'은 뒤에 오는 명사 '국민'을 꾸며 주고 있습니다.

5 부사 '쾅쾅'은 뒤에 오는 동사 '두드리는'을 꾸며 주고 있습니다.

6 관형사 '이'는 뒤에 오는 명사 '책'을 꾸며 주고 있습니다.

7 부사 '일찍'은 뒤에 오는 동사 '일어나'를 꾸며 주고 있습니다.

심화

8 '새'는 뒤에 오는 명사 '옷'을, '헌'은 뒤에 오는 명사 '옷들'을 꾸며 주는 관형사입니다.

9 '곧바로'는 뒤에 오는 동사 '달려가서'를, '꽤'는 뒤에 오는 형용사 '뿌듯해졌다'를 꾸며 주는 부사입니다.

154~155쪽

1 조사, 감탄사 **2** ①

3 효민 **4** ④ **5** ②

조사와 감탄사

글의 종류
설명문

글의 특징
조사의 개념과 종류, 특징을
설명한 후, 감탄사의 개념과
구체적인 예를 설명하는 글
입니다.

주제
조사와 감탄사의 개념과 종
류

1 이 글은 조사와 감탄사의 개념과 종류를 설명하고, 구체적인 예를 들고 있습니다.

2 마지막 문단에서 감탄사 '앗'은 놀람을 나타내는 말이라고 하였습니다.

✓ **오답 풀이**
② '이다'는 앞말이 서술어의 자격을 갖게 해 주는 조사로, 문장에서 쓰일 때 형태가 변한다고 하였습니다.
③ '와'는 '과', '하고'처럼 둘 이상의 낱말이나 구를 이어 준다고 하였습니다.
④ ㉡에서 '조차'는 '어떤 것 위에 더함.'의 뜻을 더해 준다고 하였습니다.
⑤ 감탄사는 놀람이나 느낌, 부름, 대답 따위를 나타내는 품사라고 하였습니다.

3 감탄사는 혼자 쓰인다고 하였고, 조사는 혼자서는 쓰일 수 없고 앞말에 붙어 쓰인다는 특징이 있다고 하였습니다. 따라서 효민이가 조사와 감탄사에 대해 바르게 이해하였습니다.

✓ **오답 풀이**
제인이의 이해와 달리, 조사는 명사, 대명사, 수사, 부사 따위의 뒤에 붙는 말이고, 감탄사는 조사가 붙지 않고 혼자 쓰이는 말입니다. 가영이의 이해와 달리, '어머, 아, 아이고'는 각각 다른 감탄사에 해당하는 말들이지, 어떤 형태가 변하여 만들어진 말이 아닙니다.

4 '달리는'의 '-는'은 동사 '달리다'의 어간 '달리-'에 결합한 말이므로, 조사가 아니라 어미입니다.

✓ **오답 풀이**
① '에'는 명사 '화분' 뒤에 붙어서 문법적 관계를 나타내는 조사입니다
② '는'은 대명사 '나' 뒤에 붙어서 특별한 뜻을 더해 주는 조사입니다.
③ '과'는 명사 '김밥'과 '귤'을 이어 주는 조사입니다.
⑤ '이다'는 명사 '사람' 뒤에 붙어서 문법적 관계를 나타내는 조사입니다.

5 '벌써'는 '예상보다 빠르게.'를 뜻하는 말로, 감탄사가 아니라 문장 전체를 꾸며 주는 부사입니다.

✓ **오답 풀이**
① '네'는 윗사람의 부름에 대답하거나 묻는 말에 긍정하여 대답할 때 쓰는 말로, 감탄사입니다.
③ '아'는 놀라거나, 당황하거나, 초조하거나, 다급할 때 가볍게 내는 소리로, 감탄사입니다.
④ '우아'는 뜻밖에 기쁜 일이 생겼을 때 내는 소리로, 감탄사입니다.
⑤ '아이코'는 아프거나 힘들거나 놀라거나 원통하거나 기막힐 때 내는 소리로, 감탄사입니다.

156쪽

❶ 조사

157쪽 이해 적용 심화

1 ㉯ **2** ㉮ **3** ㉱

4 ㉰ **5** 감 **6** 조

7 조 **8** 감

9 (1) ○ (2) ○ (3) ○

**어법
학습**

이해

1 '을'은 앞말이 목적어 자격을 가지게 하는 조사입니다.

2 '도'는 앞말에 '이미 어떤 것이 포함되고 그 위에 더함.'의 뜻을 더해 주는 조사입니다.

3 '과'는 둘 이상의 낱말이나 구를 이어 주는 조사입니다.

4 '어머'는 예상하지 못한 일로 깜짝 놀라거나 끔찍한 느낌이 들었을 때 내는 소리로, 감탄사입니다.

적용

5 '으악'은 놀람을 나타내는 감탄사입니다.

6 '가'는 체언 뒤에 붙어 앞말이 문법적으로 주어의 자격을 가지게 하는 조사입니다.

7 '하고'는 둘 이상의 낱말이나 구를 이어 주는 조사입니다.

8 '아니요'는 올바르지 않거나 옳지 못하다고 대답할 때 쓰는 감탄사입니다.

심화

9 '수업이'에서 '이'와 '운동장에'에서 '에', '손을'에서 '을'은 모두 명사 뒤에 붙은 조사입니다. 한편 '이루고'의 '-고'는 동사 '이루다'의 어간 '이루-'에 붙은 어미입니다. 조사와 어미를 구분할 때에는 어떤 말에 붙은 것인지를 보면 알 수 있습니다.

탄탄한 개념의 시작
큐브수학!

큐브
수학
개념

새 교과서 개념을 쉽게

반복 학습으로 탄탄하게

무료 강의로 빠짐없이

NEW

수학 1등 되는 큐브수학

연산
1~6학년 1, 2학기

개념
1~6학년 1, 2학기

개념응용
3~6학년 1, 2학기

실력
1~6학년 1, 2학기

심화
3~6학년 1, 2학기

정답과 해설

빠작

초등 국어 어휘 X 독해